土地利用规划的理论与实践研究丛书

主编 吴延龙　副主编 路红　张凤和

城乡统筹下的土地利用规划创新研究

张　峰　李红军　著

南开大学出版社

天　津

图书在版编目(CIP)数据

城乡统筹下的土地利用规划创新研究 / 张峰,李红军著.
—天津:南开大学出版社,2012.5
土地利用规划的理论与实践研究丛书
ISBN 978-7-310-03878-7

Ⅰ.①城… Ⅱ.①张… ②李… Ⅲ.①土地利用—总
体规划—研究—天津市 Ⅳ.①F321.1

中国版本图书馆 CIP 数据核字(2012)第 079279 号

南开大学出版社出版发行
出版人:孙克强
地址:天津市南开区卫津路 94 号　　邮政编码:300071
营销部电话:(022)23508339　23500755
营销部传真:(022)23508542　　邮购部电话:(022)23502200
*
河北昌黎太阳红彩色印刷有限责任公司印刷
全国各地新华书店经销
*
2012 年 5 月第 1 版　　2012 年 5 月第 1 次印刷
787×960 毫米　16 开本　18.875 印张　2 插页　266 千字
定价:37.00 元

如遇图书印装质量问题,请与本社营销部联系调换,电话:(022)23507125

土地利用规划的理论与实践研究丛书

编委会名单

序

　　土地利用总体规划是指导土地管理的纲领性文件,是落实土地宏观调控和土地用途管制、规划城乡建设的重要依据。2004 年 6 月天津市着手开展土地利用总体规划修编前期工作,2007 年 9 月正式开展土地利用总体规划修编工作,2010 年 7 月 3 日国务院正式批复《天津市土地利用总体规划(2006－2020 年)》,使之成为天津市土地资源开发、利用、保护工作的重要依据。

　　在规划编制工程中,天津市国土资源和房屋管理研究中心组织力量,对土地利用规划相关的理论与实践问题开展了全面系统的研究,本套丛书就是天津市土地利用总体规划编制中的成果总结。

　　该丛书以可持续发展观为出发点,以经济学分析为新视角,以土地节约集约利用为重点,以城乡统筹为切入点,对天津市土地利用总体规划的目标和原则、方法和内容、特征和问题进行了深入系统的分析和论述。丛书由五本相互联系而又自成体系的著作构成,其中《土地利用规划的理论与实践——基于可持续发展理念》是丛书的总纲,《土地利用规划的经济学分析》、《城市化快速发展过程中土地的节约集约利用问题研究》、《城乡统筹下的土地利用规划创新研究》、《城乡建设用地增减挂钩的理论与实证》则从土地利用总体规划涉及的各个方面开展专项研究,其中《城乡建设用地增减挂钩的理论与实证》作为丛书的组成部分单独成书,体现了天津市土地利用规划的特色,也体现了丛书研究单位敢为人先的勇气。

　　《土地利用规划的理论与实践研究——基于可持续发展理念》一书,在阐述可持续发展理念与土地利用规划二者之间的关系,对我国前两轮土地利用规划进行深刻反思的基础上,结合天津土地利用规划实践,对土地承载力和潜力评价、土地利用生态优先、耕地保护、建设用地节约集约利用、土地利用分区、土地利用规划的环境影响评价、土地利用规划的实施保障等问题进行了深入研究。本轮规划注重优化各类用地结构和布局，提出了"两城优化调整，滨海重点发展，西部协同发展，南北适度拓展，北端生态保育"的土地利用空间战略，构建了"一轴两带、三区九廊道、十五基本农田重点保护区域"的土地利用总体格局，主导指向性的土地利用概念分区，引导了各类用地的流动与集聚，合理指导了区域经济的良性发展。

该书的主要创新表现在：(1)明确了可持续发展理念与土地利用规划二者之间的关系；(2)尝试建立了前两轮土地利用规划与本轮土地利用规划的统一分析模式；(3)从理论分析与实证研究相结合的视角，构建了基于可持续发展理念的土地利用规划的研究框架。

《土地利用规划的经济学分析》一书，立足于当前土地利用总体规划编制的经济背景，从土地资源配置机理、土地利用规划的经济调控机制、用地需求预测和空间布局、土地利用规划路径、土地利用规划主体关系、土地利用规划与相关规划的区别与联系等方面展开了深入研究。

该书的主要创新表现在：(1)从土地生产要素和空间载体两个属性探索了土地利用规划与宏观经济的关系；(2)提出了基于土地竞争力的区域新增建设用地指标分解方法；(3)总结了土地利用规划的三条路径；(4)构建了土地利用规划相关主体的博弈关系模型。

《城市化快速发展过程中土地的节约集约利用问题研究》一书从土地节约集约利用水平评价、土地节约集约利用的市场机制和政府行为，以及土地利用规划的引导作用等多个方面，对城市化快速发展这一大背景下的土地节约集约利用进行全面和系统的分析阐述。

该书的主要创新表现在：(1)详细阐述了土地利用过程中土地规划的指导作用，补充和完善了现有的相关理论研究；(2)对天津市土地节约集约利用总体水平的时域变化特征进行纵向考察，又关注不同区县的横向比较，为最终的评价结果提供了翔实可靠的证据。

《城乡统筹下的土地利用规划创新研究》一书借鉴国外城乡一体化的土地利用规划实践，基于我国土地利用规划的现实背景，系统探讨了我国城乡统筹下的土地利用规划制度变革的路径和政策含义，并在此基础上系统总结了天津市本轮土地利用规划的理念、体系、管理机制和体制、实施制度等方面的创新实践经验。

该书的主要创新表现在：(1)以不同学科视角下的城乡关系理论为前提，以相关理念、范式和理论为基础，尝试探寻统筹城乡的土地利用规划赖以依存的理论基石；(2)在理论与实践融合的基础上，提出了城乡统筹下的土地利用规划创新制度体系，进而从相关理论出发探讨了统筹城乡下的土地利用规划的制度创新机制；(3)以形成的理论框架为依托，系统地总结和提炼了天津市本轮土地利用规划制度创新实践经验。

《城乡建设用地增减挂钩的理论与实证》一书系统分析了城乡建设用地增减挂钩的相关理论和政策措施，将理论研究与天津市实践相结合，阐述了天津市城乡建设用地增减挂钩的实施背景、实施历程、实施特点、组织安排、运作模式、实施过程和实施内容，对天津市城乡建设用地增减挂钩试点项目进行了实施评价，归纳了天津市城乡建设用地增减挂钩实施的经验，提出了实施城乡建设用地增减挂钩的对策建议和实施评价体系，在整体上具有创新性。

总之，天津市国土资源和房屋管理研究中心组织编撰的土地利用规划的理论与实践研究丛书以实践为基础，结合我国当前发展所面临的诸多问题，探索、研究了土地利用规划的相关理论，具有重要的意义。衷心希望该套丛书的出版能够吸引更多专业人士投入到土地利用规划的理论与实践研究中来，在全国范围内涌现出更多的优秀成果。

陈百明

中国科学院地理科学与资源研究所研究员、博士生导师
全国土地利用总体规划纲要修编工作专家顾问组成员

2011 年 12 月 14 日

目　录

第1章 统筹城乡发展的理论、模式及规划路径

统筹城乡发展是一个重要的、复杂的、涉及面很广的问题,统筹城乡发展是区域经济发展中的一种实践模式,是指土地、资本、劳动力、物质、信息等社会经济要素在城乡空间的双向流动与优化配置。当国家经济的飞速发展打破了经济结构固有的均衡之后,社会的两极分化孕育着巨大的危险;一旦我们真正认识到经济发展不是目的只是手段,为了满足社会发展的均衡性要求,我们就必须回归到统筹城乡发展的道路:这就是工业反哺农业、城市支持农村、城乡互动、工农互促的发展道路。[①] 统筹城乡经济社会发展是一场广泛而深刻的变革,涉及整个社会管理构架的重组和社会利益格局的调整,土地作为最重要最基本的生产生活要素,是统筹城乡发展中不可或缺的重要环节,而土地利用及规划更是成为统筹城乡发展的核心。本章将在梳理和阐述城乡统筹发展的概念、理论及模式的基础上,从土地利用入手,探讨实现我国城乡关系从"二元"到"一体"转变的规划路径。

1.1 我国统筹城乡发展理念的提出

党的十六大明确提出:"统筹城乡经济社会发展,建设现代农业,发展

---

① 孙久文等著.走向 2020 年的我国城乡协调发展战略.北京:中国人民大学出版社,2010 年

农村经济,增加农民收入,是全面建设小康社会的重大任务。"党的十六届三中全会又把"统筹城乡发展,建设有利于逐步改变城乡二元结构的体制"作为完善社会主义市场经济体制的基本要求和主要任务,全会通过的《中共中央关于完善社会主义市场经济体制若干问题的决定》提出了"五个统筹"(统筹城乡发展、统筹区域发展、统筹经济社会发展、统筹人与自然和谐发展、统筹国内发展和对外开放)的改革要求,统筹城乡发展是实现"五个统筹"的关键,是基础,是前提,是第一位的重要因素。2007年6月,国务院批准成都市和重庆市设立全国统筹城乡综合配套改革试验区,并要求试验区根据统筹城乡综合配套改革试验的要求,全面推进各个领域的体制改革,并在重点领域和关键环节率先突破,大胆创新,尽快形成统筹城乡发展的体制机制,促进城乡经济社会协调发展,也为推动全国深化改革,实现科学发展与和谐发展,发挥示范和带动作用。

城乡统筹作为国家的一种政策倾向,政府的一种宏观调控手段,是一个不断调整城乡关系的动态过程。为了深入贯彻统筹城乡发展的思想,党的十七大报告指出:"要统筹城乡发展,推进社会主义新农村建设。解决好农业、农村、农民问题,事关全面建设小康社会大局,必须始终作为全党工作重中之重。要加强农业基础地位,走中国特色农业现代化道路,建立以工促农、以城带乡长效机制,形成城乡经济社会发展一体化新格局。"党的十七届三中全会明确指出:"我国总体上已进入着力破除城乡二元结构、形成城乡经济社会发展一体化新格局的重要时期"。在近几年的中央一号文件中,城乡统筹一直是贯穿其中的主线,尤其是2010年的中央一号文件,更是把"加大统筹城乡发展力度,进一步夯实农业农村发展基础"列为主题,体现了党的十六大提出的统筹城乡经济社会发展的战略思想,也体现了我党对城乡统筹战略认识的不断深化。

统筹城乡发展这一问题事关全局,意义重大。这个重大战略决策,是党针对我国长期以来形成的城乡二元结构,阻碍了城乡经济社会协调发展,削弱了农业、伤害了农民这一深刻教训提出来的,是我们党正确处理现代化建设中城乡关系、工农关系的理论和实践创新,是解决我国"三农"问题的重大战略调整。

1.2　统筹城乡发展的理论前提

城乡之间的相互联系和相互作用关系,始终是贯穿社会发展的主线。从人类社会的发展历史来看,城乡关系必然要经历三个发展阶段:第一阶段,乡村发展为城市发展提供资金和人力资源,这是乡村支援城市,城市的扩大再生产有赖于乡村生产剩余的阶段;第二阶段,城市与乡村各自独立发展,这是城乡矛盾已现端倪且日趋扩大的阶段;第三阶段,随着社会生产力的发展和城市化的不断推进,社会经济活动开始超越城乡两个相对隔离的单元而相互渗透,人类社会逐渐进入城乡界限模糊,城市与乡村融合的时代,也就是通常所说的"城乡一体化"。城乡关系一般理论、城乡二元结构理论以及消除城乡对立的基础理论构成了统筹城乡发展的理论前提。

1.2.1　发展经济学视角的城乡关系

对于研究发展中国家的发展经济学,城乡关系成为其最为重要的研究对象之一,它探讨了发展中国家在经济发展过程中普遍面临的城乡关系、结构变迁、劳动力转移、资本积累、技术选择、环境污染、生态恶化等一系列重要问题,形成了基本的理论分析框架。这一理论用二元结构解释了经济发展过程中的城乡工农关系以及二元经济向一元经济的转变。

1.刘易斯的"二元结构"理论

1954 年,刘易斯(W. A. Lewis)在其论文《劳动力无限供给下的经济发展》中提出的"二元经济"模型与城乡关系研究表明,传统部门劳动力无限供给构成了二元经济的内在特征,二元经济发展的核心问题是传统部门的剩余劳动力向现代部门转移的问题。也就是说,通过现代大工业的发展,取得资本的积累,使农村剩余劳动力得到充分的转移,诱发产业结构的演变,使城市化水平得以提高,最后经济由二元变成一元。①

①　威廉·阿瑟·刘易斯著/施炜等译.二元经济论:北京:北京经济学院出版社,1989 年

2. 费景汉－拉尼斯二元经济论

20 世纪 60 年代,费景汉(John C. H. Fei)和拉尼斯(Gustav Ranis)等在刘易斯假设的基础上,构建了费景汉－拉尼斯二元经济结构模型。此模型揭示了二元经济发展中劳动力配置的全过程,并证明了伴随劳动力从农业部门向工业部门的转移,不仅可以获得经济发展,而且可以完全实现商品化。他们认为,工业化过程中必须保持农业生产率的同步提高,以此来增加农业剩余和释放农业劳动力。与刘易斯模型相比,费景汉和拉尼斯认为,工业和农业两个部门平衡增长对避免经济增长趋于停滞是很重要的。[①]

3. 乔根森二元结构模型

乔根森(D. W. Jorgenson)模型对刘易斯－费景汉－拉尼斯模型的农村剩余劳动力转移的假设提出质疑,并试图在一个纯粹新古典主义框架内探讨工业部门的增长是如何依赖于农业部门的发展的。乔根森认为,为了使经济持续发展和避免陷入低水平均衡陷阱,工业部门积累资本是必要的。但是,其先决条件是正的农业剩余。由于农业剩余的出现,现代部门的发展成为了可能,即农业产出达到了人口最快增长时所需要的农产品数量,农业部门就会出现剩余劳动力。这部分剩余劳动力是需要转移的,而农业劳动力向工业部门转移的速度取决于农业剩余的增长速度。同时,还取决于工业部门的技术进步状况。工业部门的技术进步越快,其储蓄率就越高,劳动力增长越快,经济也就增长越快,最终完成二元经济结构的转化。[②]

4. 舒尔茨的城乡发展理论

舒尔茨(T. W. Schultz)是美国著名经济学家,其代表作是《经济增长与农业》,从 20 世纪 50 年代开始,他就一直强调农业、农村发展在工业化过程中的重要作用,强调人力资本开发对工业化至关重要。他认为,在

---

① 费景汉,古斯塔夫·拉尼斯著/洪银兴等译. 增长和发展:演进观点. 北京:商务印书馆,2004 年

② Jorgenson, D. W. 1961, "The Development of A Dual Economy", The Economic Journal 6(71):309－334

工业化过程中,农业像工业一样,是经济的重要部门,农业对经济发展的贡献是巨大的,"重工抑农"的政策不可能取得良好的工业化绩效,也不可能使经济社会现代化,反而会使推行这种政策的国家国民经济因比例失调、结构失衡而陷于停滞,人民生活更加贫困。①

5. 利普顿等的"城市偏向"分析

利普顿(M. Lipton)首先对城市中心论进行了批评,认为城市集团利用自己的政治权力,通过"城市偏向"政策使社会的资源不合理地流入自己的利益所在地区,而资源的这种流向很不利于农村的发展,通过这种不公平的城乡关系造成了发展中国家的不发达,贫富差距加大。科布纳基(S. Corbridge)从社会结构变化的角度来认识城乡联系,他认为城乡联系是一些社会基本结构作用的结果,并依附于这些社会进程。并且他认为"城市偏向"的原因在于低廉的食物价格以及其他一系列不利于农村的价格政策,偏向于城市工业的投资战略及由此引起的乡村地区技术缺乏,农村地区普遍存在的医疗、教育等基础设施的落后等,此外他对利普顿的"城市偏向"论进行了批评,认为利普顿以城市政治对立代替了依附于其他关系的现象。他指出城市和农村集团都有明确的政治利益,但在实际生活中并不存在这种明晰的城乡政治对立。②

6. 缪尔达尔等的地理二元结构理论

1957 年,缪尔达尔(G. K. Myrdal)在《经济理论和不发达地区》一书中提出了"地理二元结构",利用"扩散效应"和"回流效应"概念,把二元结构理论引入了经济发展理论,指出城乡的诸多差异会产生进而引起"累积性因果循环",导致城市区域发展更快,乡村区域发展更慢(乡村发展陷入纳克斯描述的"贫困的恶性循环"),使城乡差异在逐步增大中出现"马太效应",最终在空间组织结构上呈现为埃及发展经济学家阿明在《世界范围的积累》中所谓的"中心—外围"结构。要改变这种地理上的二元经济,

---

① 西奥多·W. 舒尔茨著/梁小民译. 改造传统农业. 北京:商务印书馆,1987 年

② Lipton,M. 1977,Why Poor People Stay Poor:Urban Bias in World Development,Cambridge:Harvard University Press

政府应该在某些发达地区累积起发展优势时采取不平衡发展战略,促进其扩散效应的形成。[①] 在此基础上,赫希曼(A. O. Hirschman)进一步提出了"极化效应"与"涓流效应"。[②] 20 世纪 70 年代,米尔顿·桑尔顿对极化理论作了归纳性总结:城市与农村处于两个不同的经济循环层次,城市高级循环与农村低级循环二者是相互补充、相互竞争的关系。

1.2.2 社会学和城市经济学视角的城乡关系

自近代工业革命以后,西方城市学者和社会学者面对社会发展普遍出现的城市居住拥挤、交通不便、环境污染等问题,就城乡关系研究领域提出了城乡协调发展的观点。早期的理论研究主要以重农主义学者波特罗(G. Botero)为代表,他在《论城市伟大至尊之因由》中特别研究了农业生产与城市发展的关系,认为农产品剩余是城市存在的基础。[③] 随后,杜能(Thünen)于 1826 年在《孤立国同农业和国民经济的关系》一书中,树立了城乡联系研究的一个典范。他设定的"杜能圈"成为区域经济学、空间经济学的理论基础。18 世纪以后,城市普遍受到古典经济学家的重视,亚当·斯密在《国民财富的性质和原因的研究》中提出,要先增加农村产品的剩余,才谈得上增设城市。其后,恩格斯将古典经济学的城市研究推向了新的高度。20 世纪以来,城市经济学者和社会学者从经济、社会、地理、环境、人口、生态等不同的角度,在探讨农村城市化过程中形成了众多研究成果。

1. 马克思、恩格斯关于城乡统筹的思想溯源

马克思在分析重农学派时指出:"农业劳动不仅对农业领域本身的剩余劳动来说是自然基础,而且对于一切其他劳动部门之变为独立劳动部门,从而对这些部门中创造的剩余价值来说,也是自然基础。"马克思认

---

① Myrdal,G. K. 1957,Economic Theory and Under—developed Regions,London:Gerald Duckworth & Co. Ltd

② Hirschman,A. O. 1988,The Strategy of Economic Development,Boulder:Westview Press

③ 乔万尼·波特罗(Ginvanni Botero)著/刘晨光译. 论城市伟大至尊之因由. 上海:华东师范大学出版社,2006 年

为,工业是从农业母体中分离出来的,工业要想获得快速健康的发展,必须有农业作坚实的支撑,必须大力发展农业生产力。在《共产党宣言》中,马克思和恩格斯进一步明确指出:"把工业和农业结合起来,促使城乡之间的差别逐步消灭。"这些观点体现出鲜明的工农协调、城乡统筹思想。恩格斯是最早提出"城乡融合"概念的人,他在《共产主义原理》中说:"通过消除旧的分工,进行生产教育、变换工种、共同享受大家创造出来的福利,以及城乡的融合,使全体成员的才能得到全面的发展。"①

2.杜能的"农业区位"理论

1826 年,杜能(Johann Heinrich Von Thünen)通过分析产品运输成本与利润的相关关系发现,以城市为中心,周围土地利用的类型取决于离城市距离的远近,形成一个个同心圆环带,每一个圆环带都以一种农作物为主,形成各具特点的农作物组合耕作方式和经营方式。他还提出了著名的"孤立国"理论:假定有一个孤立国,在这一孤立国中有一个都市,远离都市的外围平原变为荒芜土地;都市所需农产品都由乡村供给,都市提供农村地区所需的加工品。在这种假设下,杜能提出了各种产业的分布范围或适宜区位。他把都市外围按距离远近划成 6 个环带,被称为"杜能环"。杜能从区位地租出发,得出了农产品种类围绕市场呈环带状分布的理论化模式,从而为以后提出区位论中两个重要规律——距离衰减法则和空间相互作用原理提供了准备。由于杜能的理论最初是针对农业的,因而被称为"农业区位论"。在实际运用中,这一理论不仅适用于农业,更适合于城乡分割、导致资源连续分布且市场呈点状分布等情况。②

3.霍华德的田园城市理论

1898 年,英国人霍华德(Ebenezer Howard)提出了田园城市理论,提出在工业化条件下实现城乡结合的发展道路。他在《明天:一条真正引向改革的和平道路》中说,城市本身具有的吸引人的磁力导致城市人口聚

---

① 马克思,恩格斯.马克思恩格斯全集(第 1 卷).北京:人民出版社,1995 年,第 62—135 页

② 约翰·冯·杜能(Johann Heinrich Von Thünen)著/吴衡康译.孤立国同农业和国民经济的关系.北京:商务印书馆,1986 年

集,应该从城市和农村相结合的角度来管理土地,以便解决城市发展问题。田园城市思想始终坚持城市外围要有相当面积的永久性绿地,最重要的是把城市的发展从城乡协调的角度重新阐释,将城市与外围乡村当作一个整体来分析,并对资金来源、土地分配、城市财政收支和田园城市的经营管理、人口密度、城市绿化带等问题提出了自己独到的见解,对之后的城市规划与城市发展产生了很大的影响。①

4.沙里宁的有机疏散理论

沙里宁(Eliel Saarinen)为缓解由于城市过度发展而产生的一系列问题,在他的著作《城市:它的发展、衰败和未来》中提出了有机疏散理论以解决城市布局和发展问题。在全面考察了中世纪欧洲城市和工业革命后城市发展的历史,分析了有机城市形成的条件后,沙里宁揭示了现代城市衰败的根源,提出了促进其进一步发展的对策。该理论最为显著的特点是主张将原来密集的城区分成一个一个的集镇,集镇之间用保护性的绿化地带联系起来。沙里宁的有机疏散理论讨论了城市发展思想、城市经济状况、土地、立法、城市居民教育、城市设计等方面的内容,将城市看作一个有机联系同时存在相对分离的区域,从区域的角度讲,这是一种城乡差距较小的城乡区域均质体,是城乡融合的一种理想的、简单的方式。②

5.赖特的广亩城理论

1932 年,赖特(F. L. Wright)提出广亩城设想,将城市分散理论发展到了极致。赖特认为,现代城市不能代表和象征人类的愿望,也不能适应现代生活需要,是一种反民主机制,需要将其取消(尤其是取消大城市)。他在《消失中的城市》中指出,未来城市应该是无所不在而又一无所在的,这将是一种与古代城市或任何现代城市差异如此之大的城市,以至我们根本不会把它当作城市来看待。在随后出版的《宽阔的田地》中他正式提出广亩城设想。这是一个把集中的城市重新分散在一个地区性农业的网

---

① 埃比尼泽·霍华德(Ebenezer Howard)著/金经元译.明日的田园城市.北京:商务印书馆,2000 年

② 伊里尔·沙里宁(Eliel Saarinen)著/顾启源译.城市:它的发展、衰败和未来.北京:中国建筑工业出版社,1986 年

格之上的方案,是城乡融合的一种理想的境界。从历史背景可以发现,赖特的广亩城设想是在美国小汽车大量普及的条件下出现的,美国 20 世纪 60 年代的"市郊商业中心"和"组合城市"可以认为是这种思想的实际体现。[①]

6.芒福德的城乡发展观

关于城乡关系,美国著名城市地理学家芒福德(L. Mumford)指出,城与乡,不能截然分开;城与乡,同等重要;城与乡,应该有机地结合起来。如果要问城市与乡村哪一个更重要的话,应当说自然环境比人工环境更重要。芒福德非常同意赖特的主张,即通过分散权力来建造许多新的城市中心,形成一个更大的区域统一体,通过以现有的城市为主体,就能把这种区域统一体引向许多平衡的社区内,就有可能促进区域整体发展,重建城乡之间的平衡,使全部居民在任何一个地方享受到同样的生活质量,避免特大城市在发展过程中出现的各种困扰,最终达到霍华德的田园城市发展模式。[②]

7.麦基等人的"融合发展"理论

加拿大学者麦基(T. G. McGee)在对亚洲一些国家进行长期研究后提出了"Desakota"概念,即建立在区域综合发展基础上的城市化,其实质是城乡之间的统筹协调和一体化发展(1989)。道格拉斯(M. Douglass)通过对泰国东北部的研究提出采取城乡一体化的方式,建立城乡联系的区域网络系统可以促进区域城乡经济共同增长。爱泼斯坦(T. Epstein)与杰泽夫(D. Jezeph)从第三世界国家的发展背景入手,提出了包括乡村增长区域、乡村增长中心和城市中心的三维城乡合作模型。巴拉查亚(B. N. Bajracharya)提出通过发展小城镇,加强小城镇与乡村的联系来

---

①　Wright,F. L. 1935,"Broadacre City:A New Community Plan",Architectural Record http://www. contemporaryurbananthropology. com/pdfs/Wright,%20Broadacre%20City. pdf

②　刘易斯·芒福德(Lewis Mumford)/倪文彦等译. 城市发展史:起源、演变与前景. 北京:中国建筑工业出版社,1989 年

促进乡村的发展。[①,②]

8. 城市边缘区理论

城市边缘区(也可称为城乡边缘区)是城市建成区的外围地带,或由城市向乡村过渡的地带。自 1936 年德国地理学家哈伯特·路易斯(Herbert Louis)在研究柏林的城市地域结构时,首次提出城市边缘区这一概念以来,对此地带的研究日益增多。威尔文(Wehrwein,1942)、普内尔(Pryor,1968)、洛斯乌姆(Russwurm,1975)等相继进行了更深层次的研究和探讨,一些术语也被交换使用,如:"城市蔓延区(The Area of Urban Sprawl)"、"城乡边缘区(Urban—rural Fringe)"、"城乡结合部(City—country Fringe)"、"城乡过渡地带(Urban—rural Transition Belt)"、"城乡连续区域(Rural—urban Continuum)"、"城市阴影区(Urban Shadow Zone)"等。相关研究表明,城市边缘区的主要特征表现为地域空间结构上的动态、过渡性;人口在社会学特征上的多元化;经济发展的复合型;激烈竞争的多样化土地利用等特征。就当前来看,现代化的经济发展正在逐渐消除城乡之间的差别,如果考察城乡边缘区的发展前景就可以发现,城乡关系的变化必然会影响处于二者之间的城乡边缘区,促使城乡边缘区经过最初相对独立发展的阶段后,完全与城市和乡村的发展相融合,最终实现城乡融合。[③,④,⑤]

9. 戈特曼等人的"区域城市"理论

20 世纪 60 年代,戈特曼(J. Gottman)在其代表作《特大都市区:城市化了的美国东北海岸》中首次指出了沿美国东海岸从新罕布什尔到北

---

① McGee T. G. 1989,"Urbanisasi or Kotadesasi? Evolving Patterns of Urbanization in Asia",In F. J. Costa et al. (eds) Urbanization in Asia: Spatial Dimensions and Policy Issues, Honolulu :University of Hawaii Press

② Douglass,M. 1998,"A regional Network Strategy for Reciprocal Rural—urban Linkages: An Agenda for Policy Research with Reference to Indonesia",Third World Planning Review 20(1): 1—33

③ 张建明,许学强. 城乡边缘带的回顾与展望. 人文地理,1997,12(3):3—5

④ Wehrweir,G. S. 1942,"The Rural—Urban Fringe",Economic Geography 18:217—228

⑤ Pryor,R. G. 1968,"Defining the Rural—urban Fringe",Social Forces 47:202—215

卡罗来纳城市化的都市区内的农村与城市共生、土地综合利用的空间现象,并预言这种情形在世界许多地区将会重复出现。弗里德曼(J. Fredmann)很注重城市与区域的相互关系研究,在 20 世纪 60 年代中期,他综合分析了美国区域成长因素,提出了 8 个命题:①区域经济是对外开放的经济;②区域内中心城市的成长由外界诱发;③出口部门的增长效应取决于区域政治社会结构和当地居民的消费类型;④能否适应对外开放的变化取决于管理水平;⑤区域经济增长可以部分作为重点企业的选择;⑥经济增长趋势发生在城市区域的发源地;⑦劳动力的流动能够在经济增长中平衡;⑧在经济长期持续增长的区域,将出现发展空间经济的整合,即城乡一体化。①

除此之外,空间理论在农村城市化问题的研究中,主要分析了城市与农村的相互关系及转变趋势。如日本学者岸根卓郎提出"城乡融合设计"概念,试图通过超越城市、农村界限的"人类经营空间"的建立,产生一个与自然交融的社会,即城乡空间融合的社会,他强调发展"农工一体复合社会系统"、"自然－空间－人类系统",组成三维的立体规划,实现城乡融合。②

纵观国外城乡关系理论演变的历史脉络,不难看出,从城乡对立到城乡融合,是城乡关系发展的必然趋势,它是由生产关系一定要适应生产力发展的客观规律所决定的,是社会发展的必然要求。从"消灭城乡对立"、"城乡融合"、"城市和乡村有同等的生活条件",到现代城市学家们的"城乡有机结合"、"使居民在任何地方都能享受城市益处"、建立"区域城市"等理论观点,都清楚地说明了世界城市和乡村发展的最高境界是城乡一体化。

---

① Gottman, J. 1957, "Megalopolis, or the Urbanization of Northeastern Seaboard", Economic Geography 33(3):189—200

② 岸根卓郎著/高文琛译.迈向 21 世纪的国土规划——城乡融合设计.北京:中国建筑工业出版社,1990 年

1.3 统筹城乡发展研究综述

1.3.1 国外研究进展

1. 西方统筹城乡发展理论的演进

西方城乡统筹发展理论最早可以见之于空想社会主义理论和早期城市规划理论。空想社会主义思想家们的一些代表性主张，如圣西门的城乡社会平等观、傅立叶的"法郎吉"与"和谐社会"、欧文的"理性的社会制度"与"共产主义新村"等，都体现了对城乡协调发展的思考。早期城市规划理论研究者也注意到城乡统筹发展的必要，比如霍华德"田园城市"、赖特的"区域统一体"等，都主张城乡发展应采取整体的、有机的、协调的发展模式。恩格斯也提出了"城乡融合"的观点，强调通过消除旧的分工，进行生产教育、变换工种，共同享受大家创造出来的福利，并且通过城乡的融合，使全体成员的才能得到全面的发展。

进入 20 世纪 50 年代后，对城乡发展关系有了一系列较深入的探讨。如"刘易斯－费景汉－拉尼斯"模型认为经济增长和现代化需要"城市－工业"加速的增长和向以城市社会为基础的社会转化，需要将剩余劳动力从农村农业部门转移到城市工业部门，因而城市掠夺农村的资源、资金和劳动力应理所当然。托达罗（M. P. Todaro）模型则指出发展中国家农业发展相对落后的主要原因是由于对农业部门的忽视，片面强调对城市工业部门的投资。增长极理论则倡导发展中国家可以通过加大在大城市和地区中心发展资本密集型工业的投资力度来刺激当地经济增长，然后这种增长再通过"涓滴效应"扩散到乡村地区。[①]

20 世纪 60 年代，戈特曼（Gottman）和弗里德曼（Friedmann）很注重城市与区域的相互关系研究，通过分析美国东海岸都市区内的农村与城市共生、土地综合利用的空间现象，预言这种情形在世界许多地区将会重复出现。

---

① 迈克尔·P. 托达罗著/印金强，赵荣美译. 经济发展与第三世界. 北京:中国经济出版社,1992 年

20 世纪 70 年代后,利普顿(Lipton)对城乡发展关系理论进行批判,认为发展中国家城乡关系的实质就在于城市人利用自己的政治权力,通过"城市偏向"政策使社会的资源不合理地流入自己利益所在地区,而资源的这种流向很不利于乡村的发展,其结果不仅使穷人更穷,而且还引起农村地区内部的不平等。科布纳基(Corbridge)认为"城市偏向"的症结,在于低廉的粮食价格和其他一系列不利于农村的价格政策,以及偏向于城市工业的投资战略及由此引起的农村地区技术的缺乏,医疗、教育等基础设施的落后。[①] "城市偏向"理论的提出引发了对自下而上城乡发展战略的探索。弗里德曼(Friedmann)和道格拉斯(Douglass)首次提出了乡村城市发展战略,认为只有通过在地方层面上与城市发展相关联,乡村的发展才可能取得最好的效果。

20 世纪 80 年代,统筹城乡发展思想出现了根本性的分化,各种理论流派纷纷涌现。施特尔(Stohr)和泰勒(Taylor)提出了"选择性空间封闭"发展理论。他们反对"自上而下"发展模式,而提倡"自下而上"发展模式,即发展劳动密集的、小规模的、以农业为中心的产业,重视适当的而不是最高技术产业的发展。朗迪勒里(D. A. Rondinelli)提出了"次级城市发展战略",认为发展中国家政府要获得社会和区域两方面的全面发展,必须分散投资,建立一个完整、分散的次级城市体系,以支持经济活动和行政功能在城乡间进行必不可少的传播,进而促进城乡之间的平衡发展。20 世纪 80 年代后期,昂温(Unwin)提出"城乡间的相互作用、联系、流"的分析框架,强调从城乡联系角度探寻影响城乡均衡发展的规律。[②]

20 世纪 90 年代以来,经济的全球化与科技的发展也使得城市规模得到空前扩张,处于城市边缘的乡村被逐步吞噬直至消失,于是有关城乡发展的差异和统筹也引起更多关注。麦基(McGee)在研究亚洲的许多核

---

① Corbridge,S. 1982,"Urban bias,rural bias and industrialization: an appraisal of the work of Michael Lipton and Terry Byres",in J. Harriss（ed.）Rural Development,London: Hutchinson,94—116

② Unwin,T. 1997,"Agricultural Restructuring and Integrated Rural Development in Estonia",Journal of Rural Studies 13(1):93—112

心城市边缘及其间的交通走廊地带时发现,这种"城市与乡村界限日渐模糊,农业活动与非农业活动紧密联系,城市用地与乡村用地相互混杂的"空间形态代表了一种特殊的城市化类型,他称之为"Desakota"模式。道格拉斯从城乡相互依赖角度提出了区域网络发展模型,认为"网络(Network)"概念是基于许多聚落的簇群(Clustering),每一个都有它自己的特征和地方化的内部关联,而不是努力为一个巨大的地区选定单个的大城市作为综合性中心。他还认为乡村的结构变化和发展通过一系列"流"与城市的功能和作用相联系,他划分了5种"流":人、生产、商品、资金和信息,每一种都有多重要素和效果,它们还体现出不同的空间联系模式和多样的利益趋向特点。为确保均衡发展目标的实现,"流"必须导向一种"城乡联系的良性循环"。

进入21世纪,与过去城乡分割的发展理论不同,新的发展理论更加关注"网络"和流,关于城乡间的"联系"和"流"的城乡相互作用理论探讨也因此发展起来。新的理论更注重城乡之间的联系和统筹发展,而非片面强调其差距。国外城乡发展理论演进历程见表1—1。①

表1—1 西方城乡发展理论研究进展

	20世纪50年代前	50年代	50年代末至60年代	70年代	80年代	90年代以来
城市偏向	刘易斯一拉尼斯一费景汉模型	增长极、核心一边缘模型、桥根森模型、托达罗模型	城市偏向理论	自上而下发展、次级城市战略	大都市区、大都市伸展区、巨型城市	
城乡联系	空想社会主义学说、西方早期城市理论、马克思主义城乡发展观	城乡分离	城乡分离	城乡分离	城乡融合系统、城乡联系与流	Desakota模式、区域网络战略、城乡相互作用
乡村偏向			农村综合发展	乡村城市战略	自下而上发展、选择性空间封闭	新乡村建设

---

① 王华,陈烈.西方城乡发展理论研究进展.经济地理,2006,26(3):463—468

2. 国外统筹城乡发展代表性理论研究的分类概括

城乡统筹发展是内涵丰富的系统工程,相关理论研究主要包括以下三个方面:

(1)空间统筹理论。空间统筹理论产生于产业革命后的英国,以霍华德(E. Howard)等为代表的田园城市理论为基础,霍华德在其著作《明日的田园城市》中倡导"用城乡一体的新社会结构形态来取代城乡对立的旧社会结构形态"。[①] 这是城市学和城市规划学界最早提出城乡一体化的思想,开创了城乡规划理论的先河。20 世纪 60 年代,戈特曼(J. Gottman)在其代表作《特大都市区:城市化了的美国东北海岸》中首次指出了沿美国东海岸从新罕布什尔到北卡罗来纳城市化的都市区内的农村与城市共生、土地综合利用的空间现象,并预言这种情形在世界许多地区将会重复出现。[②] 加拿大地理学家麦基(J. G. MeGee)提出以区域为基础的城市化道路。在对亚洲一些国家进行长期研究后提出了"Desakota"概念,其实质就是城乡之间的统筹协调和一体化发展。麦基用城乡一体化区域(Desakota)来概括亚洲城市化的空间模式。日本京都大学农学部教授岸根卓郎认为,"现实社会也和数学一样,在功能分化过程中,各种功能之间仍然存在着根深蒂固的依存关系和强大的引力。只是在过去的国土规划中,这种综合的有机联系并不能被分割为社会功能,却被人为地分裂为城市功能(人工系功能)和农村功能(自然系功能),城市规划和农村规划之间失去了联系,各行其是。"他还认为,日本前三次国土规划之所以均未达到预期目的,其原因在于这些国土规划都是将城市规划和农村规划分裂开来,采用的是对症疗法,而且无论点规划还是线规划、面规划,终究不过是一维或二维的规划,所以,规划实施的结果总是强大的城市吸引了农村地域的资源,反而加剧了人口过密与过疏的矛盾。因此,他提出创建城乡融合社会系统的理论和构想,力图打破传统规划理论的巢臼。[③]

---

① 埃比尼泽・霍华德著/金经元译. 明日的田园城市. 北京:商务印书馆,2000 年
② Gottman,J. 1961,Megalopolis:the Northeastern Seaboard of the United States,New York:The Twentith Century Fund
③ 李成,李开宇. 21 世纪国土规划的理论探讨. 人文地理,2003,18(4):37—41

(2)产业统筹理论。产业统筹理论以美国的刘易斯的二元经济结构理论为依据,指出二元经济发展的核心问题就是传统农业部门的剩余劳动力向现代工业部门的转移问题。

(3)要素统筹理论。要素统筹理论以赫希曼(Hirschman)等为代表,提出了非均衡增长理论,强调以城市为中心、通过资源要素从城市到乡村的流动来带动乡村发展的观点。

3. 城乡统筹发展的应用模式研究

(1)工业导向的"以城带乡"发展模式。20世纪50年代中期,刘易斯提出了用来解释发展中国家经济发展过程的"二元结构"理论。"二元结构"理论在看待城乡关系时注重城市的主导作用,把城乡经济联系看成是以城市为中心的、"自上而下"的一种联系,也就是强调了以城市为中心、通过资源要素在城市和乡村之间的流动来带动乡村地区的发展。该模式后经拉尼斯、费景汉补充,得到进一步完善。这种模式强调城乡联系的主体在于城市,认为发展只能从城市或少数主导工业部门开始,再通过自然的途径或引导的方法,在空间系统中扩散到其他部门或农村地区,最终使空间系统趋于均衡。

(2)以乡促城的农村综合发展模式。与刘易斯的主张相左,也有许多学者主张实施"以乡促城"的发展模式。利普顿认为,以大城市为中心的、自上而下的发展模式不能促进城乡的协调发展。他认为,政府的过分保护政策引起城乡关系不公平,最终的结果是出现"城市偏向"的城乡关系。他认为,发展中国家城乡关系的实质就在于城市集团利用自己的政治权力,通过"城市偏向"政策使社会的资源不合理地流入自己的利益所在地区。而资源的这种流向很不利于农村的发展。他认为这种城市偏向不仅使穷人更穷,而且还引起农村地区内部的不平等,农村富农与城市集团串通一气把剩余的食物、储蓄和人力资本提供给了城市。托达罗认为,发展中国家农业发展相对落后的主要原因是片面强调对城市部门的投资,忽视了农业部门的发展,他提出了一系列如何发展农村的政策性建议。圣海斯和埃尔森汉斯提出了"自中心发展"论,自中心发展是指一种地方生产力的发展过程,主要是在地方社会、经济和技术条件下,尽可能长期地

依靠密集开发利用当地资源,最大限度地减少对区域外部的依赖性,直接
满足区内人口的基本需求。约翰逊提出了"乡村内源式发展论",认为外
围地区并非因贫困造成对发达地区的依附,而是因为依附关系而造成贫
困。区域应建立自力更生的农村经济,尽可能少与城市经济发生联系。
弗里德曼和道格拉斯提出了农业城镇发展模式,其核心是强调通过合理
的城乡联系在全国范围内建立经济与社会均衡发展的新格局。朗迪勒里
认为,自上而下或自下而上的发展都不是很有效的发展计划。他认为发
展中国家政府要获得社会和区域两方面的全面发展,其投资在地理上应
分散。这要求有一个完整、分散的城镇体系,以给整个国家或地区的人们
提供进入市场、获得各种服务的机会。

(3)城乡融合的发展模式。麦基教授于 1989 年提出了 Desakota 的
概念,Desa 指乡村,kota 指城市,Desakota 指在同一地理区域上同时发
生的城市性的和乡村性的行为,表示在大城市之间交通走廊地带的农村
地区所发生的以劳动密集型工业、服务业和其他非农产业的迅速增长为
特征的商品和人员相互作用十分强烈的发展过程。其重点不在于城乡区
别,而在于空间经济的相互作用及其对聚居形式和经济行为的影响。并
且认为 Desakota 区域自身社会特征与通常意义上的城市与农村有区别。
它的特征在于:人口密度高;居民的经济活动多样化,经营小规模的耕作
农业,也发展各种非农产业,且非农产业增长很快;土地利用方式高度混
杂,耕地、工业小区、房地产经营等在区域内同时存在;人口流动性很大,
大量的居民到大城市上班以及从事季节性帮工;区域基础设施条件好,交
通方便;妇女在非农产业中占有很高的就业比重。Desakota 这种空间形
态是城乡两大地理系统相互作用、相互影响而形成的一种新的空间形态。

(4)城乡一体化的发展模式。提出这种模式的学者较多,城乡一体化
发展模式在西方最早以圣西门、傅立叶和欧文等空想社会主义学者为代
表,他们把城乡一体化作为对未来理想社会的一种追求。他们认为,和谐
社会中是没有城乡差别和城乡对立的,城市不是乡村的主宰,乡村也不是
城市的附属,二者是平等的。西方早期城市理论研究者非常重视城乡一
体化发展,美国著名城市地理学家芒福德指出:城与乡不能截然分开;城

与乡同等重要;城与乡应当有机结合在一起。如果问城市与乡村哪一个更重要的话,应当说自然环境比人工环境更重要。

1.3.2 国内研究进展

1.国内城乡关系发展历程

由于我国对城乡关系的研究起步比较晚,到目前为止,国内还没有较为成熟的城乡关系理论。而我国是农业大国,农业是我国国民经济的基础,这一基本国情决定了国内对于城乡关系的相关研究必须与我国农村改革发展的历史进程结合起来。

(1)建国后的城乡关系(1953～1978年)

在1949年七届二中全会上,毛泽东提出了"城乡兼顾、工农并举"的思想,作为党处理城乡关系的基本原则。但是,自1956年计划经济体制基本形成以来,我国确立了重工业优先发展的战略。为支援重工业的发展,广大农村开展了"人民公社"运动,实行平均主义的"大锅饭",这实际上背离了生产关系一定要适应生产力发展的基本规律和广大农民的意愿,导致农业减产与农民减收。同时,由于1958年实行的"户籍管理制度",城乡人口被人为地划清了界线。人民公社制度和户籍管理制度实际上为后来逐步形成的"城乡二元格局"埋下了根源。这一时期,国内对城乡关系的研究主要是"重工抑农"的政策主张,为国家实行重工业优先发展的战略提供政策研究支持。

(2)改革开放过程中的城乡关系(1978～1990年)

改革开放以来,随着计划经济体制的逐步松动,城乡关系也随之改变。1978年,以"包产到户"为主要内容的家庭联产承包责任制取代了人民公社制下的集体经营模式,农业走上了家庭经营的道路。但是,农民的收入水平低的问题也逐渐浮出水面。一是粮食等农副产品的价格普遍偏低,二是农民没有其他收入来源,造成了农民的贫困。这一时期,邓小平在工农关系方面,强调农业是基础,农业要恢复,就是要让工业支援农业。理论界也主要从"制定粮食等农副产品限价政策"和"大力发展乡镇企业"解决农村富余劳动力,增加农民收入的角度,为决策层提供理论研究支持。

(3)20 世纪 90 年代初到 90 年代末的城乡关系(1990～1999 年)

十一届三中全会以后,家庭联产承包责任制出现了过度集中到过度分散经营的新矛盾,农业规模化、现代化问题仍未解决。同时,作为二元结构基础的户籍制度没有发生根本性变化,农村养老、医疗等社会保障制度也无法实现,农村基础设施建设、就业、教育等一系列问题依然存在。随着经济、社会的发展,城乡差距越来越大,"三农"问题成为了制约我国国民经济发展的瓶颈。这一时期的城乡关系研究主要致力于解决二元结构问题。1998 年,农业部政策研究中心课题组的调研报告《二元社会结构——城乡关系工业化、城市化》,认为我国二元社会结构(包括户籍、住宅、教育、医疗等 10 余种制度)造成了市民和农民两个阶层在政治、经济、社会等方面的尖锐矛盾,提出了走现代工业化与城市化的道路来解决二元结构问题的主张。

(4)21 世纪初"统筹城乡发展"理念与构建和谐社会的确立

2002 年党的十六大报告明确提出了"实施城乡统筹发展战略",在城乡发展的定位上,实现了从"兼顾"到"统筹"的历史性转变。江泽民指出,统筹城乡经济社会发展,建设现代农业,发展农村经济,增加农民收入,是全面建设小康社会的重大任务,这标志着党由重视城市向扶持农村、由"兼顾"农村向"统筹"城乡的重大思想转变。为了从根本上解决"三农"问题,胡锦涛在十六届三中全会上提出了"统筹城乡发展"的重要理念,站在国民经济发展全局的战略高度,着力打破城乡二元结构,走向"城乡统一"的大循环、大系统,有利于建立城市和农村资源互动,要素共享,优势互补,双赢共荣的发展格局。"统筹城乡发展"是落实科学发展观、构建和谐社会的重要战略任务。胡锦涛在十六届三中全会上明确提出了科学发展观的战略思想,并把"统筹城乡发展"作为落实科学发展观的首要战略任务。胡锦涛强调只有统筹城乡发展,实行以城带乡、以工促农、城乡互动、协调发展,才能从根本上解决我国的"三农"问题。此外,他还强调了城乡统筹发展对于构建和谐社会的重要性。十六届五中全会做出了建设社会主义新农村的重大战略决策,胡锦涛提出了"统筹城乡发展",实行工业反哺农业、城市支持农村,推进社会主义新农村建设的政策主张。十七大报告又明确提出把"统筹城乡发展"作为解决好"三农"问题,建立城乡经济社会发展一体化新格局的重要举措。

纵观国内城乡关系的发展脉络,从计划经济时代的"人民公社运动"和"户籍制度"改革,到改革开放时期的"大力发展乡镇企业",到 20 世纪90 年代的"加快新型工业化、大力发展现代农业和城镇化建设",到十六大提出"实施城乡统筹发展战略"以及十七大再次强调"统筹城乡发展"的战略决策,从这一系列决策的演变过程可见我国城乡关系也正在经历从"城乡对立"逐步走向"城乡融合"的演变。但与国外不同的是,这种演变的出发点不同。国外是因城市建设而改善城乡关系,是为了更好地发展城市与促使城乡由"对立"走向"融合"。我国是农业大国,农业是我国国民经济的基础,"三农"问题始终是我国城乡关系由"对立"走向"融合"的根本出发点,不论是党的政治决策还是理论界的研究重点都始终围绕"三农"问题的产生和解决,促使城乡关系由"对立"走向"融合"。[①]

2.统筹城乡发展的理论内涵研究

20 世纪 80 年代以后,随着我国城乡经济社会的急剧变革和发展,学术界从城乡关系发展的角度广泛论及城乡一体化、城乡融合,并初步提出了城乡统筹的思想,但城乡统筹理论研究起步比较晚,主要以政策研究为主。我国最早提出城乡统筹的文献是 1990 年的《关于中国农村就业问题的研究报告》,其针对我国农村人口就业问题提出了农村就业问题需要城乡统筹多方配合探索新路。自党的十六大以后,特别是提出五个统筹之后,国内学者就城乡统筹的内涵进行了深入研究和探讨。李岳云、陈勇、孙林认为城乡统筹具体应该包括城乡关系统筹、城乡要素统筹、城乡发展统筹三方面。[②] 陈锡文认为,加强城乡统筹,应该考虑农业、农村和农民三个层面。[③] 郭翔宇、颜华认为,统筹城乡发展就是要彻底摒弃计划经济体制,彻底改变城市偏向的一系列政策制度,摆脱城乡分割、重工轻农的

---

① 熊君.统筹城乡发展的理论渊源.中国集体经济,2008(6):32—33
② 李岳云,陈勇,孙林.城乡统筹及其评价方法.农业技术经济,2004(1):24—30
③ 陈锡文.深化对统筹城乡经济社会发展的认识,扎实推进社会主义新农村建设.小城镇建设,2005(11):17—20

发展战略模式,实行城乡一体化的发展战略。他们还从三个层面阐述了统筹城乡发展,即:①统筹城乡发展,是针对传统计划经济体制和二元经济社会结构下工农分割及城乡分治的发展状态而提出来的;②统筹城乡发展,要求站在国民经济和社会发展全局的宏观高度,把农村经济与社会发展纳入整个国民经济与社会发展全局之中与城市发展进行统一规划,综合考虑,改变重工轻农的城市偏向;③统筹城乡发展,是国家的一种政策倾向,是政府的一种宏观调控手段,其宗旨和目标是使城乡经济社会能够协调发展,最终实现城乡一体化。① 孙久文在归纳和总结已有研究成果,深入分析我国城乡统筹发展的理论和实践基础上,形成了一个较为完整的城乡统筹发展的概念,这就是:在城乡社会转型的机制影响和作用下,通过社会经济资源要素在城乡空间的双向流动与优化配置,实现城乡共同繁荣的发展进程与和谐状态。如图1—1所示。②

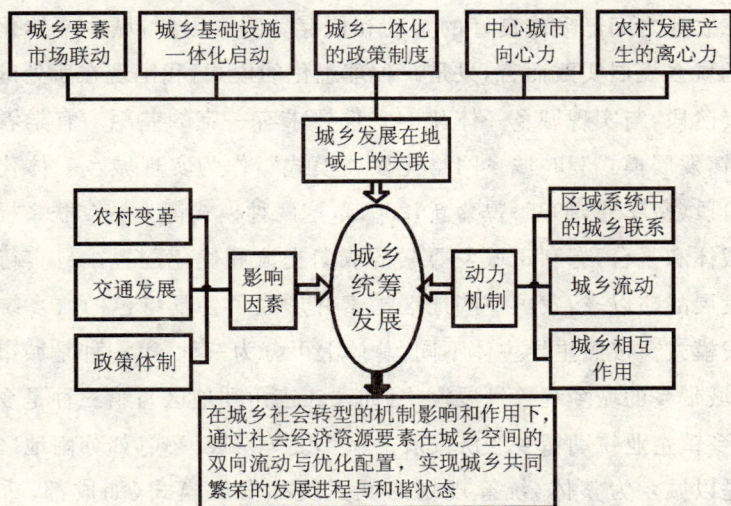

图1—1 城乡统筹发展概念图示

① 郭翔宇,颜华.统筹城乡发展:理论、机制、对策.北京:中国农业出版社,2007年
② 孙久文著.走向2020年的我国城乡协调发展战略.北京:中国人民大学出版社,2010年

3.统筹城乡发展的内在机制、驱动因素及不同模式研究

我国关于城市与农村发展关系理论的研究尽管起步较晚,但近年来国内学者对于城乡发展相互关系的研究,取得了较为显著的成果,涉及城乡互动、城市化机制、城乡差距、工业反哺农业、工农互促以及三农问题等方面(樊纲,2002;林毅夫,2004;韩俊,2005),并就统筹城乡发展的内在机制和驱动因素(郭翔宇,颜华,2007),从体制改革、对外贸易、乡镇企业发展和小城镇的发展、农村工业化、基础设施的发展等方面作了详细剖析。

我国学者从国内的实际出发,在借鉴国外学者提出的包括刘易斯的"以城带乡"模式和麦基的"东亚模式"等应用模式的基础上,提出了城市——工业导向模式、农村综合发展模式和城乡一体化模式(范海燕、李洪山,2005;曾菊新,2001;高云虹、曾菊新,2006)。前两者较多强调城市或农村的发展,城乡一体化是与高度发达的生产力相关联的,其建立的基础是工农业之间已形成良好的互动和依存关系。因此,城乡一体化对于我国的城乡发展实践而言,只是一种理想化的模式,我国现在所处的城市化发展阶段,与实现城乡一体化的条件要求有一定的差距。有学者提出"小城镇发展模式"和"城乡网络化发展模式",作为实现城乡一体化的第一个阶段(费孝通,1985;曾菊新,2001),这两种模式都为城乡联系提供了一种载体和平台,有利于城乡要素的双向交流和优化配置。自实行统筹城乡发展战略以来,我国一些地区探索并形成了各具特色的城乡统筹发展实践模式。按照主导主体不同,总体上可分为三种:第一种是城市为主导,以城带乡的城乡统筹发展模式(如珠江三角洲地区);第二种是乡村为主导,乡镇企业拉动城乡经济发展的城乡统筹发展模式(如苏南地区);第三种是以城乡为整体,统筹规划的城乡统筹发展模式(如成都、重庆等地)。不同的城乡统筹模式,不同的动力机制,使得各个地区实现城乡统筹发展的路径也各有特色。珠江三角洲走的是以城带乡的路子,苏南地区走的是以乡镇企业的发展带动城乡统筹发展的路子,成都、重庆运用城

乡统筹规划来实现城乡统筹发展。[①]

4. 以城乡统筹规划促统筹城乡发展研究

以城乡为整体统筹规划即将城乡作为一个整体，为城市和乡村的协同发展做出统一的规划，进而在实行过程中实现统筹城乡发展的目的。破解城乡统筹发展难题，统筹城乡规划是重中之重，需要特别强调的是，城乡统筹规划是一个崭新的课题，既没有国家的规范与标准，也没有成功的案例可供借鉴，需要我们在思想理念、内容深度、表现形式等方面去探索和创新。2008 年开始实施的我国《城乡规划法》对城乡统筹规划提出了明确的要求，即"加强城乡规划管理，协调城乡空间布局，改善人居环境，促进城乡经济社会全面协调可持续发展"，城乡统筹规划已成为当前研究和实践的热点。

仇保兴从理想主义、理性主义和实用主义出发，阐述了城乡统筹规划的原则、方法与途径。[②] 俞孔坚则对传统的土地价值观和规划方法论进行反思，应用"反规划"理论，把以前认为不重要的、零敲碎打的自然过程、生物过程、乡土文化和生态游憩等过程整合在一起，形成一个维护土地生命安全和健康，实现土地保护与增长的生态基础设施。他认为规划应该从指标规划走向土地的系统设计，这样才能使土地规划的理念和目标得以贯彻和落实。[③] 赵英丽将共生理论、产业扩散与空间增长的阶段性理论、可持续发展理论作为城乡统筹规划的理论基础，论述了共生理论与规划内容、城乡协调间的关系。胡滨等全面总结了成都城乡统筹规划编制的理念、实践及经验，为以规划为龙头和基础，统筹推进城乡一体化提供了可资借鉴的实践案例。[④] 舒沐晖等从重庆市城乡统筹面临的现实特征入手，总结了统筹城乡发展规划工作存在的问题，并由此提出建构城乡一

---

① 欧阳敏，周维楸. 我国城乡统筹发展的主要模式及其对成渝地区的启示. 农村经济与科技，2010，21(10)：38—40

② 仇保兴. 城乡统筹规划的原则、方法和途径——在城乡统筹规划高层论坛上的讲话. 城市规划，2005(10)：9—13

③ 俞孔坚，李迪华，刘海龙. "反规划"途径. 北京：中国建筑工业出版社，2005 年

④ 胡滨，薛晖，曾九利，何旻. 成都城乡统筹规划编制的理念、实践及经验启示. 规划师，2009，8(25)：26—30

体化规划的两大对策:一是以区域协调和城乡一体为重点,建构城乡规划一体化的规划层次体系;二是以"四规衔接"为主要方式建立部门规划一体化的衔接机制。① 李迅在剖析我国城乡二元结构的基础上,提出以城乡规划引领城乡统筹发展,并建议从如下四个方面入手推进和提升城乡统筹规划,即:一是坚持多元化的城镇化模式,构筑统筹城乡建设的现代化城镇体系;二是完善城乡规划体系,强化公共服务的职能;三是理顺城乡关系,优化城乡空间结构;四是健全规划管理体制,促进部门间协调联动。②

城乡统筹发展理论直接影响了我国的城乡规划研究,曾菊新倡导的现代城乡网络化发展模式,就是使一定地域内的城乡之间的网络设施完备、产业内在联系紧密、要素流转通畅、组织功能完善,城、镇、乡网络系统共生共长,最终实现城乡一体化。陈志诚等提出城乡规划理念应从关注"空间变化过程"和"空间集聚过程"转到关注"空间关联过程"和"空间重组过程",从城乡发展为线性因果发展理念转到城乡网络化协调发展理念。③ 张俊卫提出了城乡统筹规划的"2+8"("两大途径"+"八项内容")分析框架:"两大途径"指城镇化和社会主义新农村建设;"八项内容"指产业发展统筹、空间布局统筹、土地利用统筹、居民点体系统筹、环境保护统筹、基础设施建设统筹、社会事业发展统筹、体制改革统筹。黄文娟基于城乡统筹理论,对城乡总体规划进行了深入研究,构建了城乡总体规划的研究组织结构框架,主要包括城乡总体规划编制原理、编制层次结构、编制内容框架等方面。④

5.统筹城乡的土地利用规划研究

城乡统筹要求资源和生产要素自由流动,形成"相互依托,优势互补,

---

① 舒沐晖,扈万泰,余颖.基于城乡统筹思想的重庆市规划编制体系构想.城市规划,2010,34(6):31—35

② 李迅.以城乡规划引领城乡统筹发展.上海城市管理,2010(03):2—3

③ 陈志诚,侯雷,兰贵盛."城乡统筹发展"与小城镇总体规划的应对.规划师,2006(2):69—72

④ 黄文娟.基于城乡统筹理论下的城乡总体规划研究.重庆大学硕士论文,2009

以城带乡,以乡促城,共同发展"的城乡关系,土地作为一种重要的资源和生产要素,其合理流动与利用对城乡统筹发展至关重要,还有,城乡规划从本质内容上来说,最后都要落到土地上,这些无疑使得统筹城乡的土地利用与规划在统筹城乡发展中扮演着"龙头"和"抓手"的角色,因此,统筹城乡的土地利用和规划研究成为了当下学者们关注的焦点。

一些学者从不同视角,寻求把相关的理论融入土地利用规划的实践,进而形成独特的城乡统筹土地利用规划的理念和方法。李景刚、欧名豪等和龙开胜、陈利根把"城市理性增长"理念引入土地利用规划;[①、②]黄琳、张祚探讨了田园城市理论对我国城乡土地利用问题的启示;[③]彭德胜和周万东把"反规划"理论引入土地利用规划理念与方法创新中;[④、⑤]陈眉舞等基于"紧凑城市"探讨了中国城市土地可持续利用;[⑥]罗鹏、吴小花分析了基于循环经济理念的土地利用规划,这些研究为构建城乡统筹土地利用规划体系提供了理念与方法源泉。[⑦]

一些学者对城乡统筹下的土地利用机制和模式进行了深入研究。郑伟元从统筹城乡土地利用的视角,总结借鉴国内外相关理论和实践经验,针对我国当前城乡土地利用中存在的主要问题及造成这些问题的原因,提出统筹城乡土地利用有关建议。[⑧]叶剑平在探讨城乡统筹发展与土地利用关系的基础上,指出城乡统筹发展的核心问题是土地利用,土地利用应该按功能划分而不应该按国有和集体所有的"身份"划分,使得同功能

---

① 李景刚,欧名豪,张全景,张效军.城市理性增长理念对中国土地利用规划的启示.中国土地科学,2005,19(4):56—60

② 龙开胜,陈利根.土地利用总体规划如何融合"理性增长"理念.中国土地,2005(11):13—14

③ 黄琳,张祚.田园城市理论对我国城乡土地利用问题的启示.安徽农业科学,2006,34(18):4759—4760

④ 彭德胜."反规划"理论在城市总体规划中的应用——以沅江市城市总体规划为例.城市研究,2005(1):31—36

⑤ 周万东."反规划"理论下的土地利用规划探析.中国高新技术企业,2009(23):99—100

⑥ 陈眉舞,张京祥,徐逸伦.基于"紧凑城市"探讨中国城市土地可持续利用.江苏城市规划,2008(7):13—16

⑦ 罗鹏,吴小花.基于循环经济理念的土地利用规划.农业考古,2009(6):327—329

⑧ 郑伟元.统筹城乡土地利用的初步研究.中国土地科学,2008,22(6):4—10

同权同地同价。建立城乡统一的土地市场有助于城乡资本、技术、信息、土地要素的合理配置，为城市发展提供空间，为农村发展提供资金，真正达到城乡统筹发展，实现帕累托改进。[1] 傅超也从城乡统筹发展与土地利用的关系出发，探讨了城乡统筹发展对土地利用规划思路的启示。[2] 刘杰、陶军德、曾光建从统筹城乡土地规划、统筹城乡土地市场、统筹城乡基础设施建设等三个方面探讨了统筹城乡协调发展的土地利用模式。[3] 李培祥从土地价格、土地征用、土地产权、土地市场、土地规划和土地制度等方面论述了其对城乡土地一体化利用的影响与作用。[4] 何格通过对成都市城乡统筹综合配套改革试验区业已形成的锦江、郫县、邛崃、温江、龙泉几种土地制度创新模式的绩效评价，提出了改革现行土地规划管理制度、创新耕地保护机制、改革农用地转用和土地征收审批制度、建立宅基地和承包地退出机制以及探索建设用地指标交易办法，建立地方土地调控基金制度的土地利用政策建议。[5]

当前，我国正处在经济快速发展、城市化快速推进、城乡统筹协调发展时期，如何更好地把城乡统筹的理念融入土地利用规划，编制真正意义上没有城市偏向的土地利用规划？如何引导和利用城乡间的土地互动，进一步优化和完善土地利用规划体系？如何将产业发展规划、土地开发整理规划、基本农田建设保护规划、生态建设规划等统一于土地利用规划，较好地发挥土地利用规划的调控和引导作用？这些问题历史性地摆在我们面前。因此，结合国内外城乡统筹发展实践，从相关理论中寻觅土地利用规划的理念和思路，逐步建立有中国特色的统筹城乡的土地利用规划体制度体系，具有重要的现实意义。

---

① 叶剑平. 城乡统筹发展与土地利用. 现代城市研究, 2009(2):17—19

② 傅超. 统筹城乡发展对土地利用规划思路调整的启示. 中国经贸导刊, 2010(8):27—28

③ 刘杰, 陶军德, 曾光建. 统筹城乡协调发展的土地利用模式研究. 广东土地科学 2009, 8(3):25—27

④ 李培祥. 城乡一体化土地利用机制分析. 南方农村, 2009(1):33—36

⑤ 何格. 统筹城乡土地利用:模式与绩效. 中国农学通报 2009, 25(21):367—370

1.4 国外城乡统筹发展实践

在世界范围内,发达国家工业化和城市化起步时间较早,在社会经济发展的早期,由于重城市和工业、轻乡村和农业,这些国家大都经历过城乡发展失调、农业农村凋敝、地区发展失衡、社会危机严重等问题,它们通过调整国家政策,实施城乡统筹战略,加大对农业农村的扶持力度,采取大量措施缩小地区和城乡差别,有效地解决了一系列经济和社会问题,促进了城乡之间的统筹发展和社会的稳定,取得了城乡一体化的明显效果。目前,许多发达国家已实现了城乡的高度一体化,城市和乡村具有相近的生活水平。发达国家在统筹城乡发展过程中的一些成功实践,为我国在新时期构建和谐社会、促进城乡协调发展,提供了宝贵的经验和有益的启发。

1.4.1 英国城乡统筹发展实践

工业革命开始后,英国城市化速度大大加快,乡村迅速向城镇转化,农业用地被城市大量侵吞,乡村人口大量向城市转移,农村日益荒凉,城乡差距不断扩大,城乡发展不平衡日益显现,这不仅在一定程度上阻碍了经济的发展,而且造成大量的社会问题。20世纪初,英国出现了将城市问题与乡村问题合并解决的城市规划和建设理论——"田园城市"构想,到二战前,英国形成了在全国范围进行城乡规划的共识。英国是世界上第一个建立城乡规划体系的国家,其城乡规划理论、实践及其得失成效,都值得总结和借鉴。首先,英国建立了完整的城乡规划体系。其次,英国政府注重城市规划立法工作,强调规划建设的适度超前。最后,注重富有特色的小城镇建设,英国的农村和小城镇的特色化发展,很好地解决了因地理条件不足带来的发展制约瓶颈问题。

1. 注重城乡规划立法工作,形成了法规导向型的土地利用规划体系

(1)规划立法历史悠久。1909年,英国颁布了世界上第一部城市规划法——《住宅、城镇规划条例》,1947年又颁布实施了《1947年英国城镇和乡村规划法》,第一次在法律上将城乡纳入一体进行统筹规划与建设。

目前已经形成了由中央、地区和地方三级组成的完善的规划制定管理体系。英国的规划管理体系非常强调中央集权（规划的集中统一）、强调区域统筹（城乡统筹）、强调公众参与（推行民主）和规划执行。2004年新修订的《城乡规划法》，将原来的指导性地区规划上升为立法性规范，从而起到了强化政府宏观调控的作用。

（2）强调规划建设的适度超前。据了解，现今覆盖英国整个城乡的地下管网设施，是在100多年前的维多利亚女王时期规划建设的，但它在人口已经增长了50倍的今天，却仍然能够满足实际的需要。

（3）规划执行具有刚性。英国的规划管理非常严格，农户要在自己的农舍旁增加一间偏房，也必须经当地规划部门批准；而动用绿地搞开发，必须经副首相批准。

（4）形成了法规导向型的土地利用规划体系。英国土地规划由完善的法规体系和执法系统构成。在英国，每一种类型的开发规划编制过程中，几乎都有法定的公众参与程序，其形式有公众评议、公众审查、公众讨论、公众审核、公众意见等。英国有关城市土地利用规划方面的起诉分为规划起诉和强制执法起诉。政府部门参与土地分配，并在再分配过程中对近期和远期的要求进行平衡，对不同利益集团之间进行平衡。1947年规划法所包含的一个重要内容就是土地开发权归政府所有，1975年的《社区土地法》为英格兰地方政府征购土地、调配地块及出售土地用于开发等提供了法律保证。英国政府与"城市开发集团"、"废弃土地复兴援助"以及"公私合作伙伴方案"等都鼓励政府有关部门进行土地购置、地块调配、土地开垦及基础设施的配套，使这些土地便于开发。

2. 英国新镇建设的思想和实践

英国新镇建设理论源自19世纪末霍华德提出的田园城市理论，新镇建设在英国的城乡统筹发展中扮演了重要角色。《英国大不列颠百科全书》中将新城（镇）（一些国家也称其为卫星城）定义为：一种规划形式，其目的在于通过在大城市以外重新安置人口，设置住宅、医院和产业，设置文化、休憩和商业中心，形成新的、相对独立的社会。新镇建设始于二战的英国，根据粗略的统计，英国自1964年开始到1978年底，共建设了33

座卫星城,新镇建设初期主要的目的在于控制大城市的规模和提高人民的居住水平,后期成为应对大城市快速增长,尤其是大城市蔓延采取的主要方法。英国的新镇理论和实践进展可以划分为三个阶段。

(1)第一代卫星城。英国工业革命后,城镇化速度迅速加快,大量的农村人口涌向城市。19 世纪中叶,居住在城市的人口还只有 50%,1891年城市人口就剧增到总人口的 72%。1840 年英国最大的城市伦敦的人口已达 200 万,1901 年,伦敦人口增加到 450 万。城市开始出现过分拥挤的现象,城市生活环境异常恶劣。两次世界大战之间,伦敦由于工业化的加速,其郊区发展非常迅速。1921 年至 1939 年间,伦敦建成区扩大三倍多。城市蔓延问题突出。针对这种情况,大伦敦区域规划委员会的技术总顾问恩维(R. Unwin)建议用一圈绿带把现有的地方圈住,不让其往外发展,把多余的人口集中疏散到一连串的"卫星"城镇中去。这样,伦敦开始了积极的郊区化(在此之前是被动的,或没有规划指导的自发郊区化)的尝试。然而,由于爆发第二次世界大战,这个设想未能付诸实施。第二次世界大战中,伦敦遭到空袭,许多地方被夷为平地。帕特里克·艾伯克隆比(Partrick Abercrombi,1879—1957)在 1944 年编制的大伦敦规划方案中,在中心区外围的绿带以外设置了 8 个卫星城,试图减轻中心区过度发展的压力。最初的新城功能单一,主要目的在于分散居住人口,居民日常的基本生活在郊区,而工作和文化活动则要回城里。如伦敦西北郊区所建的 Hampstead Garden Suburb(虽然称为田园区,但实际上只是一个居住区)。当时,将这种建设在郊区的居住区称为城郊居住区,也被形象地称为"卧城"(Bed City)。卫星城理论提出后,这种城郊居住区被称为第一代卫星城。

(2)第二代卫星城。在芬兰建筑师沙里宁(Eliel Saarinen)的有机疏散理论影响下,又出现了一些半独立性的郊区城镇,被称为第二代卫星城。这一代卫星城除居住设施外,城镇内还建有一些工业和服务项目,可使部分居民就地工作,其他居民则依然在母城就业。

(3)第三代卫星城。第二次世界大战之后,面对当时的社会经济发展和卫星城建设中出现的问题,卫星城和新城的建设思想从重点提供物质供应转到促进社会发展和提供居民服务,随即出现了完全独立的第三代卫星城。第三代卫星城的主要作用仍然是吸引母城过多的人口和经济活动,分散对生态环境的压力,但城镇功能完善,事实上已经是一个独立的区域性城镇了,从而大大减轻了母城与卫星城之间的通勤压力,较好地起到了"反磁力"的作用。它与母城的关系主要体现在一般的产品和服务的相互交换上,而在城镇功能上已基本不存在互补的关系。第三代卫星城的典型代表是英国的 Milton—Keynes 城和 North Ampton 城。米尔顿·凯恩斯新城平坦宽阔的大道、合理的建筑布局以及邻里单位内的人车分流,都显示出城市规划的特色。一项有关英国最佳工作城市的权威调查显示,20 世纪 60 年代建成的新城米尔顿·凯恩斯高居第二。

英国的新城建设经历了类型由少到多、规模由小到大、功能由单一到综合、结构由简单到复杂的变化,建设目的也从最初的疏散大城市的人口和产业演变为促进城乡统筹(区域均衡)发展。

1.4.2　挪威统筹城乡发展实践

1. 挪威统筹城乡发展战略的历史背景

挪威是北欧国家,面积 38.5 万平方公里,人口 492 万人(2010 年数据)。20 世纪初,挪威 70％的人口生活在贫困之中。第二次世界大战后,挪威城乡和区域发展不平衡问题开始显现,到 20 世纪 60 年代,挪威城乡居民收入差距达到 3∶1 以上,城乡发展严重失衡,大量农民因此流向城市,社会结构性失业严重,资源浪费巨大,农村人口持续下降。农村人口的比例从 50 年代的 43％下降到 60 年代的 40％;进入 70 年代,进一步下降到 37％,尤其最北部地区(Finnmark)下降的速度最为显著,而在受到石油工业影响的南部和西南部地区(Agder 和 Rogaland),城市人口增长的势头最为强劲。这些问题引起了挪威政府和社会各界的高度关注,挪威的政治家率先对此引起重视并采取行动,一系列充满激情并且耗资浩繁的发展计划、方案和财政转移支付体系被建立起来并付诸实施。为使人口不断流失的农村地区获得比其他地区更快的发展速度,缩小城乡差距,促进城乡、区域之间的协调发展,挪威政府相继采取了一系列政策措施。

2.挪威统筹城乡发展具体措施

面对日益严峻的城乡差距、农业农村的凋敝，挪威政府实施了：中长期城乡协调发展规划战略；政府不断加大对农业农村投资力度与财政转移支付的力度和规模；建立公共产品和服务向农村地区倾斜的长效机制；建立科学民主的协商机制和职责分明、分工精细的政府职能；树立农业的"多功能"和"非市场化"理念等。现就中长期城乡协调发展规划和"多功能化"、"非市场化"农业理念进行详细阐述。

（1）中央政府制定中长期发展规划促进城乡协调发展

面对农业人口的大量流失和日益凋敝的乡村，挪威中央政府逐步认识到，解决城乡发展失衡的问题决不是一朝一夕可以完成的事情，必须制定中长期规划，充分发挥政府在促进城乡协调发展方面的积极作用，从根本上系统地解决问题，否则难免造成头痛医头，脚痛医脚的短期行为，难以从根本上改变农村落后的状况。于是，中央政府为城乡发展分别制定了最短为4年，最长为12年的计划，分步骤地建立起农业的支持和保护体系。挪威中央政府将全国划分为11个区，建立了科学的指标体系，对每个区的城乡差距状况进行跟踪考察，分别采取适合本地区情况的手段来缩小差距。20世纪60年代，当城乡发展失衡问题还没有引起许多国家重视的时候，挪威便制定了一系列旨在缩小城乡差距，促进城乡协调发展的重大发展计划、方案，建立了财政转移支付体系。据有关资料显示，挪威在20世纪60年代提出的"地区发展计划"就是针对城乡失衡问题所做出的全面的调整。1972年提出的"北挪威发展计划"对发展条件最恶劣的北部进行单独规划特殊处理。1975年提出的"道级发展计划"在所有的行政区都推行实施了城乡协调发展的规划。20世纪80年代又提出"应急项目"计划，建立发展基金对城乡发展中出现的突出问题和难点问题予以灵活解决。

（2）对农业"多功能"的认识和非市场化的理念促使政府加快统筹城乡步伐

面对城乡差距严峻的现状，挪威中央政府树立了"多功能"农业的理念。挪威城市区域发展研究所的主流观点认为，农业不仅仅是为人们提供粮食,而且在环境保护、维护生态平衡、保持自然风景、保护人类文明遗产等方面都有十分明显的外部性。也就是说,农业给予社会有形和无形的财富,并不仅仅限于市场上表现出的粮食价格。换句话说,农业带有相当明显的公共产品性质,决不应该像对待私人产品那样将其完全市场化。在市场化的条件下,农业生产效益相对比较低的特性,决定了农业是弱势产业,农民是弱势群体,特别是随着农村劳动力、资本、资源等各种要素大量流向城市和二、三产业,城乡差距将会进一步扩大,政府必须进行规划和大力扶持,唯有如此,才能遏止城乡差距继续扩大的势头。[①]

经过 40 年的努力,挪威完成了城乡一体化融合。到 20 世纪后期,挪威农业劳动力占全国就业人口的比例已从 20 世纪 50 年代的 43% 下降到 2002 年的 3.7%,农民享受与市民几乎相同的生活条件、收入水准和社会福利待遇。根据 OECD 的统计资料,2005 年,挪威人均 GDP 为43200美元,已超过美国,仅次于卢森堡,在世界各国中排名第二;而它的人文发展指数则仅次于加拿大,居世界第二位。在联合国开展的"全球最适宜居住国家"调查中,挪威位居榜首。2008 年挪威的基尼系数仅为 0.25,是世界上收入差距最小的国家之一。挪威已经被国际社会公认为民主化程度最高、人民生活最舒适、社会最有活力的国家之一。

1.4.3 日本城乡统筹发展实践

1. 城乡统筹发展的背景与特征

日本是个人口众多的岛国,人口 1.28 亿(2010 年数据),陆地面积只有不到 38 万平方公里,其耕地面积仅占世界耕地面积总数的 0.4%,人口却占世界人口的 2.2% 左右,是个典型的人多地少国家。自 1868 年明治维新后,日本以追赶发达国家为目标,以农业为基础大力发展工业。二战后日本经济于 1955 年开始复兴,国民生产总值于 1967 年超过英国和法国,1968 年又超过德国,成为仅次于美国的第二经济大国。但是由于片面追求发展工业,引发了工农收入和城乡差距拉大等倾向,1959 年农

---

① 吕洋,周彩. 挪威统筹城乡发展:措施、成效与启示. 北京理工大学学报(社会科学版),2008,10(3):90—93

民的收入水平仅相当于市民的 60%;同时导致了农村人口急剧流向城市,地域间差异扩大,传统的村落社会迅速崩溃,乡村人口迅速减少。基于这种国情,1961 年,日本政府借鉴法国和德国的经验,制定了《农业基本法》,把缩减工农之间收入差距作为基本法的目标之一。1967 年日本政府又制定了"经济社会发展计划",出台了谋求产业均衡发展、区域均衡发展、适应国际化发展、缩小城乡差距、消除环境污染等一整套政策措施,努力实现城乡统筹发展等目标。

2.日本政府统筹城乡发展的主要做法

(1)通过国土开发计划等综合手段推动城乡协调发展。日本注重通过均衡发展计划以协调城乡发展,1962 年制定了第一次全国综合开发计划。1977 年实行第三次全国综合开发计划,提出进一步调整工业布局,大力发展中小城市,开发落后地区,解决工业及人口过密和过疏的矛盾。为了推动落后山区和人口稀疏地区的经济发展,日本出台了《落后地区工业开发优惠法》和《离岛振兴法》等法律和政策。为了鼓励和引导工商产业向农村地区转移,日本先后推出了《向农村地区引入工业促进法》和《新事业创新促进法》等政策。为了保护城乡环境,日本颁布了《防止农田污染法》、《自然环境保护法》等法律。

(2)根据实际情况制定促进农村发展和提升人力资本的措施。日本在 19 世纪 60 年代末到 80 年代初的工业化阶段,直接照搬西方的农业生产技术和经营方式,但由于不能和本国国情有效融合,最后以失败告终。从 19 世纪 80 年代起,日本探索适合本国农业发展的道路,开始重视本国传统农业的经营方法和经验,创造出一系列适合国情的生产方法和技术,并采取农业生产经验的推广、建立试验场等措施促进农业和农村的发展。此外,政府加大对职业教育的投入力度,日本的"产学合作"培训制度收到了很好的效果。

(3)增加对农村的财政投入。为解决农业发展资金不足的问题,日本早在 1930 年就建立了补助金农政。在 1967~1979 年第二次新农村建设期间,日本政府加大了补助金农政的实施力度,国家规划 3100 个市町村推进农村基本建设和经营现代化建设,每个市町村除政府补贴 9000 万日元外,还由国家农业金融机构贷款 2000 万日元。近几年,日本政府每年对农村基础设施的投入都在 11000 亿日元左右。

(4)以提高农民收入为目标进行城乡统筹。日本造村运动中最具知名度的就是 1979 年开始的"一村一品"运动。它要求一个地方根据自身的条件和优势,发展一种或几种有特色的、在一定的销售半径内名列前茅的拳头产品。由于这些产品实行了错位竞争战略,从而大大提高了各村的竞争优势,促进了农村的持续发展。此外,政府鼓励农民发展农业以外经济,增加农业外兼业收入。1995 年,东京市农民的收入中,来自非农收入已达 92.3%。

3. 日本综合管理导向型的土地利用规划体系

日本的土地资源利用管理服务除通过国土利用规划和土地利用基本规划进行宏观管理外,还通过法律和行政的手段,使宏观管理与微观管理结合起来,形成一个比较系统完善的体系。例如对国土规划和土地利用基本规划所确定的各类区域内的土地利用,以法律的手段加以限制管理。《城市规划法》《农地法》《森林法》《自然公园法》以及《自然环境保护法》分别对城市的市区、农地、森林、自然公园和自然环境保护区内的土地利用活动实施了强硬和严格的限制,使土地利用活动的微观管理有确实的保障。此外,鉴于土地私有制下的土地交易的活跃以及土地交易对土地利用的影响,在日本《国土利用规划》中专门对土地转移作出详细规定。政府可以采取措施控制土地交易,实行严格的许可证制度和土地交易申报制度。当土地交易与政府制定的土地利用方针、政策不符时,采取劝告制度抑制土地交易。日本的土地利用规划模式是以土地私有制和自由市场经济为基础建立的,它通过国土利用规划和土地利用基本规划对土地资源实现宏观调控,依据法规和行政手段实现土地宏观调控,建立起比较完整的体系。其特点是着重于宏观的直接调控,同时实行间接的微观调控。

日本作为二战以后新兴的工业化国家,在短短的二三十年间,不仅在工业化道路上取得了骄人的成就,而且还在加快农业现代化进程和缩短城乡差距方面卓有建树,1972 年城乡居民的收入水平就基本持平,1998

年日本农村就业人口的比重下降到占总人口的 5.2%,大量农村劳动力
转移到太平洋沿岸城市带。在工业化、城市化推进过程中,农民的生产生
活条件得到显著改善,实现了城乡经济协调发展和城乡居民收入的同步
提高,进而又推动了城市化的快速发展。日本城市化演进路径与农村发
展相辅相成,为亚洲后发国家在二元经济背景下实现城市与乡村的共同
发展提供了良性循环的案例。

1.4.4 发达国家土地利用规划与城镇化的协调

从上述三个国家统筹城乡发展的历程中可以清楚地看到,土地利用
规划在其中扮演着重要角色,与城镇化相伴随,引导并推动着城乡一体化
进程。

1.伴随城镇化,城市土地利用规划阶段性发展

发达国家的城市土地利用规划基本上分为两个阶段。第一阶段是以
牺牲农业和农村为代价而兴起的"单向型城镇化"土地利用规划政策,集
聚是土地政策的主要倾向,因而导致了人口向大城市迅速集聚。第二阶
段以扩散为土地政策的主要倾向,通过集中于城市的先进的生产要素,向
农村地域渗透、转移、扩散,推动了人口新的流动,以促进城市经济的发
展。这种流动是城市土地资源在整体上的优化,是一种历史的进步。当
然,还有一些场合,则是集聚过程中有扩散,或扩散中有集聚,两种情况兼
而有之。

2.城镇化促进土地利用规划体系完善

在城镇化率未达到 50% 以前,由于全社会都注重经济效益而忽略社
会效益和环境效益,导致了严重的"城市病"。当城镇化率突破 50% 之
后,城镇化进入了自我完善阶段,"城市病"逐步得到了治理。这些国家经
历了一个先污染、后治理的过程。在这个过程中,它们也推行一种指导性
的计划,以抑制无政府主义的蔓延。这种指导性的计划,并不要求严格执
行,而是通过必要的政策手段,对经济活动加以引导。同时随着工业化的
发展,城市的辐射力明显加强,城镇化覆盖率明显扩大,迫切需要通过城
市土地利用规划的正确引导,使得城乡界限逐步模糊,城乡差别逐步
缩小。

3.城镇化使城市土地利用空间分布多元化

随着城镇化的完善,城市的引力不再是单个的中心城市,而是具有复合性质的城市体系,乡村、城市在空间分布上呈"网"状。城镇化后的地图再也不是一幅简单的图片,而是一部向人们不断提供地形变化的影片,城市土地利用规划考虑较多的是城市间的区域协调发展。当城镇化进入高级阶段,第三产业成为城镇化的后继动力时,农村就地城镇化的势头大大加快,在地域上构成了城镇化的主旋律,出现了城乡一体化发展的明显趋势,促进了城市土地利用空间多元化发展。

1.5 国内城乡统筹发展实践

由于我国城乡利益关系复杂、二元结构根深蒂固,任何一项改革都必须考虑到全局,如果考虑不周就会存在很大的风险,从而使改革处于敏感而危险的境地。因此,需要在局部地区"先行先试",进行探索,取得成功的经验和方法后,再向全国推广。2007年6月7日,国家发改委下发《国家发展改革委关于批准重庆市和成都市设立全国统筹城乡综合配套改革试验区的通知》,国务院同意批准设立成都市和重庆市全国统筹城乡综合配套改革试验区。通知要求成都市和重庆市从实际出发,根据统筹城乡综合配套改革试验的要求,全面推进各个领域的体制改革,并在重点领域和关键环节率先突破,大胆创新,尽快形成统筹城乡发展的体制机制,促进城乡经济社会协调发展,为推动全国深化改革,实现科学发展与和谐发展,发挥示范和带动作用。

1.5.1 重庆市统筹城乡发展的探索与实践

在中央把重庆确定为统筹城乡综合配套改革试验区以来(截至2010年底),重庆市锐意探索、稳妥推进,在部分重点领域和关键环节取得了积极进展。

(1)在统筹城乡基础设施方面,每年投入数百亿元,提前建成了一批群众期盼多年的交通、水利、电力、垃圾污水处理、农村沼气、危旧房改造等项目,改善了城乡居民的生产生活条件。

（2）在统筹城乡劳动就业方面，在每年城镇新增就业 20 多万人的同时，转移农村富余劳动力 30 多万人，累计达到 815 万人，人均劳务收入已占农村居民人均纯收入的 44.7％。

（3）在统筹城乡基本公共服务方面，教育、卫生、文化等社会事业全面发展，基本普及高中阶段教育，实现乡镇综合文化站、自然村广播电视、文化资源共享工程全覆盖。

（4）在统筹城乡社会保障方面，城乡养老、医疗等社保制度框架正加快建立，在全国率先建立农民工保障制度体系，城乡低保标准差距缩小到 2∶1。

（5）在统筹城乡资源要素流动方面，集体林权确权面积超过 90％，土地规模经营走在全国前列。整体消除金融服务空白乡镇，组建村镇银行 6 家。农村土地交易所、农畜产品交易所开辟了城市反哺农村的新途径。

三年的实践表明，推动城乡统筹一体化，既要靠发展，更要靠深化改革，关键是突破束缚城乡协调发展的条条框框，释放和激活生产力，调整与生产力发展不相适应的生产关系，建立与科学发展观要求相统一的体制机制。为此，重庆正在展开六项重点改革：一是深化户籍制度改革；二是实施"两翼"农户万元增收工程；三是探索"双轨制"住房保障模式；四是深化城乡土地利用制度改革；五是完善农村要素流通服务体系；六是构建城乡一体化社会保障体系。

在六项重点改革中，深化城乡土地利用制度改革，盘活城乡土地资源，是统筹城乡改革发展的重要突破口。按照国发 3 号文件（即国发〔2009〕3 号：《国务院关于推进重庆市统筹城乡改革和发展的若干意见》，简称"3 号文件"）的要求，重庆在全国成立了首家农村土地交易所。依托土交所，大力推进农村土地综合整治，实施城乡建设用地增减挂钩和异地占补平衡，并通过开展"地票"交易，实现城市对农村的反哺。其好处在于：一是实行"先补后占"，能有效确保耕地面积不减少、质量不降低，并用好盘活农村存量集体建设用地，有利于守住耕地"红线"。以"先补后占"替代"先征后补"，有效防止了"占地在先是刚性的，造地在后是柔性的、时间和质量不能保证"的弊端。二是城乡建设用地增减挂钩，确保城乡建设用地总量不增加。在保证农用地特别是耕地不减少甚至增加的前提下，提高农村集体建设用地集约利用水平,增加城镇建设用地。三是推动城市反哺农村、发达地区支持落后地区。农村集体建设用地与城市建设用地的远距离、大范围置换,利用级差地租提升了农村特别是偏远地区的土地价值,一般由 2 万元/亩变为 15 万元/亩。四是激活城乡要素市场,完善城乡现代市场体系。通过在全市乃至全国范围内进行土地指标交易,使固化的土地资源转化为可流动的资本,"三农"发展的全局就活了。总之,土交所开辟了一条既保护耕地、减少农村建设用地浪费,又可让农民增收致富、城市反哺农村的新路子。土交所交易的"地票",是由农村宅基地及其附属设施用地、乡镇企业用地、农村公共设施和公益事业建设用地等复垦为耕地而产生的土地指标。截至 2010 年底,土交所已累计交易"地票"1.6 万亩、成交金额 16.5 亿元。下一步将完善运行机制,努力把这个平台打造成为立足西南、服务西部、进而服务全国的农村土地交易大市场。

1.5.2 成都市统筹城乡发展的探索与实践

2003 年,中共十六届三中全会提出"五个统筹"的科学发展观。2004 年 2 月,成都市委市政府正式做出"统筹城乡经济社会发展、推进城乡一体化"的战略部署。同年以红砂村为代表的"五朵金花"成为开篇之作,成为成都"城乡一体化"战略成果的亮点。2005～2006 年,通过深入探索,提出"全域成都",全面推进。2007 年 6 月,国家批准成都设立全国统筹城乡综合配套改革试验区,成都以此为契机,加快推进城乡一体化建设。汶川"5.12"地震灾后重建,为成都的城乡统筹带来新的契机。成都运用业已形成的城乡统筹的经验和办法,科学制定和全面实施了灾后重建规划,在废墟上建设了全新的家园。2009 年,成都探索农村产权制度改革,确权颁证、还权于民,促进了土地流转,解放和发展了农村生产力。

城乡统筹的实质是协调城市与乡村的各类资源要素,打破城、镇、村的脱节格局,通过将公共服务设施与交通等市政基础设施由城市向农村覆盖,逐步实现城乡一体化。成都选择以"三个集中"(工业向集中发展区集中,农民向城镇集中,土地向规模经营集中)为核心,以市场化为动力,以政策为保障,推进城乡一体化,积极探索以城带乡、破解城乡二元结构和"三农"难题的新途径。"三个集中"既是联动推进工业化、城镇化和农业现代化、统筹城乡发展的根本方法,也是转变发展方式的重要途径,是解决"三农"问题的必由之路。统筹推进"三个集中",就是统筹推进城乡一体化。

需要强调的是,一开始,成都市委市政府根据当时成都发展的实际情况,就提出"统筹城乡发展,推进城乡一体化"战略,并提出关键在于"以规划为龙头和基础"。成都城乡统筹规划编制工作经历了深化研究、构建体系、明确方向、全面推进、政策转化、灾后深化等阶段,是"转变思路、服务管理、引导建设"的实践,更是从"技术编制到制度设计"的探索,在理念上着眼"全局与统筹",兼顾"公平与效率",突出"长远与动态",回归"多元与多样",体现了体制、机制、标准、应用方面的变革。

1. 规划在城乡统筹中的作用

在推进"三个集中"、实施城乡统筹发展战略的实践当中,成都市委市政府明确提出,科学规划是推进城乡一体化的基础和龙头,要以科学规划引领城乡统筹发展。并对各级领导提出要求,"不重视规划、不研究规划、不严格执行规划的领导,就是不称职的领导"。成都的城乡规划因适应成都市情,已成为指导"城乡一体化"战略落实的首要保障。

2. 城乡统筹规划理念的创新

成都城乡统筹规划工作力求在理念上有所创新。体现在四大方面:(1)着眼"全局与统筹":从一隅到全城,从一盘沙到一张网,从局部规划到全局规划,从部门编制到整合协调;从技术方案编制到配套政策研究。(2)着眼"公平与效率":从重加速到重协调,从重城市到重均等,从集中配置到全面保障。(3)突出"长远与动态":从量化预测到动态平衡,从布局土地资源到协调土地资本。(4)回归"多元与多样":从关注政府视角到关注多元视角,从关注市民利益到关注全民利益,从过度集中到聚散相宜,从千村一面到和谐共融。

3. 城乡统筹规划体系的建立

(1)编制体系。该体系的特点是全面、系统,城乡满覆盖,突出规划的统筹与协调。不仅重视城乡空间布局,而且将产业发展、基础设施、社会事业和生态环境建设一并纳入，统筹安排，形成城乡一体的规划体系。

（2）技术体系。按照因地制宜、务实创新的指导思想，成都制定了一系列适用于本市、覆盖城乡的技术标准（红皮书系列），作为指导城乡规划、建设与管理的地方性技术文件。

4.成都城乡统筹规划的主要内容

成都城乡统筹规划工作以"三个集中"为总的行动纲领，重点在以下几方面进行了实践探索。

（1）全域成都，规划"满覆盖"。全域成都，就是打破成都市域内的行政区界，城乡一盘棋，统筹研究确定全域产业发展、全域功能分区、全域城乡体系、全域城乡空间形态、全域城乡交通结构体系、全域生态格局，统筹配置全域公共服务设施和市政基础设施。

（2）县（区）域总体规划。县（区）域总体规划是在全域成都规划的指导下，编制的成都市域内所辖区县的城乡统筹规划，是落实全域成都、规划"满覆盖"的主要抓手和平台。

（3）"三规合一"。产业发展规划、土地利用规划、城乡规划各自为政、相互扯皮的现象是老大难问题。成都提出，要由"三规分立"转变为"三规合一"。城乡规划与产业发展规划、土地利用规划要相结合、协调、互补，将三种规划融入"一张图"，搭建覆盖城乡的"一张图"综合信息平台。"三规"的关系，可简述为：①产业发展规划确定产业发展方向、产业门类及产业发展政策，城乡规划在用地上予以落实。②土地利用规划确定一定时期内建设用地规模指标，建设用地布局服从城乡规划，基本农田等耕地布局与城乡规划确定的生态环境保护区结合。③城乡规划确定城乡各类用地的布局和形态，在建设用地规模和国土指标的协调上，坚持"规划适度超前、建设依法用地"。

（4）新农村建设。经过不断实践探索，成都新农村建设总结出了一套独特的"乡村营造法式"。此"营造法式"的核心是"四性原则"（发展性、多样性、相融性、共享性）。新农村建设不是简单地建房子，更不是把城市小区克隆到农村，它的第一要务是解决农村的生产力发展，促进农民增收，从而实现生产发展、生活宽裕、生态良好、配套完善、特色鲜明的建设目标。

(5)非城市建设用地规划建设——"198"与"G2000"。[1,2]非城市建设用地除了生态效益和社会效益,还蕴藏着巨大的商机和财富,非城市建设用地不是"不建设",而是要"怎样建设"。要以规划为引导,通过市场机制,引进社会资本,提出"生态为本,产业为核,特色为魂"的指导思想,走一条"生态、健康、休闲、观光"的非城市建设用地"大建设"、"大发展"道路。

5.成都城乡统筹规划的监督机制

成都借鉴英、法等国做法,建立了自己的"规划警察"——规划督察专员制度,在全国率先成立了成都市城乡规划督察专员办公室和成都市规划执法监督局,代表市政府对区(市)县政府行使规划监督、督察职责,确保城乡统筹规划落到实处。

1.6　我国城乡统筹发展的规划路径探讨

1.6.1　我国城乡规划、土地利用规划与国民经济和社会发展规划的关系

1."三规"内涵

城乡规划是各级政府统筹安排城乡发展建设空间布局,保护生态和自然环境,合理利用自然资源,维护社会公正与公平的重要依据,具有重要公共政策的属性。温家宝总理《在中国市长协会第三次代表大会上的

---

① "198"规划:成都中心城以 85km 长的绕城高速公路为界,面积约 600km²,其中 198km² 规划为非城市建设用地(含绕城高速两侧各 500m 绿带以及外围六个郊区新城组团伸入中心城的放射状楔形绿地),故得此名。规划明确以现代服务业(如总部经济)为支撑产业,配置约 25% 的建设用地,引入市场竞争机制,吸引社会资本带动区域生态环境建设。目前,"198"地区以优越的区位、良好的环境、便捷的交通,成为资本市场追逐的热土,"美丽蓝图"不再虚幻,正一步步成为现实。

② "G2000":成都都市区 3681km²,辖 9 区、2 县、1 高新区,其中规化非城市建设用地约 2300km²,主要承担生态景现和现代农业两大功能。按照市场运作原则,2300km² 用地中配置约 10%的建设用地(主要用于三产以及农民集中居住),余下 2000 多平方公里净绿地,称之为"Green 2000",简称"G2000"。"G2000"中保留大量的基本农田,另结合发达的水系,规划大型湿地6.67km²(万亩)湖泊以及主题公园等。

讲话》中指出,城乡规划工作是一项关系国民经济社会发展的全局性、综合性、战略性的工作,涉及政治、经济、文化和社会生活等各个领域。而土地利用总体规划是为了实现土地资源可持续利用,保障经济、社会、环境协调发展,在一定区域范围和时期内,根据土地资源现状、潜力和各业用地需求,对城乡土地利用进行的统筹安排和综合部署。国民经济和社会发展规划是全国或者某一地区经济、社会发展的总体纲要,是具有战略意义的指导性文件。国民经济和社会发展规划是国家加强和改善宏观调控的重要手段,也是政府履行经济调节、市场监管、社会管理和公共服务职责的重要依据。

2.“三规”之间的关系

城乡规划、土地利用总体规划与国民经济和社会发展规划三者之间的关系可简单概括为,城乡规划定“方位”(发展方向和空间布局),土地利用总体规划定“指标”(建设用地规模),国民经济和社会发展规划定“目标”。城乡规划与土地利用总体规划有着共同的规划对象和规划目标,从本质看,两者是相互协调和衔接的,应依据国民经济和社会发展规划来相互协调和相互制约,落实“合理利用和珍惜每一寸土地,切实保护耕地”的基本国策,保护生态环境,维持生态平衡,促进城乡协调发展。而国民经济和社会发展规划具有战略性、指导性和政策性,更具宏观性,是编制实施城乡规划和土地利用总体规划的重要依据。

(1)城乡规划与土地利用总体规划的关系。城乡规划是基于国民经济和社会发展总体目标,对城市形态发展、土地利用与建设进行指导与控制的手段。①土地使用规划是城乡规划的核心,土地利用规划以保护土地资源(特别是耕地)为主要目标,在比较宏观的层面上对土地资源及其使用功能进行划分和控制,而城乡规划侧重于城市规划区内土地和空间资源的合理利用。②城乡规划为土地利用总体规划提供宏观依据。城乡规划除了土地使用规划内容外,还包括城市区域的城镇体系规划、城市经济社会发展战略以及空间布局等内容,这些都为土地利用总体规划提供宏观依据。③两者相互协调和衔接。土地利用总体规划不仅要为城市提供充足的发展空间,促进城市经济和社会的发展,而且还应为合理选择城市建设用地、优化城市空间布局提供灵活性；城乡规划范围内的用地布局应主要根据城市空间结构的合理性进行安排。城乡规划应进一步树立合理和集约用地、保护耕地的概念。城乡规划中的建设用地标准、总量，应和土地利用规划充分协商一致。城乡规划和土地利用总体规划都应在上位规划的指导下，相互协调，遵循节约集约利用土地，保护生态环境，促进经济、社会和空间协调发展的原则。

(2)城乡规划与国民经济和社会发展规划的关系。国民经济和社会发展规划是城市规划的重要依据之一，城乡规划依据国民经济和社会发展规划确定的有关内容，合理确定城市发展的规模、速度和内容等。两者关系密切的是关于生产力布局、人口、城乡建设以及环境保护等方面的发展计划。①城乡规划是将国民经济和社会发展规划落实在空间上的战略部署。国民经济和社会发展规划的重点放在该地区及城市发展的方略和全局部署上，对生产力布局和居民生活安排只做出轮廓性的考虑，而城乡规划则将这些考虑落实到城市的土地资源配置和空间布局中。②城乡规划不仅是对国民经济和社会发展规划的简单落实，因为国民经济和社会发展规划的期限一般为 5 年，而城乡规划要考虑城市可持续发展的特点，作更长远的考虑(20 年或更长远)，对国民经济和社会发展规划中尚无法涉及但却会影响到城市长期发展的有关内容，城乡规划理应做出更长远的预测。①

1.6.2　城乡统筹发展、城乡一体化及其规划表现

统筹城乡经济社会发展的最终目标是彻底消除城乡二元结构，实现城乡一体化。通过落实科学发展观，统筹城乡协调发展，实现较高水平和质量的工业化、市场化和城市化，以及有效克服二元结构的传统症结及其带来的各种矛盾，实现经济社会的全面可持续发展，最终达到城乡一体化，这是城市化发展到一定高度的产物，是人类社会的必然历史过程，也是城乡关系的最终目标和归宿。因此，可以说城乡一体化是统筹城乡发

---

①　韩仰君.对城乡规划与土地利用规划、国民经济和社会发展规划——"三规"协调关系的思考.城市规划和科学发展——2009 中国城市规划年会论文集,2009 年

展的最终目标或境界,城乡统筹发展是推进城乡一体化建设的过程和途径。为了实现"城乡一体化"的最终目标而编制的一种区域发展和建设规划,将其直接称为"统筹城乡规划"比"城乡一体化规划"更为妥当。

我们知道,真正意义上的统筹城乡规划起码应该从城乡政治、经济、社会、人口、文化、生态、环境、技术、信息、住房和土地空间等角度出发,进行综合的、整体的、动态的且开放的规划。作为规划界来说,尽管在解决任何一个问题时都应该参考与综合其他专业与部门的结论,但其最终成果都只能体现为对"城乡物质空间的一种安排",在我国,其任务就是如何在《国民经济与社会发展规划》、《城市总体规划》、《土地利用规划》中把握住这一历史趋势,从广度与深度上拓展视野,改变传统规划中将"城市"定位于"控制"的简单概念。赋予乡村平等的发展机会不仅是解决我国长期积累的"三农问题"的根本,也将为已经到来的城市化高潮提供持续的推动力。一般来说,城乡统筹规划(有时也称为城乡一体化规划)至少应包括以下几个方面:

(1)从区域的角度论证城市的发展空间,不仅城市功能要实现区域化,其物质形态也可以实现区域化,如"组合城市"。

(2)寻求最为经济的基础设施共享方案,这里有两层含义:既要避免重复建设,也应避免不必要的节约而带来的更深远损失。基础设施中尤其应注重对居民点形态、经济发展起引导性作用的对外交通、通信及教育设施。

(3)关心人的活动,不仅要重视城市领域里的生产与人居行为,更应深化对乡村范围内人类活动的考虑,不能简单地将其控制为绿色开敞空间,其中的生态敏感区恰恰多是现代都市人的休闲乐土与精神家园,也是所谓"环境经济"的主要物质依托,合理地开发才能实现最好的保护。

(4)区域土地供应的平衡,应突破传统方法中的僵化配额,根据不同地区发展潜力灵活分解总指标,并反映出其主导发展方向。落实在土地利用控制上,应表达到"二类用地"的深度。

1.6.3 城乡统筹发展:从"二元"到"一体"的规划思路

我国实行的城乡分割管理体制导致了城乡发展典型的二元结构,阻碍了城乡之间的交流和联系,制约了城乡经济社会的发展。把我国城乡发展的二元性问题投影到土地、人口(城镇化)、产业、环境、公共服务设施等要素上去(见图 1－2),可以明显看出目前城乡发展的主要二元性问题。

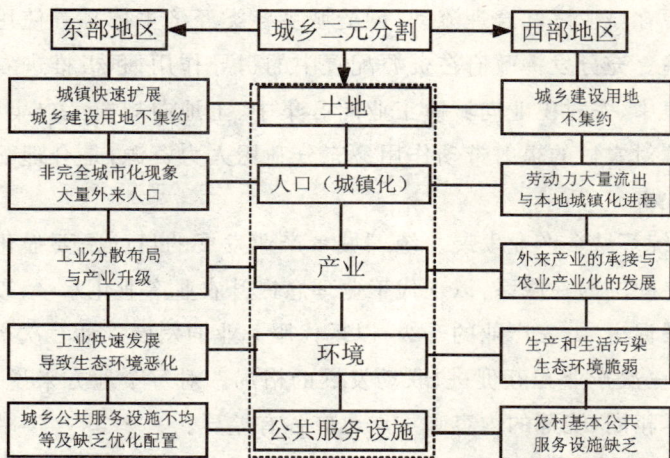

图 1－2 城乡发展中二元分割的主要问题

统筹城乡发展,是相对于城乡分割的二元经济社会结构而言的,它要求把农村经济社会发展纳入整个国民经济与社会发展全局进行通盘筹划,综合考虑,以城乡一体化发展为最终目标,统筹城乡物质文明、政治文明、精神文明和生态环境建设,统筹解决城市和农村经济社会发展中出现的各种问题,打破城乡界限,优化资源配置,实现共同繁荣。

(1)统筹城乡发展规划。统筹城乡发展规划,主要是要解决城乡发展中的盲目无序问题,立足实际,突出特色,统一编制区域内城乡发展总体规划,包括产业发展规划、用地规划、基础设施建设规划、社会事业发展规划等。规划要在指导思想上坚持与时俱进,破除厚城薄乡、二元结构的旧观念,树立城乡并重、城乡一体的新理念,既要立足当前,又要着眼长远;既要注重发挥城镇对农村的带动辐射作用,又要充分发挥农村对城镇发展的支持帮助作用;既要注重刚性约束,又要体现灵活运用;既要注重经济发展,又要促进社会进步,促进城乡联动,实现共同繁荣。

(2)统筹城乡资源配置。城乡统筹不仅是城市对农村的反哺,更是各种要素在城乡空间的互动和优化配置。统筹城乡资源配置,就是要统筹城乡之间的各种发展要素,就是要引导土地、资本、劳动力、技术、人才、信息等资源在城乡之间合理流动,创造城乡各类经济主体平等使用生产要素的环境。充分发挥政府在资源配置中的引导作用;积极推进农村人口向城镇集中、农村工业向城镇工业园区集中、土地向规模大户集中,充分发挥城镇对农村的辐射带动作用。充分利用人力资源,是合理配置城乡资源的关键。

(3)统筹城乡产业发展。统筹城乡产业发展的目的是要强化城乡三次产业之间的内在联系,以现代工业理念提升农业产业化水平,以特色农业的发展促进二、三产业的升级,以现代服务业的发展推动三次产业的融合,形成三次产业相互促进、联动发展的格局。对每个地方来说,特点和优势不尽相同,统筹的内容和重点也应各有差异。

(4)统筹城乡环境保护。统筹城乡环境保护是城乡一体化改革重要的切入点和历史任务。农村的环境治理和保护不仅关系到农村的发展,也直接关系到城市和全社会的发展,环境保护的外部性和外溢性决定了只有统筹城乡才能实现环境保护的可持续发展。

(5)统筹城乡基础设施。统筹城乡基础设施是统筹城乡发展的首要条件。在具体工作中,要统一规划、统一布局,加快建设覆盖城乡的基础设施网络体系,促进城镇基础设施和公共服务向农村延伸。县城和中心城镇是经济社会发展的龙头,是一个地方展示形象的窗口。要进一步优化村庄布局,加快推进改水、改线、改厕等工作,加大农田水利建设力度,形成城乡和谐的生产环境、人居环境和生态环境。

(6)积极推进统筹城乡综合配套改革试验。2007年6月,国务院同意批准设立重庆市和成都市全国统筹城乡综合配套改革试验区。之后,重庆市在统筹城乡劳动就业、统筹进城务工经商农民向城镇居民转化、统筹城乡基本公共服务、统筹城乡国民收入分配、统筹城乡发展规划、统筹新农村建设、统筹城镇体系建设等方面,以及相应的户籍制度、土地管理和使用制度、社会保障制度、公共财政制度、农村金融制度、行政体制等改革方面进行大胆探索。成都市则将建立城乡统一的行政管理体制、覆盖城乡的基础设施建设、城乡均等化的公共服务、城乡居民的社会保障、城乡统一的户籍制度、城乡产业发展的统筹作为重点。显然,把十七届三中全会决定的内容和二市统筹城乡综合配套改革试验的内容作一对照,不难发现两市在统筹城乡综合配套改革试验方面有了较好的开端和示范作用。所以,中央要求积极推进统筹城乡综合配套改革试验将对推动全国城乡深化改革、实现科学发展与和谐发展发挥积极的作用。

1.7　以统筹城乡土地利用规划作为统筹城乡发展的切入点与基本路径

1.7.1　统筹城乡发展与土地利用规划的内在联系

城乡统筹发展体现了整体协调发展与城乡公平的重要性,它的提出为解决三农问题提供了一个崭新的思路:跳出农村谈农村,将三农问题和城市发展放在一个体系中加以解决。土地是统筹城乡发展的物质基础和生产要素,土地利用规划作为一种政策性活动,其最本质的功能,是有限的土地资源在部门间的合理分配和土地利用的时空组织,因此,城乡统筹发展与土地利用规划存在内在联系,表现在以下几个方面:

一是我国农业的开放度不断提高,城乡经济的关联度显著增强,将三农问题与协调推进工业化、城镇化放在一起考虑,才能最终形成统筹城乡经济社会发展一体化新格局。农村农业再不是一个孤立的个体,与所在不同尺度的区域以及区域内的产业有各种关联性。

二是加快改善农村民生,缩小城乡公共事业发展差距是我国城乡经济社会发展到一定程度的必然要求,也是统筹城乡发展的突破口。土地利用规划作为一个土地资源配置方案,涉及部门间政治利益、经济利益、社会利益的重构。因此,土地利用规划对促进国民经济增长、重塑社会的公平与稳定具有积极的意义。

三是农村剩余劳动力的转移要同土地在城乡之间的转化相协调,否则就会出现人地分离、离土不离乡的现象。稳定和完善农村基本经营制度和有序推进农村土地管理制度改革,是进行城乡土地市场体系建设的关键。应鼓励有条件的地方开展农村集体产权制度改革试点。从土地利用规划的角度来看农地产权制度改革,基本取向是"完善权能,放开产权,管好用途",因此应始终强化规划的权威,通过严格的用途管制,防范和控制农村土地产权流转可能产生的各种问题。

1.7.2　土地利用规划与城乡一体化建设的关系

1.土地利用规划保障城乡一体化建设用地,引导城乡合理布局

作为统筹区域范围内土地资源利用的综合性规划,土地规划是城乡一体化建设的重要指导,也是城乡一体化建设的重要保障,其中土地利用总体规划更是城乡建设、土地管理的纲领性文件。城乡各项建设占地都需要符合规划,通过各项用地审批程序。土地规划对各类用地均有布局和指标安排,一方面通过用途管制使得各类用地用得其所;另一方面在年度计划中给予用地指标安排。把城乡建设中涉及的拆旧建新、各项基础设施用地一一进行合理布局,节约利用,尽量安排不占用耕地和基本农田,保证了经济社会发展和资源保护双赢。土地利用规划是城乡建设发展的前提,对区域土地利用起到了不同的指导效果,也对城乡一体化建设起到了重要的推动作用。

2.城乡一体化建设体现了优化布局、集约用地的规划指导思想

城乡一体化是区域发展的一个新阶段,就是要把工业与农业、城市与乡村、城镇居民与农村居民作为一个整体,统筹规划、综合研究,通过体制改革和政策调整,促进城乡在规划建设、产业发展、市场信息、政策措施、生态环境保护、社会事业发展方面的一体化,使整个城乡经济社会全面、协调、可持续发展。城乡一体化是缩短城乡差距,实现城乡协调发展的重要战略之一。目前,城乡一体化建设的重点之一为新农村建设。在国土资源部出台的支持社会主义新农村建设的六项措施当中,也把"加强农村用地规划和管理,大力推进节约集约用地"放在了第一位。用地布局优化和集约用地是新一轮规划的重要指导思想,建设用地布局讲求集中集聚,建设用地需求注重内部潜力挖掘。新农村建设的内容之一就是将农村居民点向中心村集中,完善农村基础设施,通过集中生产生活建设为农民增

收,同时也改善农民生活的环境。因此,城乡一体化建设也充分体现了新一轮规划布局优化、集约利用的指导思想。

综上,土地利用规划与城乡一体化建设之间是一个相互促进的互动关系。土地利用规划的编制与实施可以推进城乡一体化建设,城乡建设又好又快发展则将规划落到实处。

1.7.3　城乡统筹发展对土地利用规划调整思路的启示

1.重视规划对农村发展的促进作用

农村作为城乡体系的重要部门,理应在土地资源配置上享有和城市同等的权益。但从目前的规划体系来看,普遍存在重城市、轻农村的现象。土地利用总体规划的基本思路还是定位于保障和促进城市发展,对农村的考虑相对较少。城乡统筹发展要求土地利用规划从人文关怀的角度,着力促进农村经济的发展,提高农民的生活水平。具体可以采取以下措施:一是严格界定城市用地范围,保障农民权益。城市发展用地的无限满足侵占甚至剥夺了农民的用地权益。城乡统筹发展要求土地利用规划进行严格分区,明确城市发展边界,并提出详尽的管制导则。二是通过土地整理保障并改善农民的生活条件。从各国土地整理的实践来看,农地整理的本质是通过土地的重新调整,改善农林业生产条件,改善农民的生活条件和居住条件,保护特定地区的历史景观和生态环境。

2.从行政区规划模式向区域规划模式转变

以往的规划普遍割裂了城乡之间或者地区与所处区域的联系,土地利用总体规划可以在以下几方面予以调整:一是增加区域级土地利用规划,弥补当前土地利用规划体系在发挥区域优势上的不足,并为地方土地利用规划提供参考。二是加强区域宏观战略研究。尤其是产业战略的研究。三是重新考虑生态安全和粮食安全。实现粮食安全和生态安全应是区域的定位,强求一个省或市实现粮食安全有不合理的成分,应该通过区域全盘的土地资源优化配置,在特定地区应用现代农业技术“大力建设高标准农田”,“稳定发展粮食等大宗农产品生产”;另一些地区发展特色农业,达到“健全农产品市场体系”的目的。四是从区域和全球的角度考虑地区间的联系与资源共享,预留区域基础设施特别是交通系统的用地空间,从区域整体出发处理好农用地与建设用地的关系。① 土地资源作为三大生产要素之一,必须适应开放环境,以土地资源的供需关系参与调控国内发展和对外开放,农业国际化发展要按照资源比较优势和国际竞争力实行出口替代。变单一的行政区规划为区域间全方位的城乡统筹规划。

3. 优化发展方式

传统的发展方式有两种倾向,一种是出于发展的需要,一体化中的乡村土地开发利用同样需要有类似城市开发利用的交通设施和公共设施等标志性建筑,同样要安排与城市或周边形成竞争态势的产业用地;另一种则是在城乡一体化的开发利用中,城市产业结构将中低端耗地型,甚至是将淘汰的劣势企业向农村转移。上述两种倾向容易造成重复、低效配置土地的现象。因此,转变发展方式,特别是农村土地开发利用,要在安排配置乡村基础设施、生产生活设施和公用事业的用地定额、开发强度上充分体现农业特色。城市向农村转移的公共资源应当是资源节约型、环境友好型的优质资源项目;城乡一体化中的乡村土地开发利用应强调自然、环境和其他社会资源的空间匹配,弱化经济空间的匹配。从这个意义上讲,一体化中的土地开发利用要体现差别化政策。

4. 从微观控制向宏观调控转变,突出战略研究的重要性

土地利用规划作为国家利用土地进行宏观调控的重要手段,必须确保规划战略的正确性。调控不等于控制,它是一种柔性的管理方式,是行政力量与市场力量的完美结合,是一种高效的管理模式。土地利用规划不应只是简单地计算一笔"土地账",而应是一种战略规划;土地利用规划也不完全等同于耕地保护或粮食安全,虽然后者是我国当前土地管理的重点。总之,土地利用规划不应局限于量的控制,而是应该拓宽思路,从经济发展战略和自然环境变化的层面上确定土地资源配置战略,利用市场手段积极参与国家宏观调控。

---

① 冉杨.统筹城乡建设用地规划,提高土地资源利用水平.新重庆,2009(12):24—26

5.从保障经济发展转向社会经济发展并重

现行的土地利用规划以促进经济发展,保障经济发展用地为主,对社会发展的考虑相对较少。统筹经济社会发展给现行土地利用规划提出的启示有:一是关心公众需要,增加公共服务设施。二是强调管治在规划实施中的重要性。管治不同于管制,它的兴起,是由过去由国家作为绝对主体力量对各种社会事务协调失败的事例做出的反应,强调通过政府与社会各阶层的互动调动各方面的积极性。土地利用规划的实现要靠政府与市民社会的共同努力才能完成,而不是单凭政府的强加管制。三是强调规划决策中公共参与的重要性,推动社会民主进步。

6.从土地资源开发为主转向开发与保护并重

这是贯彻转变经济发展方式的结果,也是"构筑牢固的生态安全屏障"对土地规划工作提出的具体要求。土地的自然资源属性决定了其不同于简单的货币资本,利用土地进行宏观调控必须建立在土地的自然规律之上。根据资源利用的普遍规律,当一种资源的浪费速率足够高时,资源就会从"可再生的"转化为"不可再生的"。就我国目前而言,发展循环经济是解决资源紧张的一条途径,但面临着高额的"循环"成本,发展生态经济、建立资源节约型社会才是明智之举。土地利用规划是对市场失灵和人类逐利行为的纠正和控制,因此,它有责任也有能力将土地资源从重开发为主向开发与保护并重转变。

7.从数字控制转向数字与空间布局并重

土地利用规划的重要内容不仅是对土地量的控制,也包括土地资源的空间组织。统筹城乡发展、提高农业对外开放水平、在农村加强基础设施建设等都对加强规划的战略性和空间性提出了要求。土地利用规划应加强产业的布局研究,加强规划分区研究,明确适宜开发区和限制开发区,以避免开发建设对生态环境造成的巨大破坏。

第2章 城乡统筹下土地利用规划的理论基础与实践模式

城乡统筹下土地利用规划是规划领域的新内容,尚没有一个系统的规划理论对此进行剖析。我们尝试将城乡关系的相关理论作为其理论前提,从"田园城市"、"理性增长"、"紧凑城市"、"循环经济"、"反规划"、"可持续发展"等相关理念、理论中探寻其赖以依存的理论源泉,进而探讨城乡统筹下土地利用规划的理念、思路及实践范式。

2.1 田园城市理论与统筹城乡土地利用

田园城市理论是19世纪人们对城市化进程中城乡关系问题的一种反思,与统筹城乡发展的取向高度契合,对我们摆脱城乡二元对立的困境,实现城市与乡村协调发展,人类与自然和谐相处,具有非常重大的理论与实践指导意义。田园城市建设是统筹城乡发展的一种模式,一种统筹城乡发展的城市化理念,更是统筹城乡土地利用的一种范式。

2.1.1 田园城市理论

1. 田园城市理论的提出

1898年,埃比尼泽·霍华德(Ebenezer Howard)出版了《明日:一条通往真正改革的和平道路》一书(1902年再版时改名为"明日的田园城市"),提出了田园城市理论,提出在工业化条件下实现城乡结合的发展道路。在产业革命以后,人口大量流出农村、流入城市,使城市环境恶化,引起一系列问题的背景下,霍华德提出了城市和农村融合的田园城市理论。

在这一理论中,霍华德重点强调了在工业化条件下,城市与适宜的居住条件之间的矛盾,大城市与自然隔离而产生的矛盾。他认为城市中人口过于集中是由于它有着吸收人口的"磁性",如果把这些磁性进行有意识的移植和控制,城市就不会盲目膨胀。由此可见,霍华德所说的"Garden City"是指城市周边环绕以农田和园地,通过这些田园控制城市用地的无限扩张,这种兼备城市与乡村的特点,把社会与城市、区域与城市规划统合在一起,每个城市都能做到城乡结合。① 霍华德在他的著作中详细说明了"城市—乡村"这一"磁铁"模式的具体特点,他甚至还直截了当地说:"城市和乡村必须成婚,这种愉快的合作将迸发出新的希望、新的生活、新的文明。"②霍华德所倡导的这种田园城市理论实际上是一种针对原有城市化道路所提出的社会改革思想,他强调"用城乡一体的新社会结构形态取代城乡对立的旧社会结构形态。"从这个意义上讲,霍华德的田园城市理论是以城乡协调发展为基本内容的,他所说的田园城市实质上是"城和乡的结合体"。

2. 田园城市理论的构想

圆形的田园城市占地 $400hm^2$,可容纳三万左右的人口,城市的圆心是占地 $20hm^2$ 的中央公园,环公园是市政府、歌剧院、图书馆、医院等公共设施,之外是 $60hm^2$ 左右的环状公园,外圈是商业区,再外圈是住宅区,住宅区外环 128 米宽的林荫大道,并附设学校和儿童游乐设施等,大道之外又是花园住宅区,这些严格界定的区域就似同心圆状层层相环,构成了基本的田园城市(图 2—1)。在田园城市之外还有 $2000hm^2$ 的环状农业绿地,这些绿地为不可占用的永久性绿地,作为与相邻田园城市的间隔地带,并且以此限定田园城市的无限制发展。从中央公园的圆心处有 6 条干道均匀呈放射状向外扩散,以作为城市中心。

---

① 张忠国. 城市成长管理的空间策略. 南京:东南大学出版社,2006 年
② 埃比尼泽·霍华德著/金经元译. 明日的田园城市. 北京:商务印书馆,2000 年

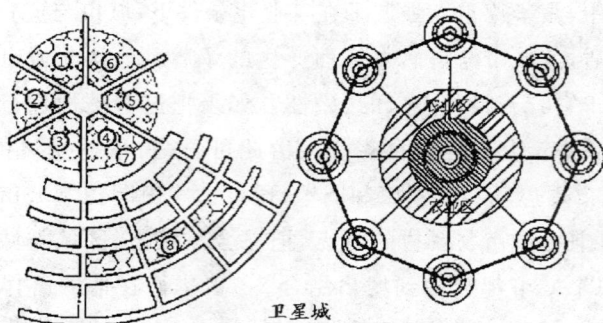

卫星城

图中:1 为图书馆;2 为医院;3 为博物馆;4 为市政厅;5 为音乐
厅;6 为剧院;7 为水晶宫;8 为学校运动场。

图 2—1 霍华德的田园城市方案

3.田园城市的土地利用特征

田园城市是兼有城市和乡村优点的理想城市,实质上是城市和乡村
的结合体。

(1)田园城市规模。田园城市在规模上应满足各种社会生活要求,但
城市的规模必须加以限制,目的是为了保证城市不过度集中和拥挤,以免
产生现有大城市所产生的各类弊病,同时也可使每户居民都能极为方便
地接近乡村自然空间。

(2)田园城市环境。城市四周为永久性的农业用地所围绕,城市产生
的废弃物作为农地的肥料被再利用,城市居民可经常就近得到新鲜农产
品的供应。农产品有最近的供应市场,但市场不只限于当地。城市周边
进行农村规划,设置乡村作为防止城市扩大的要素,同时,乡村也要保持
粮食生产以外的其他机能,例如休闲和适合人居的机能。

(3)田园城市土地管理形式。田园城市的居民生活于此,工作于此。
所有的土地归全体居民集体所有,使用土地必须缴付租金。城市土地应
统一收归一个城市代表机构进行经营管理,消灭土地投机,并将土地的收
益合理应用于城市的发展。

2.1.2　田园城市理论对土地利用问题的启示

田园城市理论作为一种社会改良主张,它的核心是土地改革。虽然它的提出已有 100 多年的历史,但对于我国这样的发展中国家,解决在城市化进程中所遇到的土地利用问题仍然大有裨益,值得作进一步的分析和探讨。

1."城镇—乡村磁力"概念

城市是经济、文化繁荣和社会进步的象征。城市人口过于集中是由于完善的公共设施和便利的生活环境,有着吸引人口的"磁性"。如果把该"磁性"进行有意识的移植和控制,城市就不会盲目膨胀,同时也解决了如劳动力过剩、人地矛盾、环境恶劣等一系列的城市问题。而乡村具有优越的自然环境,因此霍华德认为每个田园城市都应具有所谓的"城镇—乡村磁力"概念,即兼有城镇的社会机遇和乡村的自然环境。这一概念是解决城市—乡村土地利用结构的一种有效途径,有助于建立城乡一体化的模型。

2.划定基本农田,控制城市规模

田园城市理论强调要在大城市周围保留一定的永久性绿地,供农业生产用,并限制城市发展。依照该构想,可以在各城市间划定一定面积的成片的基本农田,利用国家对基本农田的保护,确保将来各城市间的绿地不再被侵吞。以基本农田作为绿色开敞的隔离空间控制城市规模,在保证耕地的同时,也为城市外围空间创造美好的田园风光。

3.区域平衡发展

霍华德主张城市不能无限蔓延,在达到一定规模以后,应该在城市以外建立新城来容纳人口和产业的增长,即发展周边的中小城市,形成城市圈,实际上就是寻求一种区域平衡发展。这种区域空间发展的战略目标就是制止大都市的无限蔓延,有计划地把人口和产业同时疏解到新城,从而使大都市区域内的每个城市都达到霍华德所提倡的"城镇—乡村磁力"的理想状态。

4.制定合理的规划和完善的土地制度

田园城市理论对城市规划产生了广泛和深远的影响。制定合理的城市规划、土地利用规划以及完善的土地制度,不仅有利于科学地预测地价的变化规律,而且可以通过综合分析地产增值与用地规划控制的关系,在规划中有目的地调整影响地价的基本因素,使城市用地向最有效利用方向发展,以获取最佳土地使用效益。同时还可以避免土地闲置和土地利用效率低下,以及"城中村"等问题。

5. 城市土地收益

随着我国市场经济的发展和土地经济规律研究的深入,土地的价值,即霍华德认为的城市全部收入的来源,体现得越来越明显。将城市土地统一归某个城市机构管理,有助于减少土地投机,而地价上升所获得的利润,由该机构支配,并投入到城市的建设当中。我国实行的是土地公有制,政府是土地的所有者和管理者。作为所有者,政府必然追求利益的最大化,希望在土地交易中获得最大收益。而政府的另一职能是界定和保护产权,平衡各方利益,以促使土地市场发育,提高土地配置效率。这一矛盾使得政府的土地管理部门面临土地收益问题时进退两难。因此在土地产权制度上进行改革,土地管理部门实现土地所有权和管理权的分离是一个值得探讨的问题。

2.2　城市理性增长理念与统筹城乡土地利用规划

20 世纪 80 年代以来,针对我国经济快速发展过程中出现的建设用地规模扩张过快、耕地大量减少的情况,我国先后组织开展了三轮全国土地利用总体规划的编制和实施工作(第三轮总体规划实施刚刚开始),有效地促进了土地资源的集约合理利用,保护了耕地。随着我国经济持续稳定增长,城市化进程不断加快,按照世界城市化的一般规律,我国已经进入城市化加速期,这意味着城市建设用地需求将不断增加。但我国城市空间趋于"摊大饼",城市土地开发呈外延平面式扩张,忽视了内涵立体的综合开发与利用,带来土地的低效率利用,并已带来耕地减少、生态恶化等问题。尽管我国实行的是以土地利用总体规划为核心的土地用途管制制度,"国家编制土地利用总体规划","严格限制农用地转为建设用地,控制建设用地总量,对耕地实行特殊保护",但我国土地利用总体规划实施的情况表明,以指令性指标为主的土地利用总体规划的权威性和约束力较弱,计划—行政配置失灵。为提高土地利用规划的科学性和可行性,提高土地利用效率,保护耕地特别是保护优质农田,城市理性增长理念的引入必将为我国土地利用规划工作提供一个全新的视角和可供选择的思路。

2.2.1 "理性增长"的兴起及含义

"理性增长"又称"精明增长"(Smart Growth)是 20 世纪 90 年代诞生于美国规划界的最流行的时髦概念,包括一系列应对美国大都市增长及其蔓延的政策和技术措施。作为今日美国规划界主导下社会各界普遍予以关注的城市及其社区发展的主流思想,其理念的诞生是与美国二战后城市人口增长与郊区蔓延所带来的一系列经济社会和环境问题息息相关的。作为应对城市蔓延的产物,目前理性增长并没有确切的定义。美国环境保护局认为理性增长是"一种服务于经济、社区和环境的发展模式,注重平衡发展和保护的关系";农田保护者认为理性增长是"通过对现有城镇的再开发保护城市边缘带的农田";国家县级政府协会(NACO)认为理性增长是"一种服务于城市、郊区和农村的增长方式,在保护环境和提高居民的生活质量的前提下鼓励地方经济增长"。由此,理性增长主要还是一种城市土地利用增长的方式,但其意义深远,其目的旨在改变传统的城市土地利用的方式,通过提高土地利用的效率和各种土地利用的组合方式,用足城市存量空间,减少盲目扩张,达到在满足经济发展的前提下,节约土地资源、保护农地、保护生态环境、促进城乡协调发展,实现社会可持续发展;节约民众的时间,创造一种紧凑的、生机勃勃的、适宜步行的城市社区形态,提高人们生活质量的目的。由此可以看出,与城市蔓延的增长方式相比较,理性增长在密度、规模、交通等发展方式上存在很大的差别。[①] 美国林肯土地政策研究院布郎教授认为:城市理性增长的一个核心问题就是如何能满足市场各方的用地需求又不造成城市蔓延,并指出只有准确及时地得到土地供给与需求信息,才能在解决这一问题上

---

① Downs,A. 2001,"What Does 'Smart Growth' Really Mean",Planning 4:20—25

有所进展。[①]

理性增长的思想不仅针对于城市边缘区的开发与实施,它在城市城区、边缘区、郊区有着不同的含义和实施策略。在城区,理性增长强调对街区的重新规划和填充式发展,改进设计的风貌,形成多种选择的交通体系,特别是鼓励步行和公共交通;在城市边缘区,理性增长倡导的是建立中密度、混合功能和多模式的活动中心,这些活动中心既可以是对已有的边缘区社区的完善也可以按照理性增长的原则重新规划;在郊区,则注重增强农村公共服务部门的使用效率,形成多功能中心的村落,并改进农村的交通流动性。

2.2.2 理性增长理念在美国的应用实践

目前,美国三分之二的州选择了"理性增长"的方式,陆续建立了适用于全州或各次区及地方的全面的增长管理计划,其中最为著名的是俄勒冈州波特兰市(Portland)的实践,被誉为推行增长管理计划的先驱和典范。1997 年,波特兰市发布《地区规划 2040》(Region 2040),为波特兰市中心的紧凑发展和辐射性的交通网络建设作出了完整的规划。1998 年,波特兰开始实行一种新的城市发展计划——LUTRAQ(Land Use,Transportation,Air Quality)计划,在城市开发中将城市用地需求集中在现有中心(商业中心和轨道交通中转集中处)和公交线路周围。三分之二的工作岗位和 40% 的居住人口被安排在各个中心、常规公交线路和轨道交通周围;投入 1.35 亿美元用于保护 137.6km² 的绿化带;增加现有中心的居住密度,减少每户住宅的占地面积;提高轨道交通系统和常规公交系统的服务能力;尽量减少土地的消耗、机动车交通和空气污染;强调街道的相互联系,使公共交通更加便利和舒适;强调混合功能以及符合人性尺度的设计和宽敞空间。结果显示,波特兰的人口增长了 50%,而土地面积只增长了 2%,波特兰成为美国最具吸引力的城市之一。

概括起来,建设一个"理性增长"的城市的主要方法是:土地的混合利

---

① Knaap,G. J. and Nelson,A. C. /丁晓红,何金祥译. 土地规划管理:美国俄勒冈州土地利用规划的经验教训. 北京:中国大地出版社,2003 年

用;强调城市密度,设计紧凑的住宅;占用更少的土地;提供多种选择的住宅;创造适合步行的社区,减少对道路建设和车辆的需求;创造鲜明的社区自身特色;保护开敞空间、农田和自然景观以及重要的环境区域;加强对现有社区的重建,重新开发废弃、污染工业用地;提供多种便利有效的交通选择,鼓励自行车、步行;提高城市增长的可预知性、公平性和成本收益;鼓励社区组织和相关利益主体参与发展决策。

"理性增长"强调环境、社会和经济可持续的共同发展,是一种较为紧凑、集中、高效的发展模式。理性增长法则实践最显著的结果在于它有效地遏止了城市的蔓延,保护了土地和生态环境。实践和研究表明,理性增长突出了"混合土地利用"(Mixed Land Uses)、"保护开放空间、农地、自然景观和重要的环境敏感区"等原则,是一种发展策略,涉及社会经济发展、空间与环境、城市规划的制定与实施、公共政策选择以及立法等各方面,主要强调密集型发展模式和农地保护,关注城市发展的特征和土地利用关系,其实现主要依赖于制定有效的规划法规和大量的实施条例、划定开发保护区及城市增长边界等方式。

2.2.3　城市理性增长理念对我国土地利用规划的启示

1.土地规划立法问题

土地利用总体规划融合"理性增长"理念,意味着从规划的编制到实施、评价都是一个"理性"的过程,需要运用统一的土地规划法来指导。问题在于我国目前尚无总体的《土地利用规划法》,土地规划的内容仅散见于《土地管理法》、《城市规划法》及相关法律法规中,且未包括土地规划应有内容的全部,不是独立的规划法律体系,与土地利用规划本身的要求相距甚远,不利于国家总体安排和总体利益的体现。因此,理应制定独立的《土地规划法》(或称《国土规划法》)。同时,土地利用总体规划作为具有法律效力的规范性文件,其严肃性要得到上位法律的确认,这在当前有关土地利用总体规划的法律尚存在很大残缺的情况下,显得尤为重要。

2.规划的编制问题

(1)规划编制的内容和任务的调整

我国目前的土地利用总体规划编制主要依靠行政手段进行,上级规划下达指令性的控制指标,下位规划没有太多的能动余地。实践已经证明,这种以带有明显的计划经济时代色彩的以指令性指标为主的土地利用总体规划有很大局限性。土地利用总体规划融合"理性增长"理念意味着对当前模式的反思,其目的不仅仅是控制用地,还要保证发展。因此,农用地保护、城市增长边界设定、生态环境保护等成为其重点内容,同时,也更注重土地利用效率和对开放空间、绿色空间的保护,注重内涵式的土地利用,强调价值利益和全民参与。这样,规划的功能在于"指导"而不是"指令",规划的内容和任务不再是简单地确定各项指标,然后分配到各级政府了事,而是要科学合理地引导各项经济活动对土地的利用过程,从宏观的角度调控土地对经济发展的影响,从而促进社会经济的可持续发展。

(2)规划编制的模式和手段的改革

融入"理性增长"理念,意味着要对目前以行政命令为主导确定指令性指标的模式进行彻底改革,上级规划对下位规划主要是指导作用而非提供指令性指标,需要留给下位规划一定的规划空间。规划的编制不再以人口作为确定用地规模指标的唯一依据,其考虑的重点将是土地的承载能力和土地的适宜性,使保护地区的"生态基础设施"成为规划的优先考虑因素。采取"自上而下"、"自下而上"或者两者相结合的模式,运用与市场经济相适应的规划手段来完善规划的编制以及对规划方案的比较选择,以实现规划的目的。

3. 城市增长边界的划定

为解决当前我国土地利用规划指标屡屡被突破的窘境,借鉴国外城市增长管理的成功经验是必要的。城市增长边界(Urban Growth Boundary,缩写为 UGB)是国际上"理性增长"管理常用的工具之一。划定城市增长边界有利于"土地的混合利用"和"保护开放空间、农地、自然景观和重要的环境敏感区",满足城市增长和土地资源合理配置的双重要求。另外,划定城市增长边界还有利于解决我国城市总体规划与土地利用总体规划存在的矛盾,使城市总体规划在城市增长边界以内合理安排城市规模和增长方向,城市总体规划确定的城镇用地规模和城镇建设占用耕地面积,均小于或等于土地利用总体规划确定的城镇用地规模和分配给城镇的耕地供应量。城市增长边界的划定,首先要预测未来一定年份内该城市的人口规模和经济发展水平,然后分析安排多少土地,在考虑该地区的土地承载力和生态环境的基础上划定城市增长的区域。需要注意的是,对城市人口的预测需要客观和科学,不是完全"以人定地",而是在"生态基础设施"的基础上确定用地规模,如果当地的生态环境和经济发展水平无力承载大量的人口,那么需要用城市增长边界来保护生态敏感区域。城市增长边界划定以后,通过签订城市增长管理协议来实现预期规划目的,在城市增长边界以内鼓励城市的发展;在城市增长边界以外,不允许城市的增长。需要指出的是,城市增长边界并不是一成不变的,通过对城市增长边界定期的监测和评价,必要的时候可以进行调整,但这需要遵循严格的法律程序。

4. 规划的实施和管理

规划的实施和管理是融合"理性增长"理念的土地利用总体规划的关键,如果没有良好的实施政策的保障,再好的规划也无法发挥其作用。当前人们对规划的评价主要从经济效益出发,忽视社会和生态效益,"理性增长"可能带来的地价和房价上涨会导致人们对"理性增长"的不信任,何况过高的地价和房价也有违"理性增长"的初衷。因此,融合"理性增长"理念的土地利用总体规划的实施,首先要借助于人们用地观念和规划观念的改变,要让人们认识到规划的实施给他们带来的利益远远大于潜在的损失。其次,要建立公众参与机制。从规划的编制到实施都应以公众参与为原则,以便利害关系人能够参与规划全过程,让公众监督政府实施规划的全部过程,保证透明度。再次,制定高效率的执行政策。对同一规划采用不同的执行策略对土地价格、住房支付能力等方面的影响是不同的,高效率的执行政策尤为必要。最后,制定或完善有关方面的配套措施,比如土地市场监控和规划评价体系建设等。

2.3　紧凑城市理论与统筹城乡土地利用规划

近年来,随着城市化、工业化的快速推进,对土地供给的刚性需求在增加,用地矛盾的缓解面临着严峻的形势。一方面,在经济、社会、行政合力的驱动下城市土地增长迅速,并呈现出一种无序、低效的扩张状态;另一方面,城镇的扩张并未与农村居民点的缩减相挂钩,反而呈现出同向增长现象,这就造成了两类建设用地对农用地及生态绿地的双重侵蚀。土地利用矛盾"量"的积累在高速的社会经济发展趋势下发生了"质"的变化。人口高峰期、城镇化高峰期以及工业化高峰期的不期而遇,对土地供给能力提出了新的要求。如何既能促进城市发展,又能保证土地功能(包括生产功能、生态功能以及承载功能)的可持续性,是当前面临的重大现实课题。为此,我们必须抓住土地利用核心问题,将紧凑城市理论融入到土地利用规划中,通过构建集约型用地模式,控制建设用地非理性扩张并保护农地、生态绿地,从本质上缓解土地供需矛盾,建立紧凑有序的土地利用模式,引导城市的紧凑发展。

2.3.1 紧凑城市理论的提出

自从工业革命以来,城市化迅速推进,城市在发展过程中面临着许多危机,如环境污染、水资源短缺、交通堵塞等,迫使许多学者为解决这些危机进行理论与实践的尝试。以霍华德的"花园城市"理论、芒福德的"有机秩序"理论为代表,其基本思想是城市在地域空间上必须保持低密度,生活应该回归绿色自然,即分散化思想。在这一思想自觉与不自觉的影响下,同时伴随着逆向城市化现象,许多国家对城市都进行了新的规划。

进入 20 世纪中后期,随着城市规模的进一步扩大,特别是城市蔓延(Urban Sprawl)现象的出现,本来已十分有限的土地资源被大量侵占,同时伴随着能源消耗等严重问题。面对城市发展的无止境和资源空间(特别是土地)的有限性这一矛盾,人们认识到了分散主义思想付出的代价和发展的不可持续性,开始重新思考城市在空间上应该采取什么样的发展形态。紧凑城市最初是由西欧学者针对西欧一些国家土地资源条件、内城衰退与城市蔓延现象而提出的。1990 年,欧洲社区委员会(Commission of the European Communities)发表《城市环境绿皮书》,正式提出"紧凑城市"的概念,认为紧凑城市相对较高的密度更能减少交通、能源需求以及环境污染,从而更好地保证生活质量和环境状况,因而是更有效地实现城市可持续发展的空间策略。"紧凑城市"概念提出以后,许多学者从不同的角度对其进行了深入的研究,其中由英国牛津布鲁克斯大学建筑学院 Mike Jenks、Elizabeth Burton、Katie Williams 等三位学者编著的《紧凑城市——一种可持续发展的城市形态》(The Compact City:A Sustainable Urban Form)一书,对有关紧凑城市所达成的理论上的共识和分歧作了系统的梳理及总结,促进了紧凑城市理论的发展及其在实践中的应用。

2.3.2　紧凑城市理论的主要观点

紧凑城市是西方规划学者针对城市可持续发展问题而提出的一种城市空间规划模式,在学术界受到了广泛的关注,其主要理论观点如下:

1. 高密度的城市开发

城市"高密度开发"具有多重含义,如"高人口密度"、"高建筑密度"、"高层发展"、"高容积率"等。紧凑城市理论认为,城市高密度开发具有保护土地资源和降低能源消耗的双重意义。城市开发的高密度高强度特点,能够遏止无序的城市蔓延,节约土地资源;可以容纳更多的城市发展活动,符合最基本的规模经济原则;可以在更为方便的通勤距离内提供更多的工作、生活日需品,激励更多的出行欲望,从而加强社区联系,形成社区文化;可以提高公共交通设施的利用效率,减少城市制冷和供暖的能源消耗,并提高各种社会软性基础设施(基层政府机关)的效率。①

2. 混合的土地利用

《雅典宪章》提出"功能分区"思想,因为其成功地在空间上控制了城市建设中各种不相容的使用性质,所以成为现代城市规划的基本原则。但是在随后的城市建设中出现的严重的交通、环境问题及成片的大规模单一居住区等又引起了人们的反思。1977 年的《马丘比丘宪章》批评《雅典宪章》"为了追求分区清楚却牺牲了城市的有机构成",强调"在今天,规划、建筑和设计不应当把城市当作一系列的组成部分拼在一起来考虑,而

---

① 韩笋生,秦波.借鉴"紧凑城市"理念,实现我国城市的可持续发展.国外城市规划,2004,19(6):23—27

应该努力去创造一个综合的、多功能的环境",这直接启发了紧凑城市土地功能适度混合的规划理念。该理论强调居住地与工作场所之间的距离尽可能接近,避免出现工作与居住明显分区的现象,贯彻紧凑社区、就近就业、较低的开发成本和环境成本、尊重自然生态、混合土地使用等原则。

3.分散化的集中

紧凑城市理论并不是提倡不顾城市大小盲目集中发展,而是针对过高强度和密度对城市发展的不利之处提出了"分散化的集中"思想。"分散化的集中"强调发展基于公共有轨交通系统紧密联系、易通达的城市中心群,并以这些城市中心为核心进行高密度和高强度开发。"分散化的集中"在保留紧凑城市所倡导的高密度高强度特点的前提下,跳出单中心结构,为特大城市和人口已经非常稠密的城市提供了切实可行的空间规划途径。

4.优先发展公共交通

紧凑城市倡导优先发展公共交通,并以其逐步解决小汽车家庭化所带来的石油能源消耗、交通堵塞、土地损耗、空气污染等问题。优先发展公共交通,可以大大减少城市整体耗能,减少大气污染。西欧发达国家与美国的人均汽车拥有量接近,但人均耗油量只有美国的五分之一,公共交通比美国发达是主要原因之一。优先发展公共交通,还可以降低对道路交通尤其是对私人轿车的依赖,提高公共交通设施的利用效率,降低对道路交通用地的需求。

2.3.3 紧凑城市理论在土地利用规划中的应用

纵观目前中国的城市开发,许多已经步入高密度发展的阶段。但这种开发往往带有盲目性,并非基于城市本身的状况出发,常常与经济的发展、人们的需求、生态的协调不相符合。对于我们,学习欧洲一些国家和日本高密度开发模式才是符合实际的,而类似北美国家的传统低密度、粗放式开发则是不适宜的。可以说,在我国大力推行"紧凑城市"建设模式,与落实"统筹城乡、建设节约型社会"的科学发展观不谋而合,应当引起学术界和决策层的更多重视。

1. 以高密度开发为准则,重视城镇建设用地内涵挖潜

在缺乏相关标准限制的情况下,城镇土地利用的外延拓展掩盖了内涵挖潜,闲置、浪费土地现象十分严重。因此,以高密度开发为指导,挖掘城镇土地内在潜力,一要盘活存量建设用地,降低城镇土地闲置率,提高土地利用率,统筹考虑城镇存量建设用地与增量建设用地(通过征收征用农地而取得的建设用地);二要制定更完整的低效用地评价指标体系与更严格的评价标准,并做到因地而异,合理提高建筑密度、建筑容积率,增加投资强度。

2. 以"分散化的集中"为引导,优化城乡建设用地布局

为了从真正意义上实现节约与集约用地,本轮土地利用总体规划将城乡建设用地空间发展战略的地位提高到了一个前所未有的高度。受紧凑城市理论的启发,我们将城乡建设用地空间布局模式分为集中模式、分散模式以及分散的集中模式三种。集中布局模式主要是由于用地紧张造成城乡建设用地布局紧凑度超过了理性值;分散模式主要是由于无节制的城镇蔓延和无引导的居民点散布造成城乡建设用地布局松散,我国大部分地区属于此种模式;分散化的集中模式是前面两种模式有机结合,它以"点、轴、网、面"的整体形态构筑紧凑而有序的用地模式,是一种单核心、多中心、多轴线的空间发展战略的体现。更具体地说,分散的集中是群体空间相对分散与个体空间相对集中的结合,"集中"是城市建设用地扩张与农村居民点布局的集中,"分散"是城市新开发区、卫星城镇与居民点迁并区的分散,并以交通等基础设施用地与生态绿地为基质形成一个有机的整体。土地规划中城乡建设用地空间发展战略的选择应该充分体现分散化的集中思想,城镇建设用地重点拓展区域与农村居民点重点整理区域相挂钩,划定城镇建设用地发展区、弹性区和禁止区,约束城镇规模拓展,集中整理农村居民点;合理布局开发园区和产业带,形成组团式、

轴线式的拓展机制,整体优化都市圈、城镇群土地功能,统筹区域用地。[1],[2]

3. 以混合用地模式为指导,优化各类用地的空间组合

随着城市的发展、产业的调整以及人们对人居环境的重视,城镇用地功能由单一转向复杂,功能布局也经历了单调—混乱—分区的过程。只是以往的分区是一种纯粹的用途分区,强调同性质功能用地的集中,这种分区方法过于刚性,一定程度上造成了土地利用程度和利用效益的低下,给城市居民的工作、生活带来了不便,混合开发区、综合功能区等的出现为此提供了解决思路。在城镇土地利用空间布局中,可以"土地使用功能的适当混合"为原则,采取弹性的分区模式,以土地开发潜力、土地功能主导方向、居民社区文化等多因素作为分区的依据,划分适度综合的土地利用功能区,并通过用地功能的空间置换过程提高土地价值的实现程度,构建高效的、动态的用地空间组合模式。在乡村用地布局中,在农村居民点用地中合理配置基础设施、生态建设等服务性功能用地,重视农村人居环境建设,打造社会主义新农村;考虑居民点与耕作地点之间的适当距离,既方便日常作业又适于规模生产;农用地内部则应考虑作物之间的生态互补。总之,无论是城市还是乡村,用地空间的组合都应以提高用地效率和改善人居环境为宗旨,在尊重土地自然形态基础上把握好混合的"度"。

4. 以和谐舒适为目标,合理安排基础设施用地

紧凑城市所提的是一种适度的紧凑,无论是高密度开发还是集中的分散,都建立在人地和谐基础之上,无论是混合的土地利用还是公共交通的优先都考虑了民众生活的舒适度。从人地和谐的角度讲,土地利用战略的确定、模式的选择以及用地方案的调整都应在土地环境容量评估的基础上进行,重视生态基础设施建设,构建"山、水、田、城"的生态景观,维护多样化的生态系统,保留充足的绿色开敞空间。从居民生活便利的角度来讲,应深入体会紧凑城市理论中"人本主义"的思想,在充分考虑其服

---

① 王新生,刘纪远,庄大方.中国城市形状的时空变化.资源科学,2005,27(3):20—25

② 余颖,扈万泰.紧凑城市——重庆都市区空间结构模式研究.城市发展研究,2004,11(4):59—66

务半径(或区域)、服务性质、服务人群以及人的行为尺度基础上,从规模与布局上合理安排交通、水利、能源等重点基础设施项目以及生活、娱乐等市政设施。

5.保护生态环境,建立补偿机制

提倡紧凑开发不能以牺牲环境为代价,降低建筑用地密度的同时要增加城市绿化的比例。城市空间可以分为两部分:绿色开敞空间(GOS)和人工建设系统(MBS),其中,GOS 对于城市有着不可替代的作用:调节生态环境、增强城市自然环境容量、安全隔离、控制城市不可建设空间、阻止城区的无序扩张以及景观和休闲的价值⋯⋯在区域的层面应该首先留出大范围的生态开敞空间,控制城区的扩张范围,使得城乡之间协调发展,以满足城市整体可持续发展的要求。细致到城市内部,在建筑与建筑之间的空地上,也应该加以合理利用,将其开发为供市民休息、交往的广场或绿地,不能只注重其商业价值而忽视环境效益。①

2.4　循环经济理念与统筹土地利用规划

循环经济已成为当今世界实施可持续发展战略的基本潮流,在土地利用中大力发展循环经济,兼顾土地利用的内在经济和外在经济,有利于保证土地资源的数量和质量,有利于形成节约资源、保护环境的生产方式和消费模式,提高经济增长的质量和效益,有利于建设资源节约型、环境友好型社会,促进"人与人、人与自然"的和谐,充分体现以人为本、全面协调可持续发展观的本质要求,是统筹城乡发展、构建社会主义和谐社会、实现全面建设小康社会宏伟目标的必然选择。

2.4.1　循环经济理念的内涵和原则

1.循环经济理念的内涵

"循环经济"一词,是由美国经济学家 K. 波尔丁在 20 世纪 60 年代

---

① 贺艳华,周国华. 紧凑城市理论在土地利用总体规划中的应用. 国土资源科技管理,2007(3):26—29

提出的。循环经济观是在全球人口剧增、资源短缺、环境污染和生态蜕变的严峻形势下,人类重新认识自然界、尊重客观规律、探索经济规律的产物。

目前,学术界对循环经济的认识已基本形成了一致见解。循环经济(Recycling Economy)是以在自然生态系统的承载能力之内的科学发展为宗旨,以合理需求和有效供给为目标,以科技为第一生产力的指导思想优化配置自然资源,以产业结构调整、技术创新、清洁生产、资源定价、绿色消费等经济、法律、行政和教育的综合手段转变经济增长方式,将资源的高效和循环利用与环境保护相结合,使人类经济社会发展与自然生态系统的良性循环相和谐,促进可持续发展的新经济。①

循环经济本质上是一种生态经济,它要求运用生态学规律来指导人类社会的经济活动。循环经济不同于传统经济,传统经济是一种"资源—产品—污染排放"的单向流动的线性经济,其特征是高开采、低利用、高排放。在这种经济中,人们高强度地把地球上的物质和能源提取出来,然后又把污染和废物大量地排放到水系、空气和土壤中,对资源的利用是粗放的和一次性的,通过把资源持续不断地变成为废物来实现经济的数量型增长。与此不同,循环经济倡导的是一种与环境和谐的经济发展模式,它要求把经济活动组织成一个"资源—产品—再生资源"的反馈式流程,其特征是低开采、高利用、低排放。所有的物质和能源都能在这个不断进行的经济循环中得到合理和持久的利用,以把经济活动对自然环境的影响尽可能降低到最小的程度。

2. 循环经济理念的基本原则

如果说传统经济发展模式的路径是一根"直线",那么循环经济发展轨迹就是一个"闭环",是可持续的生产和消费范式,其运行遵循"5R"基本原则,即"减量化、再利用、再循环、再修复、再思考",具有低消耗、低排放、高效率、高循环的基本特征,以实现社会、经济、环境三者共赢,是解决可持续发展过程中资源和环境问题的有效途径。

---

① 季昆森.循环经济原理与应用.合肥:安徽科学技术出版社,2004 年

(1)"减量化"原则是指在产品生产和服务过程中尽可能减少资源的消耗和废弃物、污染物的产生,采用替代性的可再生资源,以资源投入最小化为目标,以提高资源利用率为核心,建立与自然和谐的新价值观。

(2)"再利用"原则是指将产品多次使用或修复、翻新后继续使用,以延长产品的使用周期,从而节约生产这些产品所需要的各种资源投入,建立优化配置的新资源观。

(3)"再循环"原则是指使废弃物最大限度地变成资源,变废为宝,化害为利,建立生态工业化的新产业观。

(4)"再修复"原则是指不断修复被人类活动破坏的生态系统,实现人与自然的和谐共存,建立修复生态系统的新发展观。

(5)"再思考"原则是指以科学发展观为指导,研究资本循环、劳力循环、自然资源循环,创新经济理论,要求人们在对待经济发展和生态环境、资源利用等矛盾问题时,树立全新的发展观,即科学发展观。

随着人类对土地的需求不断增长,加速了土地资源的消耗速度,导致水土流失、土地退化、环境污染、生态破坏,经济、社会、生态之间的关系日趋紧张,已成为世界性的社会经济问题。而循环经济把环境保护和经济发展联系在一起,把高效利用与循环利用联系在一起,把内在经济和外在经济联系在一起,无疑为解决土地利用问题提供了一种新思维。

2.4.2　土地资源可持续利用中的循环经济观

循环经济为土地资源由传统利用方式转向可持续发展利用方式提供了战略性的理论范式,土地资源可持续利用的循环经济观体现在以下三个方面:

1."土地集约节约利用"观

土地集约节约利用是在土地利用中发展循环经济的集中表现。根据减量化原则,要求用较少的土地要素投入来达到既定的生产目的或消费目的,从经济活动的源头上就注意节约土地资源。要采取"三个集中"(工业向园区集中、农民住宅向村镇集中、土地向业主集中)等措施,实现土地的节约利用与集约利用。

2. "土地循环利用"观

土地循环利用是在土地利用中发展循环经济的关键环节。根据循环经济的思想,土地循环利用大致有两种情况:一种是原级循环,它要求土地在生产物品、完成其一次使用功能后,能保证其具有持续利用的能力,依次进入下一个阶段反复利用;另一种是次级循环,这主要是指根据再利用原则,将已被破坏的土地资源采取土地整理、生态恢复等综合整治措施转化成其他利用类型,尽可能恢复其土地生产能力,进入新的循环利用过程。一般来说,原级循环在减少土地消耗上达到的效率要比次级循环高得多,是循环经济追求的理想境界。

3. "土地紧凑混合利用"观

土地紧凑混合利用是在土地利用中发展循环经济的重要途径与有效方式。这主要体现在确保土地生态系统的结构功能和运行机制保持良性循环的限度内,各种土地利用类型要紧凑发展、混合布局、地尽其用,尽可能缩减"地根",并建立和谐的土地生态环境。

2.4.3 循环经济理念指导下的土地利用思路

在统筹城乡发展,构建资源节约型、环境友好型和谐社会,以及大力推进新农村建设的时代背景下,我们的土地利用规划不仅要解决"吃饭"问题和"建设"问题,还要关注"生态"问题。在土地利用中发展循环经济的基本要点是:结合循环经济"5R 原则",以节约用地和集约用地为基础,以生态建设和发展替代经济为关键,以土地利用规划和用途管制为手段,以土地整理复垦和生态修复治理为重点,以行政和法律管理为保障,兼顾土地利用的内在经济和外在经济,实现土地资源的可持续利用。①

1. 减量化——促进节约和集约利用土地

节约和集约利用土地是解决土地供需矛盾的出路所在。开展节约和集约用地研究,要坚持"循环利用,效率优先"的原则,以保障宏观经济平稳运行和建立资源节约型社会为目标;要从用地规模、结构和时序等方

---

① 张学玲,朱德海,蔡海生,曹俊林,夏丛生,余能培.基于循环经济的土地可持续利用.安徽农业科学,2007,35(23):7231—7232

面,提出调控和配置各类用地的目标及政策。一要坚持因地制宜,根据不同地区、不同经济发展阶段,结合人均用地、单位用地投资强度、城市容积率、土地产出率等建立相应的集约利用的规划指标体系,科学测算土地集约利用潜力,分析影响因素,盘活存量用地;二是根据经济社会发展要求,分析集约用地水平提高的长期变化趋势,切实提高土地利用效率,积极探索节约、集约用地的模式,努力优化经济结构和转变经济增长方式;三是坚持保护耕地的基本国策,加强基本农田的保护力度,坚持节约高效的原则,落实国家土地供应的指令性计划,加强建设用地的供应管理,严格控制高耗能、高耗水工业项目的用地指标,做好城市用地的调查,大力推进城乡建设用地的治理工作。

2.再利用——建设生态乡村和生态城镇

土地资源的再利用除了提高复种指数、进行科学套作、开展土地整理复垦之外,统筹区域发展、实施生态建设特别是生态乡村和生态城市建设是土地资源再利用的重要途径,是提高居民点用地、建设用地的使用效率和使用效益的重要途径。在生态乡村建设方面:一要对农村居民宅基地进行整理;二是适当提高建筑容积率;三要对村庄中的闲散土地进行整理;四是自然村向中心村合并。同时加强公共设施用地和公益用地的整理,改善居民的生活条件。在生态城镇建设方面:一是要用生态学原理和生态经济的理论来规划、设计和建设城镇,解决建设过程中产生的环境污染、生态破坏、资源浪费等问题,为循环经济提供空间和机遇;二是要使经济发展、社会进步、生态保护三者保持高度的和谐,通过合理配置土地,营造舒适优美、生态良好的生活环境。

3.再循环——发展生态产业和替代产业

生态产业是遵循生态学和生态经济学理论与方法,以环境友好的方式利用自然资源,在生态不退化并得到恢复、改善的前提下获得综合效益,寓生态保护于经济发展之中。我国生态产业包括生态农业、生态林业、生态渔业、生态旅游、生态工业与环保产业等,生态产业的发展促进了经济增长方式的转变,促进了经济结构特别是农业结构的调整,帮助一些地区实现了"生态脱贫"、"生态致富",提高了人民的生活质量。就替代产业而言,在区域经济发展和生态建设中,可利用优势资源替代不可再生资源和紧缺资源,利用进口资源弥补自身资源不足,利用技术替代资源等,转变土地资源配置方式,充分挖掘资源利用的比较效益,遏制资源掠夺式开发带来的生态恶化,以缓解经济快速发展给资源带来的沉重压力。

4.再修复——加强环境污染治理和生态修复保护

各级政府应采取严厉措施,减少土地使用过程中的环境污染,切实解决影响经济社会发展特别是严重危害人民健康的突出问题。继续实施生态移民、生态修养战略:一方面发挥自然生态系统的自我修复功能,在不耗费或很少耗费经济成本的前提下,使生态生产力得以恢复;另一方面通过加强土地整理和复垦工作,帮助生态系统被破坏和退化的区域恢复到原来的状态或恢复其生态功能。

5.再思考——完善法律法规体系和强化土地利用规划

加快土地可持续利用的立法,在法律法规中体现循环经济的发展要求,强化资源循环利用与合理利用:一要按照资源节约型社会的要求,制定和实施新的土地使用标准,完善土地使用的责任追究,建立土地使用的节约评价机制;二要明确对资源综合利用、提高资源回收率的要求,把实现资源充分利用和控制环境污染、保护生态环境作为重要法律目标。土地利用规划必须依据区域社会经济发展和土地的自然历史特性,在时空上进行优化配置和合理利用,尽可能减少对土地的需求。从总量上调整对土地的需求,进一步提高土地利用率;慎重考虑土地用途转变,强化土地用途管制,充分利用各种废弃地。

循环经济是人类可持续发展意识的进一步升华,它为工业化以来的传统经济向可持续发展的经济转变提供了战略性的理论范式。发展循环经济就是要树立科学发展观,以优化资源利用方式为核心,以最小的资源环境代价来实现经济、社会和环境的全面协调发展。土地作为稀缺资源更应该遵循循环经济发展的要求,提高利用率,促进可持续发展。①

---

① 倪杰.基于循环经济的土地资源可持续利用.农村经济,2006(9):79－81

2.5　"反规划"理论与统筹城乡土地利用规划

"反规划"（Anti－planning）理念最初是由俞孔坚教授等于 2002 年在《论反规划与城市生态基础设施建设》一文中提出的。[①] "反规划"理念为我国城市规划提供了一种新的思路、新的理念，它强调在规划中，要前瞻性地进行生态环境的建设。"反规划"理念主张以土地健康和安全的名义和以持久的公共利益的名义出发来做规划，在提供给决策者的规划成果上体现的是强制性的不发展区域及其类型和控制的强度，构成城市的"底"和限制性格局，以此定义可建设用地的空间。将"反规划"理念应用于土地利用规划空间布局，将为城乡统筹下的土地利用总体规划提供新的思路，也为从空间战略上解决社会发展、资源利用和生态保护之间的矛盾提供可参考的规划途径。

2.5.1　"反规划"理论

1. "反规划"理论的提出

随着我国工业化的不断加速，城市二、三产业得到迅速发展，城市规模不断扩张，城市也不断面临着一些新的问题，如城市生态环境恶化、城市人居环境的适宜性逐渐降低等。为了寻找解决日益恶化的城市环境问题的有效途径，俞孔坚教授等于 2002 年首次提出"反规划"（Anti－planning）的概念，它是从景观生态学的角度出发，专门针对以往城市规划建设过程中对自然系统缺乏认识和尊重，以牺牲自然过程和格局的安全、健康为代价的城市化途径而言的，是城市规划与设计的一种新的工作方法，即城市规划和设计应该首先从规划和设计非建设用地入手，而非传统的建设用地规划。

2. "反规划"理论的内涵

"反规划"不是不规划，也不是反对规划。"反规划"强调的是一种逆

---

① 俞孔坚,李迪华.论反规划与城市生态基础设施建设.杭州市园林文物局,杭州城市绿色论坛论文集,北京:中国美术学院出版社,2002 年

向规划过程,负的规划成果是对传统规划的一种校正,而不是反对传统规划,其规划的思维是辩证的思维,是反思的思维,是可逆的思维。"反规划"强调城市发展必须以生态基础设施(Ecological Infrastructure,EI)为基础,即是指区域和城市赖以生存的自然系统,是将生态系统的各种功能,包括涵养水源、旱涝调节、维护生物多样性、乡土文化保护、游憩与审美体验等整合在一起的关键性的网络状土地空间格局。其基本要义是:城市的规划和设计应打破传统思维,变"城市与环境"之"图与底"的关系为"底与图"的关系,以环境为图,以城市为底,着重在规划和设计"不建用地"上做文章,而非传统的"建设用地"规划。①

3."反规划"理论的工作方法

"反规划"的工作方法就是先行规划和设计城市生态基础设施,再行安排城市建用地。即先将城市生态基础设施保护、控制起来,不因城市的发展扩张而减少和损坏,从而使城市生态基础设施得以延续和发展。城市生态基础设施,是指城市赖以生存的自然系统,是城市及其居民能持续获得自然服务的基础。这些生态服务包括提供新鲜空气、食物、体育、休闲娱乐、安全庇护以及审美和教育等。它涵盖了一切能够提供上述自然服务的城市绿地系统、森林生态系统、农田系统以及自然保护地系统等。规划和设计城市生态基础设施的过程,就是建立城市生态安全格局的过程,它是城市生态环境的安全保障。

城市生态安全格局是指城市生态基础设施按照一定规律在空间上的有序排列,它包括:(1)维护和强化整体山水格局的连续性;(2)保护和建立多样化的乡土环境系统;(3)维护和恢复河流和海岸的自然形态;(4)保护和恢复湿地系统;(5)将城郊防护林体系与城市绿地系统相结合;(6)建立非机动车绿色通道;(7)建立绿色文化遗产廊道;(8)开放专用绿地;(9)溶解公园,使其成为城市的生命基质;(10)溶解城市,保护和利用高产农田作为城市的有机组成部分;(11)建立乡土植物苗圃基地。

"反规划"概念包括以下四个方面的丰富含义:

---

① 俞孔坚,李迪华,韩西丽. 论"反规划". 城市规划,2005,29(9):64—69

(1)反思城市状态,它表达了对我国城市和城市发展中一些系统性问题的一种反思。

(2)反思传统规划方法论,它表达了对我国几十年来实行的传统规划方法的反思。

(3)逆向的规划程序,首先以生命土地的健康和安全的名义和以持久的公共利益的名义,而不是从眼前城市土地开发的需要出发来做规划。

(4)负的规划成果,在提供给决策者的规划成果上体现的是一个强制性的不发展区域,构成城市发展的"底",它定义了未来城市空间形态,并为市场经济下的城市开发松绑。因此,"反规划"实际上是针对现在存在的普遍规划途径提出的以自然过程及生态格局为首要考虑因素的规划方法,其以"非人类中心主义"的生态伦理来指导规划,目的在于保留和营造连续的具有良好生态格局的连续有机体,考虑的方式是一种前瞻性、持续性和根本性的。

如果我们将传统规划的成果定义为城、镇、村建设用地和交通、水利、能源等重大基础设施的规模和布局,那么我们也可以把土地的不建设区域或对维护生态服务功能具有关键性价值的生态基础设施称为"反"规划成果。前者可以通过红线来体现,后者则体现为绿线(用来界定绿地、河流和历史文化遗产范围)。

2.5.2　"反规划"理论下的土地利用规划

1."反规划"理论下的土地利用规划理念

(1)土地利用规划的价值取向。在市场经济条件下"经济人"都是理性的,在经济活动中所追求的目标是自身利益最大化,因而导致土地所有者和使用者以最能从土地上获取财富的方式来决定其用途。这种价值秩序将导致非建设用地被大量蚕食转变为建设用地,这种土地用途/覆被变化造成了不可恢复的土地景观生态系统的改变;同时在土地利用空间配置上,未充分考虑各种土地利用类型的空间关系,忽视了土地利用空间格局对诸多自然过程、生物过程和人文过程的影响,忽视了对土地景观斑块之间空间关系的适宜性,也没有涉及保持土地利用系统较高生物生产性能、保护生态环境以及给人以艺术和美学的享受,导致区域生态格局和人文格局的分割破坏。"反规划"理论就是在日益严重的生态和人文危机中提出,要求关注土地开发的外部性影响,要求重视和尊重区域的生态环境和人文精神,重新审视现有土地利用价值标准与判断问题,重构土地资源利用价值体系,尤其是土地的社会价值和生态价值。

(2)土地利用规划的思维方式。"反规划"理论强调的是一种逆向思维的规划过程,开拓了一条新的规划思维,改以单一价值主体主导的思维方式为多种价值主体的思维方式。在目前的土地利用规划实际编制过程中,土地的开发和利用的习惯性思维是先确定城镇建设用地的发展方向和发展规模,而对于城镇建设用地内部或者周边的非建设用地,往往因为城镇发展的需求被抢先占用。"反规划"思路提倡的规划程序"以生命土地的健康和安全的名义和以持久的公共利益的名义,而不是从眼前城市土地开发的需要出发来做规划",将规划主体的偏向由重建设用地、轻非建设用地转变为建设用地与非建设用地均视,首先确定强制性的非建设用地范围域(即先构建生态基础设施),初步定义未来城市空间形态,然后在此基础上落实城市建设用地布局。

2. 土地利用规划的角色定位

土地利用总体规划是土地资源保护和利用的统领,可以说土地利用规划不仅是对区域土地生态、经济系统的布局规划,而且对不同的区域间土地利用方式也存在规划制约。在某种程度上,土地利用规划就是政府针对市场失灵而进行公共干预的具体手段之一,已经成为政府的公共政策的工具或者一部分,它涉及各种社会利益的调节及效率和公平的权衡。"反规划"理论被引入土地利用规划中,有助于提升规划价值观体系完整性和土地利用规划公共政策属性的合理性,倡导公共利益或集体利益,尽可能弥补市场行为的负面影响,关注公共与私人行为的分布效果,努力弥补基本物品分布上的不公平,维护社会整体利益,保障土地资源配置的公平公正。

3. 土地利用规划的目标选择

土地利用规划的核心问题就是通过计划和安排不同土地利用方式、强度来协调人口、资源、环境和发展,但由于非建设用地利用具有生态与社会效益的正外部性,其发挥具有潜在性和滞后性,而现行土地利用规划仍以传统狭隘的直接"经济效益"最大化为目标,所以对土地资源利用的社会效益和生态效益考虑不足,更缺乏土地利用对远期的生态、社会影响后果的考虑,规划目标单一必然导致其他效益的损失。"反规划"理论立足于对非建设用地规划,优先考虑城市生态基础设施建设,注重生态过程和人文景观的保护、模拟和规划,强调了时空上土地利用/覆被变化研究。建立在不同尺度上的土地利用变化和生态环境演变关系模型以及生态安全评价标准体系,同时要求土地利用规划的目标和措施符合当地居民的生活习惯和审美要求,提供土地资源生态安全下的土地利用方案。因此,"反规划"理论的引入改变了环境目标和社会目标在土地利用规划中的不对等地位,确定了以人口、资源、环境、经济为核心的多目标规划模式,使得环境目标、社会目标和经济目标三者能够取得协调,保证资源和经济社会的可持续发展。

4.土地利用规划的编制流程

"反规划"理论在研究方法上主要是借助 GIS 技术,对景观过程(包括城市的扩张、物种的空间运动、水和风的流动、灾害过程的扩散等)进行模拟分析,用以判别不同过程的景观安全格局(Security Pattern,SP),综合叠加不同过程的安全格局即可建立生态基础设施。将"反规划"理论运用到传统土地利用规划过程中时,可以通过模拟区域自然过程、生物过程和人文过程形成专项景观安全格局,这既包括具体土地利用景观单元的研究,也包括确定这些单元区位的廊道和网络来实现各区之间的水平联系,然后通过这些关键性生态系统和景观元素所构成的生态基础设施,与传统土地利用规划相结合得到该区域土地利用规划分区,落实土地利用布局,最后形成该区域土地利用规划方案(见图 2-2)。在此基础上形成的土地利用规划编制流程实质是"反规划"理论对传统土地利用规划进行的一种校正和补充。

"反规划"理论以生态安全为目标,从建立和谐的人地关系入手,来建立健康和谐的城市社会和城市形态,在有限的土地资源上形成高效维护居民生态服务质量、维护土地生态过程安全的景观格局。将"反规划"方

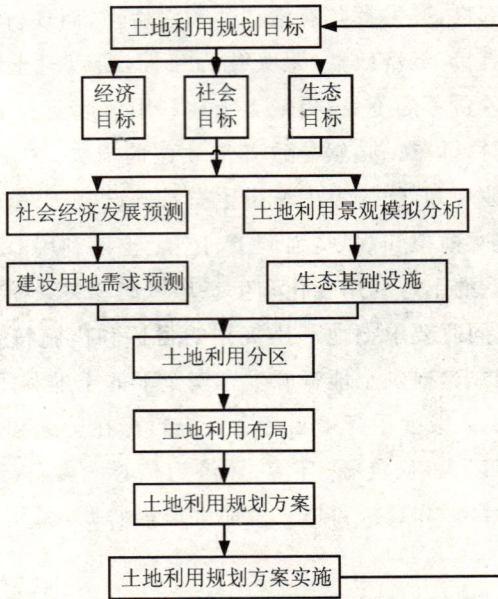

图 2—2　"反规划"理论下的土地利用规划编制流程

法与传统土地利用规划相结合运用,形成尊重自然生态过程的土地利用规划方法,使土地利用规划更为科学合理,可以促进人口、资源、环境的协调发展,并持续发挥土地的经济、社会和生态效益,有利于土地利用总体规划目标的实现。

2.6　可持续发展理论与统筹城乡土地利用规划

2.6.1　土地资源可持续利用问题的提出

可持续发展是 20 世纪 70 年代人类全面总结自己的发展历程,重新审视自己的社会经济行为后,提出的一种全新的发展思想和发展模式。它源于人们对环境问题的认识与关注,其产生背景是人类赖以生存的环境和资源遭到了日趋严重的破坏。从罗马俱乐部的《增长的极限》,到朱利安·西蒙的《没有极限的增长》,再到世界环境和发展委员会的《我们共同的未来》……人们经过痛苦的思索终于认识到：未来社会的发展，唯一可供选择的就是坚持人口、资源、环境相协调，走可持续发展道路。

土地在人口、资源、环境和经济发展关系中居于其他资源无法替代的核心地位。随着经济的不断发展，人口与资源、环境问题越来越引起人们的关注，尤其是随着工业化、城市化进程的加快，土地非农化程度日益提升，土地生态环境日益恶化，实现土地可持续利用就成为一个非常重要的议题。1992 年里约热内卢联合国环境发展大会通过的《21 世纪议程》将土地利用规划作为实现可持续发展的有力工具，认为土地利用规划可望为可持续发展的实现提供主要的支持，它有利于土地资源配置于最大可持续效益的用途之上，并对土地资源综合规划和管理提出了具体要求。1994 年，H. N. Vanlier 等正式出版了《可持续土地利用规划》一书，对可持续土地利用规划的概念、动机、内容体系等进行了较深入的理论探讨。研究者们认为，所谓可持续土地利用规划，就是为了正确选择各种土地利用区位，改善农村土地利用的空间条件以及长久保护自然资源而制定的土地利用政策及实施这些政策的操作指南。按照 Vanlier 等人的观点，在土地利用规划过程中，土地最佳利用和可持续环境导向下的土地保护是两个最重要的方面。

1994 年《中国 21 世纪议程》明确提出土地利用总体规划是土地资源管理与可持续利用的一项行动目标。土地利用规划作为实现区域土地资源可持续利用的重要手段和工具，理论和实践要求人们将土地利用规划与区域土地资源可持续利用结合起来，编制区域土地资源可持续利用规划。我国于 20 世纪末开展了两轮从国家到地方的大范围、多层次的土地利用总体规划，制定了《县级土地利用总体规划编制规程》(试行)，其以耕地的保护为核心，对区域土地资源可持续利用起到了重要的促进作用。

2.6.2　土地可持续利用的内涵与目标

土地持续利用的含义提法很多，简单地讲就是考虑生态、社会、经济三方面因素在一定的空间内和可预见的较长时间内的变化和稳定性，调整和转变一定区域内土地利用系统的结构及由此产生的功能效益，以实现土地生产力的持续增长和稳定，保证土地资源潜力和防止土地退化，同时追求良好的经济效益、社会效益、生态效益。1993 年 FAO 发表的《可持续土地利用管理评价大纲》对可持续土地利用管理的 5 大原则作了明确的阐述。

(1)保持和提高土地的生产力包括农业的和非农业的土地生产力以及环境美学方面的效益。这实质上是从可持续的角度要求土地利用所获得的财富和利益应不断增加,或者至少维持现状,不能由于掠夺式经营造成生产性能下降或生态(美学)功能退化。

(2)降低生产风险的水平,使土地产出稳定(安全性 Security),就是要求重视土地利用可能带来的风险,选择可以降低风险概率的土地利用方式。

(3)保护自然资源的潜力和防止土壤与水质退化(保护性 Protection),即在土地利用过程中保护土壤与水资源的数量和质量,以公平地给予下一代。对保持遗传基因多样性或保护单个植物和动物品种这样的问题,给予优先考虑。

(4)经济上可行(可行性 Viability)。人们开发利用土地的目的在于获得经济利益,如果某一土地利用方式在当地是可行的,那么这种土地利用一定有经济效益,否则肯定不能存在下去。

(5)社会可以接受(可接受性 Acceptability)。如果某种土地利用方式不能为社会所接受,那么这种利用方式必然失败。这里的社会可接受性具有全局的含义,如一种利用方式受到某个阶层或社会集团的欢迎,但对整个社会来说是有害的,那么这种方式也是不可持续的,因为整个社会力量不会允许其长期存在。

综上,生产性、安全性、保护性、可行性和可接受性构成了土地可持续利用的基本目标。

2.6.3　土地资源可持续利用规划基本思路

1.规划目标——变"经济效益优先型"规划为"公平效益兼顾型"规划

受经济发展阶段的影响,以往的规划目标是一种片面追求经济增长的单目标模式,这种模式虽然对国家和区域增加物质财富做出了应有的贡献,但却带来了日益沉重的人口、资源、环境与社会压力。土地可持续利用不再要求建立在从自然界得到越来越多的东西上,也不再是把 GDP 作为发展的唯一尺度,而是以公平与效益的多目标协调发展为指导原则,追求全方位的综合利用。具体可分为两个方面:公平目标和效益目标。土地资源可持续利用规划的效益目标包括经济效益、社会效益和生态效益;公平目标则包括代内公平、区际公平和代际公平三个方面。

2. 规划时空尺度——变短期的"计划孤立型"规划为长期的"区域协调型"规划

传统的土地利用规划实际上就是土地利用计划,是用地计划指标的分解。将可持续发展战略引入土地利用规划领域,实际上意味着将长远的、永续的时间观念引入到土地利用规划中。它要求土地的可持续利用,不是短期行为的利用、不是人类为今天的利益而牺牲明天的利益,吃祖宗饭,断子孙路。对于土地利用规划来说,需要强调必须做到总体规划与近期规划相结合,远期发展与近期建设相结合,这是规划的一条重要原则。传统及转型中的土地利用规划的空间着眼点主要在区域内,而土地资源可持续利用规划不仅注意区内,还注意区际,它不是以局部利益牺牲社会整体利益,不是以区域利益牺牲全球利益。其强调的是任何区域的发展都不能以损害其他区域的发展为代价,特别是在全球区域层次上,应当顾及发展中国家的利益和需要,从整体上防止区域差异过大。提倡建立互补式区际关系,抑制发达地区对资源的过多占有成为土地资源可持续利用规划长期的战略任务。

3. 规划原则——以"代际公平原则"优先替代"整体最优原则"

在土地资源的利用规划上,人们首先面对的是对时间和空间的态度和选择。传统的土地资源规划以空间布局优先,然后去组织时间上的布局,即先考虑了自身的生存与生活后才去关注身后之事。这种观念认为没有当代人的发展就谈不上后代人的发展,持此态度势必放纵当代人的行为而损害后代人的利益,因为资源的整体最优配置不一定就是代际配置最优的,有时甚至会对后代产生危害。所以首先应进行土地资源代际之间的规划。事实上工业社会的发展也的确奉行"生态赤字"政策。土地资源可持续利用规划必须在时间上体现可持续发展原则,以保证土地资源的持续供给。必须建立新的土地资源时空观,重新安排时空关系,以时间布局优先,即在考虑后代人的利益基础上再去组织空间布局。从一定意义上讲,土地利用代际间的规划原则,会逐步取代目前盛行的代内(地区部门间)整体最优原则。具体操作时,应该首先考虑到代际间土地资源的配置,在此基础之上,再考虑代内土地资源的公平占有和使用及资源配置的整体最优问题。

4.规划内容——由"数量分解控制型"规划转向"生态经济协调型"规划

土地资源可持续利用规划对传统的土地利用规划内容的完善、修订和创新可采用以下途径:一是将可持续发展观和土地可持续利用的思想及有关方法应用到规划的内容中。如:以"土地可持续利用系统的分析和评价"完善"土地利用现状分析与评价";以"土地可持续利用的潜力分析"完善"土地利用潜力分析";以"土地资源代际和代内供需平衡的分析"完善"土地供需平衡分析";以"土地利用区际公平的规划"对"土地利用规划分区"进行补充。二是完善土地利用规划的体系,丰富土地利用规划的内容。如传统土地利用总体规划主要是土地利用结构比例的调整和空间规划,其对土地的生态环境和质量考虑不多,对经济、社会和生态环境的协调考虑得不多,对代际公平考虑得不多,对规划的社会参与性考虑得不多。这些都是促进土地可持续利用的有效的规划措施,是土地资源可持续利用规划的重要内容。另外,由于土地资源可持续利用规划必须满足多层次和多方面的需求,规划师必须研究社会、经济、政策等非物质性的领域。规划师要主动研究人的基本价值、行为方式,强化以人的活动为最基本出发点的思维方式。

5.规划方法——以"可持续性规划方法"替代传统的"数量综合平衡方法"

目前国内外区域规划、城市规划、景观规划及可持续发展理论所要求的生态、容量、限度、动态弹性、系统协调、公众参与、公效兼容等可持续性方法都可以应用到土地利用规划中,特别是要研究这些方法在区域性土地利用规划中的应用,即将这些方法落实到土地利用结构和空间布局中,这是建立具有中国特色的区域土地资源可持续利用规划理论与方法行之有效的途径。

6.规划管理——变"被动执行型"规划管理模式为"主动参与型"规划管理模式

在计划经济条件下,土地利用规划管理对土地利用的调控主要采取的是一种机械的目标管理和计划控制的方式,属于一种被动执行型规划管理模式。在市场经济理论和可持续发展观的指导下,规划管理模式要转变为主动参与型。把规划管理和实施环境治理、保护土地生态等有机结合起来;把规划管理和深化土地使用指导改革有机结合起来;把规划管理和编制规划有机结合起来;把规划管理和实现土地可持续利用、促进国民经济可持续发展有机结合起来。土地利用规划管理是由政府部门实施的,无疑是一种政府行为。但由于规划管理自身的特点及宗旨,它又必须体现公众及社会团体的意志,尤其是在实行市场经济的今天,规划管理更应该多研究些市场行为,并鼓励公众参与规划和管理。

2.7　不同土地利用规划理念的融合发展实践

土地利用规划作为一种引导地区土地利用的规划形式,它受制于一定的历史背景、社会发展的要求,不同的发展时期,规划的目标和要求不同,也决定了规划的理念与模式不一样。

现代土地利用规划制度起源于 19 世纪末 20 世纪初西方工业化快速发展时期,最早是以法规形式的区划(Zoning)形态出现的。英国是世界上最早开展规划的国家之一,一开始,城市和乡村土地利用规划是分开进行的。随着工业化的快速发展,人口大量流出农村、流入城市,城市环境不断恶化,在此背景下,霍华德的"田园城市"理论及实践应运而生。"田园城市"理论是针对工业化发展所引发的一系列社会经济、政治等方面的"大城市病"而采取的应对措施,霍华德在英国亲自发起建设了莱奇沃思和韦林两座田园城市。1923 年,英国颁布了《城镇和乡村规划法》,从此结束了人为割裂城乡土地规划的不合理状况,实现了城乡土地利用规划的一体化。但是,这一时期,城市作为政治、经济、文化的中心,具备工业化不可缺少的资金、信息、人才等物质要素的集聚,和政治决策层支持等诸多条件,这决定了城市本位成为必然,反映在土地利用规划上,"城市偏向"或"城市优先"的思维定式并未完全被打破。

二战中欧洲许多国家的城市受到严重破坏,战后百废待兴,由于城市重建和经济发展的需要,各国又不同程度强化了以城市为核心的土地利用规划思路。20世纪60年代以后,随着城市规模的进一步扩大,特别是城市蔓延(Urban Sprawl)现象的出现,本来已十分有限的土地资源被大量侵占,同时伴随着能源消耗等严重问题。面对城市发展的无止境和资源空间(特别是土地)的有限性这一矛盾,人们认识到了分散主义思想付出的代价和发展的不可持续性,许多国家在反思"城市本位"土地利用规划思路的基础上,探索用"城乡统筹"取代"城市本位",寻求紧凑有序的土地利用模式,引导城市的紧凑发展。20世纪70年代以来,随着人口、资源、环境和发展(PRED)问题的日益凸现,土地利用规划逐渐从传统的建设性或蓝图规划,发展到以调控土地利用变化和以可持续发展为目的且具有广泛民众基础的公共决策,可持续发展的理念已深深融入了土地利用规划理论与实践。

二战后美国的大都市地区也经历了以郊区蔓延为主要模式的大规模空间扩展过程,逐渐引发了一系列的社会、经济和环境问题。而欧洲的"紧凑发展"模式追求政府控制下"有密度"的发展,却日见活力,令许多历史城镇保持了其紧凑而高密度的形态,并被普遍认为是居住和工作的理想环境。基于对郊区蔓延的深刻反思,美国规划协会(American Planning Association)取法欧洲,于1994年提出了城市理性增长计划(Smart Growth Project),将理性增长作为美国现代城市规划的法则。实践和研究表明,理性增长突出了"混合土地利用"(Mixed Land Uses)、"保护开放空间、农地、自然景观和重要的环境敏感区"等原则,是一种典型的统筹城乡土地利用规划范式。

在城市土地利用形态和发展模式方面,国际上有分散主义(Decentrism)和集中主义(Centrism)两大流派。分散主义主张人口与产业向大城市以外地区疏散,如城市的组团式发展、城市向外扩张与绿地向城区楔入的"有机疏散",最著名的就是英国的霍华德(Ebenezer Howard)的"田园城市"(Garden City)思想,以及美国现代派大师赖特(Frank Lloyd Wright)主张从现代城市这个"机器怪物"中解脱出来、彻底分散的"广亩城市"(Broad Acre City)思想。集中主义则主张人口向大城市中心集中,城市向空中延伸,以最大限度节约土地,代表人物是法国建筑大师柯布西耶(Le Corbusier),他的"现代城市"(Conceptual Modern City)设想主张城市中心区"高层高密度",巴黎中心区改造、香港等城市建设就是这种思想的体现。20 世纪 90 年代以来,特别是可持续发展思想提出后,针对城镇化过程中出现的城市蔓延(Urban Sprawl)及由此带来的交通拥堵、能源消耗大、环境污染严重等问题,西欧学者提出了"紧凑城市"(Compact City)的思想,如英国的詹克斯(Mike Jenks)等,提出了通过高密度的城市开发、混合的土地利用、分散化的集中和优先发展公共交通等措施,达到降低能源消耗、减少土地资源的占用等目的。美国提出了"理性增长"[又称"精明增长"(Smart Growth)]理论,如纳普与纳尔逊(Knaap and Nelson,1992)。"理性增长"理论与"紧凑城市"思想有许多异曲同工之处,在土地利用上也主张紧凑模式,强调开发计划应充分利用已开发的土地和基础设施,确定城市增长边界(Urban Growth Boundary,简称UGB),控制城市蔓延,提倡土地混合利用等。近年来,循环经济正成为一股潮流和趋势,发展循环经济是实施可持续发展战略的重要载体和最佳模式,成为土地资源开发保护的战略选择之一。

为寻求土地利用规划的可操作性,不同学者从经济、地理、规划、政治学、社会学、公共关系等不同角度,在其社会、经济和环境等背景前提下,对土地利用规划进行了深入探讨和系统研究,探讨土地资源开发和保护的措施与途径,力求找到一种可持续的土地利用规划途径。田园城市、理性增长、紧凑城市、循环经济、反规划(或生态理念)以及可持续发展理念或理论等从各自不同的角度对土地利用规划编制的指导思想提出了统领性或概况性的观点,这些思想理念的共同目的都是为了使制定出来的土地利用规划方案促进土地资源的可持续利用,这些理论、理念之间存在着紧密的协调关系(见图 2—3),相互促进,共同引导着统筹城乡土地利用规划在内容、理论和方法上的不断发展,支撑着土地利用规划实践范式的不断创新。

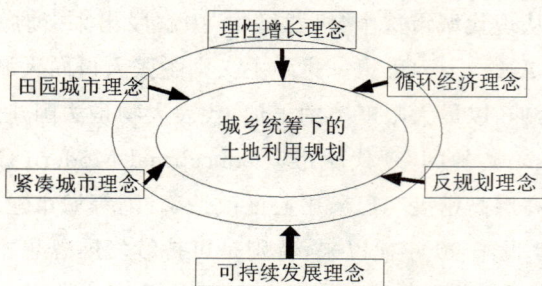

图 2—3 土地利用规划不同理念关系示意图

第3章 典型国家城乡一体化的土地利用规划经验借鉴

　　世界各国和地区在社会经济制度、土地资源禀赋和管理制度、经济社会发展水平和发展历史等方面都存在着差异,土地利用规划并没有统一的模式。土地利用规划作为一种引导地区土地利用的规划形式,它受制于一定的历史背景、社会发展的要求,不同的发展时期,规划的目标和要求不同,决定了规划的模式也不一样,同时形成的土地利用规划制度(包括规划体系、内容、程序以及规划管理等方面)也各具特色。从城乡关系发展的视角来看,亚洲国家如韩国、欧洲国家如英国、北美洲国家如美国等均已进入了城乡融合的时代,它们不同特色的城乡一体化导向的土地利用规划[如韩国新村运动推动下的土地利用规划、美国融入"理性增长"(又称"精明增长")理念的土地利用规划以及英国"紧凑城市"发展模式下的土地利用规划]在这一进程中扮演着重要角色。本章通过对这三个国家城乡一体化下土地利用规划经验的梳理和探讨,以期对尚处在迈向城乡一体化阶段的我国土地利用规划的发展有所裨益,为我国城乡统筹下的土地规划制度建设提供借鉴。

3.1 韩国土地利用规划体系与农村综合开发规划

　　韩国的土地国情和农业经营特点与我国十分相似。韩国经济发展迅速,政府对经济发展的干预取得了巨大成功,这与该国有计划、高效率、综合性开发、整治国土资源密不可分,也与土地规划在开发利用资源中发挥的作用分不开,尤其是其农村综合开发规划经验对我国推进统筹城乡土地规划具有重要启示和借鉴。

3.1.1 韩国土地利用规划概述

韩国人口稠密、耕地资源贫乏,不但是典型的土地私有制国家,而且是一种垄断式土地私人占有,但政府通过运用法律、行政、经济手段对土地行使强有力的管理。韩国国土规划在不同阶段侧重点有所不同,历次规划均将缓解城市与农村的差距作为规划内容之一,并采取各种措施保障该项目标的实现。20 世纪 70 年代开始,根据经济社会发展的需求,韩国先后进行了四次国土综合开发规划,规划目标从促进经济发展、改善人居环境等单一目标逐步过渡为兼顾经济、自然和国际视野的综合目标。第一次国土综合开发规划期为 1972~1981 年,这一期间规划目标为保持经济持续增长,提高国土利用管理的效率,扩充国土开发的社会基础设施,为经济增长提供后盾;第二次国土综合开发规划期为 1982~1991 年,规划目标是诱导人口向地方定居,全国范围地扩大国土开发的可能性,提高国民福利水平和保护国土自然环境;第三次国土综合开发规划期为 1992~1999 年,规划目标是形成地方分散型国土格局,构筑生产型和资源集约型国土利用体系,提高国民福利和保护国土环境;第四次国土综合开发规划期为 2000~2020 年,规划目标是形成更加富饶的"均衡国土",形成与自然相协调的"绿色国土",形成向地球村开放的"开放国土"和形成民族会合的"统一国土"。[①]

3.1.2 韩国土地利用规划制度

1.土地利用规划体系

韩国土地利用规划体系按土地利用计划(相当于规划)的性质可分为最高计划、特别计划、基本计划、细节计划(如图 3-1 所示)。最高计划是以《国土建设综合计划法》为依据而制定的国土建设综合计划;特别计划是以《首都及郊区整顿计划法》为依据而制定的;基本计划是以《国土利用

---

① 瓯海若,鲍海君.韩国四次国土规划的变迁、评价及其启示.中国土地科学,2002,16 (4):39-43

管理法》为依据制定的国土利用计划；细节计划则是以个别法（即各部门的相应法规）为依据制定的土地利用计划。

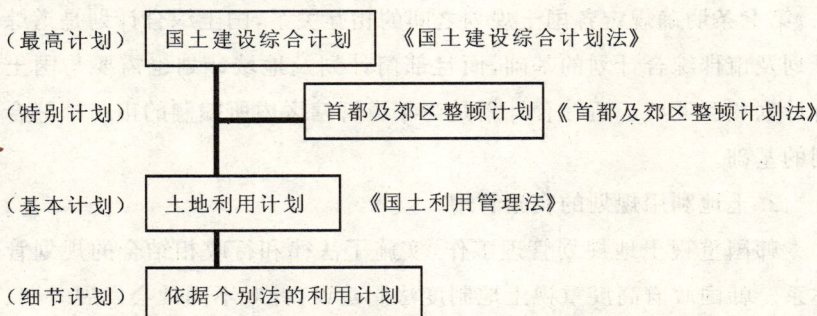

（最高计划）　国土建设综合计划　《国土建设综合计划法》

（特别计划）　首都及郊区整顿计划　《首都及郊区整顿计划法》

（基本计划）　土地利用计划　《国土利用管理法》

（细节计划）　依据个别法的利用计划

图3-1　韩国土地利用规划体系

国土建设综合计划的目的是综合开发利用和保护国土资源的自然条件，力求产业布局和生活环境合理，提高居民生活水平，以促进国家经济、社会和文化协调发展。国土利用规划是按照《国土利用管理法》从国土利用的综合方针出发，结合土地的机能和适宜性，为最适合利用管理而制定的规划。国土利用规划又可分为土地利用基本规划和土地利用施行规划。土地利用基本规划规定全国划分5个用途地域，即城市地域、准城市地域、农林地域、准农林地域和自然环境保护地域。土地利用施行规划是按土地利用基本规划区分指定的用途地域，来划分用途地区，按具体用途地区进一步制定的细部规划。最后的层次是城市规划、住宅地开发规划、工业配置基本规划等各种具体规划。

韩国国土规划体系按照行政范围，分为国土综合计划、道（相当于省）综合计划、市与郡（相当于县）综合计划、地域计划和部门计划。《国土基本法》第六条第二项规定，国土综合计划是以全国为规划空间范畴的，是最高层次的国土规划；道综合计划是以道管辖区域为规划范畴的，是第二层次的国土规划；市与郡综合计划是以特别市、广域市、地方城市、郡管辖区域为规划范畴的，是最低层次的国土规划；地域计划是以特定区域或特定政策目的为规划范畴的，包括首都圈整备计划等；部门计划是特定部门的长期规划,包括交通、住宅、环境、文化等。[1]

国土规划体系的特征就是下级规划应该服从上级规划。《国土基本法》第七条明确规定各国土规划之间的相互关系,国土综合计划是道综合计划及市郡综合计划的基础,而且部门计划及地域计划也需要与国土综合计划相互调节。道综合计划是当年道管辖区内所编制的市与郡综合计划的基础。

2. 土地利用规划的实施管理

韩国重视土地规划管理工作,实施了法律和行政相结合的规划管理体系。韩国政府高度重视土地制度法制建设,针对不同社会发展时期、不同土地管理工作的需要,不断出台相应法律法规,并逐步形成了系统、完善的土地管理法律制度,将所有土地开发利用活动都置于严格体系监督之下,从而体现出法律约束效果。

韩国国土综合规划的基本法律有:《宪法》第 120 条第二项、《国土基本法》(2002)、《国土建设综合计划法》(1963)、《国土利用法》(1972)和《城市规划法》(1962)。与地域开发相关的法律包括《促进特定地区综合开发特别措施法》(1980)等地域开发的基础性法律、《首都圈整备规划法》(1982)等规范特定地域开发的法律、《产业布局与开发法》(1990)等促进产业振兴的法律、《中小企业振兴法》(1987)等促进中小企业发展的法律、《城市开发法》(2000)等促进城市开发的法律。此外还有《环境保护法》(1986)、《公园法》(1977)等专业性法律也有涉及土地规划的条款。除法律体系外,韩国政府还将重要的国土规划和国土规划举措以总统令等形式发布,也增强了规划的权威性。[2]

综上,韩国的土地规划具有高度的指令性和强烈的干预性,规划实施采取分工合理、职责分明、高度统一、法规与行政并重的管理体制。

3.1.3 农地保护规划

韩国从 20 世纪 60 年代到 90 年代短短三十多年中,其城市化水平由

---

① 金相郁. 韩国国土规划的特征及对中国的借鉴意义. 城市规划汇刊,2003(4):66—72

② 雷国雄,吴传清. 韩国的国土规划模式探析,世界经济,2004(9):37—40

15％提高到 85％以上,估计平均每年有近 50 万农村人口转移到城市,这对于人口只有几千万的国家来说速度是惊人的。当然,如此快速的发展,首先得益于韩国的制造业和服务业等这些具有城市特色的行业的蓬勃发展。这样,一方面,农村土地的自由出租转让使得大量农村劳动力成为一种能够自由择业的潜在资源;另一方面,城市经济的日益发展提供了大量的就业机会,其结果必然是农村人口源源不断地流向城市。当然,城市化的代价是巨大的。在过去三十多年中,韩国已有 15％左右的耕地消失在大片的城市住宅和高速公路网中,平均每年丧失约 10119 公顷土地,这对于一个只有 990 万公顷且"七山、二田、一分水"的小国来说同样又是一个惊人的数字。此外,大批小城市的出现,使得传统的乡村景观受到一定程度的冲击,纵横交错的高速道路系统将自然景观切割得支离破碎。因此,韩国政府于 1990 年正式颁布了《农地法》,1996 年颁布该法修正案,系统地规范了农地的征用、转让和保护等一系列活动。其中特别对占用耕地方面作了严格控制,改变了过去以建设部门和行政管理为主的审批模式,取而代之的是由地方行政长官、部门代表以及土地拥有者共同组成的"农地管理委员会"。土地管理正式从原来以开发、建设为主转到了以保护和严格控制为主的管理目标上。根据《农地法》规定,实行了"农业振兴地域"保护制度,即按地域而不是按地片保护农地,这部分农业振兴地域是作为最基本的农用地而继续进行保护(包括"农业振兴区域"和"农业保护区域"两类,前者是指通过改善农业基础条件,可建成具有一定规模的优良农用地,并使土地的倾斜度适于机械化作业的地域;后者是指为确保农业振兴区域的水源和水质等的农业环境而必需的地域)。在该区域内,一方面限制设置农业以外的其他设施,另一方面支持耕地改良、灌排条件改善等生产基础条件的集中投资;而农业振兴地域外保护价值小的农用地将灵活地用于增加农民收入或农民生活必需的用地以及工厂用地,因此划分农业振兴地域是促进农用地合理利用和保护的有效措施。此外,为了促进农业规模化经营,提高农用土地的利用效率,《农地法》还专门针对这一问题设置了法律支援,即《农渔村发展特别措施法》。其中最主要的措施是撤销、废止了农用地所有权的上限,而且在农业振兴地域以外地区,其上限也扩大到 5 公顷。这一特别措施法对韩国的农村土地经营的规模化兼并起到了重要的促进作用,并很快出现两极分化现象。

3.1.4 农村综合开发与国土规划

韩国农村综合开发的主要形式是 1971 年开始发起的"新村运动"。新村运动的目标就是将农村和农村社会建设成为崭新的农村和农村社会,也就是农村现代化,其主要内容包括:农村环境改造,美化乡村景观;进行土地整理和土地利用规划;开发区域特殊产品,开展"一村一品"运动;进行农业基础设施建设,改善农业生产条件;提高农民素质,推广应用新技术新品种;建立农村协作组织和农村金融信贷体系;建设农村公共设施,等等。当然,在具体实施中是分阶段进行的,包括 5 个阶段:基础建设阶段(1971~1973 年)、扩散阶段(1974~1976 年)、充实与提高阶段(1977~1980 年)、转变为国民运动阶段(1981~1988 年)、自我发展阶段(1988 年以后),其中前 3 个阶段是以农村综合开发、缩小城乡差距为主题的时期,而后 2 个阶段已演变为全民发展时期,因此通常所说的"新村运动"主要指前 3 个阶段(即 1971~1980 年)。其中,值得引起我们注意的是,韩国的农村综合开发或新村运动的起步是在政府直接投资和干预下进行的乡村土地规划和整理、农村环境改造以及农业基础设施建设,这一点应该说是其新村运动取得辉煌成功的关键经验。因为当我们面临的是一个贫困落后的农村时,最能激发农民兴趣和发动农民的,首先是改善他们的聚居环境、改造他们的家园以及调整土地关系,而不是先进的科技思想和一般的道德教育。国土规划在农村综合开发中的主要任务就是划分土地用途地域、调整土地关系和进行土地整理、规划城市周围和主要公路两侧的观光农业园区、制定农村和农业基础设施建设规划和小城镇发展布局规划等,所有这些先行性的工作为"新村运动"的顺利开展奠定了扎实基础。①

---

① 刘黎明. 韩国的土地利用规划体系和农村综合开发规划. 经济地理,2004,24(3):383—386

1.区域特殊产品开发规划

韩国为了适应农业的国际国内市场环境变化,开展了区域特殊产品开发运动,也可以说是与进口农产品的竞争运动。区域特殊产品主要是一些具有乡土风味的优质农产品及食品,以后逐渐扩大到区域文化和观光资源。区域特殊产品的开发规划主要包括三方面内容:①各地区的特殊产品现状调查与评估。从经济价值、产品特色、发展规模、技术要求、加工以及所处特殊的气候和土壤条件等来评估其开发潜力,一般以野生山菜、花卉、芝麻、辣椒以及各种蔬菜为主。②规划建立区域特殊产品开发示范基地。1990 年韩国农业振兴厅已在 374 个地区建立了区域特殊产品示范基地,旨在推动农业结构调整、提高产品的国际竞争力和商品性,利用丰富资源提高农户收入,改善农村生活环境。③进行适宜性评价,选定和规划特殊产品的主要产地。根据实践,特殊产品产地的适宜性评价和选定只有具备了土地生态环境、技术、加工、包装、质量管理、市场开拓等条件才能得以大力发展。韩国政府现已在全国规划建立了 137 个特产地。

2.观光农业园区规划

韩国政府将与朝鲜直接交流的关口——统一路周边的京畿道高阳市的 20 个村规划为特别开发区(除此以外,其他各地区也有相应的观光农业开发区),并制定了综合开发计划,其目的是将该农村区域建设成城市与乡村共存、具有观光休闲功能的新型农村。开发规划包括:①规划原则:接受现有的土地利用模式;最大限度地接受农民的生活习惯和要求;重点放在保证文化福利生活基础设施和增加农民收入上。②土地利用规划,分为三个阶段,第一阶段:利用统一路周边的文化和观光资源吸引游客,建成高收入观光农业圈;第二阶段:以现有的高尔夫球场为基础建成综合休养、体育活动圈;第三阶段:有效利用现有的花卉产地和蔬菜产地,保证设施完整,建成高科技花卉圈,新规划的内容有自然休养林、花卉村、观光农场、育苗场、花卉农产品市场、老人休养村、垃圾综合处理、地下水处理,等等。③各部门的开发规划,由于随着城市区域的开发,区域人口变化较大,在规划时不是采用以往按人口计算的方法,而是以距离为单位安排各种部门和机构,部门规划包括乡村景观规划、农业开发规划、土地整理规划、公用基础设施规划、文化观光设施规划、环境保护规划等。

3.农村聚落结构的布局规划

韩国农村过去均为自然村,虽然土地空间多,但道路又窄又弯,不便使用机械,给生活和生产带来很多不便。因此,从1977年开始进行了农村聚落结构的重新布局和改善事业。新的布局方式包括:新村型、合村型及改造型。新村型主要是投资建设具有合理结构的现代化的新村庄;合村型是以主要村庄为中心,将临近的分散村庄并在一起(类似于我国目前的撤村并镇运动);改造型是对原村庄进行改造,最大限度地利用原有设施,其缺点是难以按规划者的意图全面改造。经过上述的规划和改造,现在韩国的乡村景观既具有传统的民族特色,又不乏现代化的生活和交通设施,从而成为了韩国旅游观光业的重要资源。

3.1.5 韩国土地利用规划经验对我国的启示

韩国完善的土地利用规划体系、完备的规划法律法规、强有力的规划实施管理措施以及农地保护规划等诸多方面对我国的土地利用规划有重要启示,特别是韩国的农村综合开发规划更是值得我国借鉴。

1.乡村尺度的土地利用规划应当是今后我国国土规划体系中的研究和工作重点

目前,我国的国土管理部门重点抓的是具有计划体制性质的“总体规划”和各部门的“专项规划”,前者是根据各级政府的国民经济和社会发展计划来控制农用地与其他非农用地(特别是建设用地)相互转移;后者是各部门的发展规划,是对总体规划(计划)的补充,而缺少乡村尺度的土地利用实施规划或景观规划。由此而产生的问题是,我国的土地利用规划往往只停留在官方层面,难以落实到乡村一级的具体土地利用行为中去,或者说实际的土地使用者对规划是被动的、盲目的。

2.加强土地利用规划与新农村建设的协调配合

我国乡村土地利用规划必须要与农村综合开发相互配合、同步进行,这样才能够使土地利用规划具有实际可操作性,才能真正落实到每一个土地使用单位。借鉴韩国的经验,我国新农村建设初期,其工作重点是改善生活环境,原因有二:①当时农民最迫切的要求是改善自己的居住环境和生活条件;②改善农民的居住生活条件更容易发动农民并得到农民的积极响应。新农村建设通过一系列的项目开发和基础设施建设,改变了农村面貌。随后,新农村建设的主要工作便顺利地转移到了农业综合开发这一主题上了,其主要内容是大力开发区域特殊产品和观光农业,实现农村与城市共存、城乡一体化,形成具有舒适、方便的生活和产业基础设施及环保计划的现代化新型农村。

3. 推进农村土地利用规模化合并

土地利用规模化合并是今后我国农村土地利用制度改革的必然趋势,也是乡村土地利用规划的重要任务和内容之一,这可以从韩国的土地利用制度变革、城市化发展以及农业与农村发展历程中的一些经验教训中得到某些借鉴。

3.2　英国城乡一体化的土地利用规划

英国是世界上最早开展规划的国家之一,也是最早实现了城乡土地利用规划一体化的国家,其形成了典型的法规导向型土地利用规划体系。霍华德“田园城市”理论及早期的实践、城市绿带控制等规划理论和做法都来源于英国,“紧凑城市”理论和实践在英国也得到了很好的发展。英国先进的规划理念、完善的规划制度和体系很值得我国借鉴。

3.2.1　英国土地利用规划理念的演进

英国是世界上最早开展土地规划的国家之一,最早,城市和乡村土地利用规划是分开进行的。随着工业化的快速发展,人口大量流出农村、流入城市,城市环境不断恶化,在此背景下,霍华德的田园城市理论及实践应运而生。继 1909 年颁布了世界上第一部城市规划法——《住宅、城镇规划条例》,1923 年,英国颁布了《城镇和乡村规划法》,从此结束了人为割裂城乡土地规划的不合理状况,实现了城乡土地利用规划的一体化。在 20 世纪 30 年代,像绝大多数的国家一样,英国经历着大萧条。因此在30 年代后期,英国开始考虑国土规划问题,即便是二战(1939～1945 年)

期间也未停止。战后十年,议会通过了一系列法律,使所设想的框架渐渐具体化。1947 年颁布的《城镇与乡村规划法》(Town and Country Planning Act)提出绿化带的概念,是英国规划工作所取得的最为引人注目的效果,其第一次在法律上将城乡纳入一体进行统筹规划与建设。70 年代以后,内城衰落和经济增长率较低等情况使得政府转变思路,不再制定宏大的国土规划,规划工作的指导思想由综合性向渐进性转化。20 世纪 80 年代以来,英国的土地利用规划主要针对大城市和中心城市进行,融入"紧凑城市"理念,目的是恢复中心城市功能,减轻城市边缘地带土地开发的压力,控制城市蔓延,协调土地开发和农业用地、绿带保护的关系。20 世纪 90 年代以来,可持续发展理论及土地社会生态经济多元复合理论在土地利用规划中不断得到深化和应用。①

3.2.2 英国土地利用规划制度

1. 土地利用规划体系

英国的土地规划分为四个层次:国家级、地区级、郡级、区级,均具有法律效力。其中区级规划是基础。国家级规划叫规划政策指南,提出全国性的土地利用方针政策,以白皮文件的形式下发。地区规划叫区域规划指南,通过召开区域协调会议制定。区域规划包括本地区粗略的建房数、主要交通干线分布等。郡级规划叫结构规划,主要提出本郡土地利用的方针政策及发展的框架结构,它有各类用地指标和粗略的规划图,对区级规划有较强的指导作用。区级规划叫地方规划,是一种详细的发展和实施规划,是结构规划的具体化。根据结构规划制定出详细的发展指标和规划政策,并通过对土地的调查绘制出精确的规划图,区级规划是审批规划许可的依据。

2. 土地利用规划的编制程序

在规划制定上,各级政府部门制定本级土地利用规划。全国自下而上编制规划,上级规划控制下级规划,下级规划与上级规划协调一致。在规划期限上,大区、郡、市的规划期分别为 20 年、5 年和 5 年,这三级规划

---

① 束雷.英国土地利用与管理.中国土地,2002(2):42—43

均每 5 年修编一次。大致程序为编制规划草案、公开征求意见、监察员或专业小组根据公众意见向地方政府提交报告、根据提交的报告修改规划再次征求意见、批准规划并付诸实施。规划草案的编制与修改是整个规划编制工作的重头戏,历时约两年时间。草案编出后需通过各种形式广泛征求意见,如散发宣传品、民意测验、公开登报、接受公众咨询等,尽可能使规划草案做到家喻户晓。对公众的反馈意见,规划部门均需作出书面答复。对争议较大的问题,由环境部派监察员听取意见,作出裁决。如地方规划与整体目标不一致,环境大臣还可直接要求地方政府修改规划。整个规划的编制大约需要 3 年时间。

3. 土地利用规划的实施管理

英国目前已经形成了由中央、地区和地方三级组成的完善的规划管理体系,英国的规划管理体系非常强调中央集权(规划的集中统一)、强调区域统筹(城乡统筹)、强调公众参与(推行民主)和规划执行。英国的土地规划实施主要是通过规划许可来实现。其土地规划一经通过,执行起来很严格。所有土地开发利用都必须经过规划许可。规划许可分两步:一是原则性的规划许可。规划部门收到申请人的申请报告,必须给申请人一个回函,表示申请已经收到。随后,规划部门将规划申请公之于众,征求公众的意见。公布的形式随开发项目的用途而有所区别。二是正式规划许可。得到原则许可后,申请人再提交正式的规划许可申请。申请人需对土地开发项目作进一步的详细补充说明,包括建筑设计等,在等到正式的规划许可后,方可动工。

英国土地利用规划实施中的上诉制度独具特色。当私人开发商的开发项目不被当地政府许可时,可直接向中央政府提出上诉,如确有必要,中央政府可以直接否决地方政府的决定,地方政府必须修改规划。但一般来讲,地方政府是规划的最终裁决者,中央政府只从战略角度参与地方规划的制定,间接影响地方政府的规划修改。

综上,英国采取政府统一领导、法规约束、政策引导、公众参与的方式进行土地规划编制及其实施管理的体制。[①]

3.2.3 英国土地利用规划值得借鉴的经验和做法

1.用"绿化带"控制城市外延,用存量地开发建设

英国从 20 世纪 50 年代开始建立城市绿带(Greenbelt),目的是控制城市过度外扩,减少占用乡村土地和保护环境。该绿化带既受到法律的保护,又有公众和舆论的支持,所以它成了大城市发展的最终边界。在这种情况下,大城市产业结构调整和人口增加所导致的用地需求,通过城市再开发和卫星城镇建设来满足。

英国主要利用存量土地进行开发建设。中央政府明确规定,为加快废弃地的改造,方便居民就近上班,减少家用轿车数量,新增住宅建设要集中在城区内,60%的新住宅要在已开发土地(存量土地)上建设。利用存量土地的做法主要有两种,一是充分利用老城区遗留下来的在功能上已不适应的建筑物,对其进行内部更新改造。二是充分利用工业废弃地,中央政府对废弃地改造采取了多种鼓励支持的政策,各级政府比较注意把废弃地的开发利用与实现资源的可持续利用和经济的可持续发展结合起来,并成立了专门的开发机构。开发商根据政府的规划许可,采取先治理,改善周边环境后再开发建设的做法。

2.土地利用规划中"紧凑城市"理念的体现

英国政府体现"紧凑"思想的策略主要形成于 20 世纪 90 年代后,该策略以促进城市可持续发展为核心目标。此外,在学术领域英国也是全球探讨城市"紧凑"策略的前沿阵地之一,英国学术界关于"紧凑城市"的讨论吸引了来自全球的目光。受政府委托,牛津布鲁克斯大学的学者进行了有关"紧凑城市"的专题研究,其成果相继被汇编为三部著作,这些著作不仅汇集了英国学者当时的学术观点,同时也为全球探讨"紧凑"策略的同行提供了一个讨论平台。

英国在城市规划和设计体系中体现的"紧凑"特征可以从以下三个方面来概括:以实现城市可持续发展为核心目标;不断创新和完善城市规划

---

① 唐红波,唐红超.中英土地利用规划比较.河南国土资源,2004(6):38—39

体系;将"紧凑"策略渗透到城市规划和设计的各个层面。

(1)以实现城市可持续发展为核心目标。英国的"紧凑"策略在 20 世纪 90 年代以后正式进入政府和专家学者的视野,恰值"可持续思潮"在全球范围内的积极推进之时。继布伦特兰报告诞生和 CEC 发布《城市环境绿皮书》之后,英国政府也逐渐意识到当前的城市发展模式有违"可持续"的基本理念,并将在很大程度上制约未来城市在环境、资源和社会经济等方面的发展和进步。因此,在这一背景下产生的"紧凑"策略自其诞生便有着推动城市可持续发展的使命。从 1994 年 DOE 提出的"可持续发展:英国战略 CM2426"到 2005 年由 ODPM 正式发布的"PPS1:实现可持续发展",英国政府在规划领域一直全面推行着可持续发展战略,尤其在 PPS1 中明确提出"成功的规划必须是一个积极的、主动的程序,并且能通过对土地利用、发展控制和规划准备体系的运作来满足公众利益和实施政府可持续发展的总体目标"。此外,英国的规划政策中还规定,区域层次的"区域空间战略"和地方层次的"地方发展文本"在其编制过程中应进行"可持续性评估"。作为推进可持续发展实施的重要手段,"可持续性评估"将依据规划的不同层次,逐项检测城市规划的各项内容在实施可持续发展时的表现。

(2)不断发展和完善城市规划体系。为了能够适应变化了的社会经济发展的需要,更好地引导和促进城市的可持续发展,20 世纪末英国的政府机构、城市规划界和社会团体对城市规划的进一步发展进行了广泛探讨,以 2004 年的《规划和强制性收购法》(Planning and Compulsory Purchase Act)的颁布为标志,英国的城市规划体系发生了重大的改变。它基本接受了 2001 年由 DTLR 发布的绿皮书中提出的改革方案,以"地方发展框架"(Local Development Framework)取代了原有的由"结构/地方/单一发展规划"构成的规划框架。由此建立的规划体系具有更高效、更有弹性,并兼具适应性等特征,这很好地契合了到目前为止人们对"紧凑"的规划策略的认识:它应该在规划的决策过程中体现"适应性"和"包容性"。

(3)"紧凑"策略渗透到规划的各个层面。目前负责英国城市规划事务的共同体和地方政府部(DCLG:Department for Community and Local Government)通过以下几个文件来指导地方规划建设:Circulars(通函)、PPG/PPS(规划政策导则和声明)、RPG/RSS(区域规划导则和空间战略)、MPG/MPS(矿产政策导则和声明)以及 MMG(海洋矿产导则)。其中 PPG 和 PPS 经过十几年的发展,已经成为国家政府指导地方规划和建设的主要纲领性文件,它分别由总则和涵盖住房、环境、交通、城市中心、乡村地区、能源利用、垃圾和噪声管理等内容的 25 个文件所组成,从其内容和内容修订的过程可以很明显地看出可持续思想近年来的发展,而"紧凑"策略的运用也成为贯穿这些文件的主线。[①]

3.2.4 英国土地利用规划经验对我国的启示

1. 改变"城市偏向"的土地利用规划,实行统筹城乡的土地利用规划

英国从 1923 年起就实现了城乡土地规划的一体化,这既是合理利用土地资源的需要,也是历史经验教训的总结。英国除土地规划外,暂无其他规划,经济发展的各项指标都建立在土地的基础上,土地规划真正起到了保障经济建设发展的基础性作用。而我国土地利用规划起步晚,与城市规划又分属不同的部门,城乡土地利用尚未形成一体化的管理,相对削弱了土地规划的基础性作用。实现土地利用一体化,这是英国土地规划的成功经验,也是合理利用土地的必要前提。如何切实发挥土地规划对城乡土地利用的合理引导和调控作用,将是我国土地规划工作的重点。

2. 加快土地利用规划的法制建设和制度建设

英国政府制定有关土地规划的法规始于 19 世纪的城镇规划。1909 年就颁布了第一部规划法,以后近百年间多次制定和修订有关法律法规,先后颁布了 40 多部相关法规,到目前为止,英国已经形成了一整套法规体系。其中,对土地利用规划起重要作用的法规有 1987 年《(土地)分类令》、1988 年《总开发令》、1990 年《城乡规划法》和《登记建筑物法》。我国的土地规划法律体系还有待健全与完善,目前还没有《土地规划法》,没有

---

① 李琳.欧盟国家的"紧凑"策略:以英国和荷兰为例.国际城市规划,2008,23(6):106—116

细化的土地规划条例,对规划的编制、管理、实施没有法律约束和规范,所以应尽快着手制定《土地规划法》,规范规划的编制、审批和实施等方面的法律、法规,同时还需要对各级政府在规划中的权限和责任予以明确界定。

英国的土地利用规划具有很强的法律效力和权威性。在这方面我国的差距很大。为此,我国应强化土地管理集中统一领导,改变地方土地管理部门只对本级政府负责的领导体制,实行双重领导和垂直领导相结合的土地管理领导体制。加强土地用途管制,严格控制土地总量,实行中央和省级政府两级下达控制指标制度,建立完善的地价体系和土地市场法规,指导和约束市场交易行为,防止违章操作,保护良好的市场秩序。要认真落实土地违法问责制,对于滥审批土地、违规用地等违法行为要追究有关领导的责任。土地出让要执行严格的招、拍、挂制度,规范招标公示渠道、招标程序、招标结果公示等。

3.借鉴"城市绿带"设置经验,统筹城乡土地利用

英国建立城市绿带是为了控制城市过度外延和保护环境,并为此编制了绿带规划。[①] 几十年来,绿带政策对于控制城市的过度扩散、保护城市周边环境发挥了很大的作用。绿带政策对我国处理城市建设用地与农用地之间的矛盾具有很好的借鉴意义。因此,在土地利用规划中要更加重视可持续发展,落实以人为本,全面、协调和可持续的科学发展观,加强生态环境保护和农地特别是基本农田保护,控制城市的无序扩张,借鉴"城市绿带"等先进理念和实行土地分区控制、确定城市发展边界等成功经验和做法,正确处理经济发展与资源保护之间的关系,统筹人与自然的发展,实现经济效益、社会效益、环境效益的有机统一。

4.把"紧凑城市"发展理念融入到统筹城乡土地利用规划中

紧凑城市具有两方面的环境优势:一是在阻止农村土地的丧失中发挥决定性的作用,二是在节约能源方面的效率。从经济发展、公共交通、社会文化等各个角度分析,我们都可以看到紧凑城市对城市可持续发展

---

① 马毅.英国土地管理制度介绍与借鉴.中国土地,2003(12):38—39

的贡献,也可以观察到它自身在不断研究过程中的进一步演进。紧凑城市作为能够促进城市可持续发展的空间形态之一,在许多西方国家得到了广泛的支持,在英国,已将其作为国家规划政策中的核心要素,它在阻止耕地的进一步丧失和提高节约能源的效率方面起到了重要作用。回观我国城市发展现状,城市的无序蔓延已成为制约可持续发展的瓶颈,将紧凑城市的空间发展战略适时、适当地引入,无疑是一种有效的途径。在符合我国政治、经济、文化等方面的国情下,借鉴紧凑城市的相关理念,可加强宏观调控,防止城市过度扩张;有助于推动城市改造的进程,提高公共基础设施及社区资源的有效利用率;并从减少交通量等角度发挥环保优势。

3.3 美国城乡一体化的土地利用规划

美国土地利用规划从城市与农村分别规划,发展到综合性的城乡统筹规划;从应对城市蔓延的增长管理和增长控制,发展到"理性增长",在此过程中形成了其特有的宏观调控导向型的土地利用规划体系和分散型的土地利用规划管理体制。其完善的规划法律法规、广泛的公众参与、对农地和生态保护的重视等规划经验对我国有重要启示,尤其是"理性增长"理念更是值得我国借鉴。

3.3.1 美国土地利用规划的历史演进

美国的土地利用规划始于 19 世纪末至 20 世纪初,由于大部分土地属私人所有,因而很长时间都没有一个较大规模的如州或全国性的土地利用规划,只是进行小范围的规划,即由单一土地利用区表示的土地分带,而且农村土地利用规划和城市土地利用规划是分开进行的。到 20 世纪 60 年代,人们逐步认识到了资源和环境保护的重要性,联邦政府、州和地方政府开始成立相应的管理机构并进行立法,随后出现了三个土地利用政策变化的"浪潮":第一个发生在 60 年代末至 70 年代初,被称之为"静悄悄的土地利用控制革命",是地方政府为保护环境和农业土地而进行的土地调整和立法,此时联邦和州政府很少插手土地利用控制,主要是由县级以下的地方政府进行土地利用立法和控制;第二个"浪潮"是自 80 年代中期开始的,由于人口、住房、基础设施、环境和资源保护等问题,许多州政府开始进行全州的资源管理和综合性的土地利用调整计划。到 1990 年,有九个州有州发展的资源管理或综合规划,有七个州已成立了州的发展战略委员会或已召开会议讨论州发展中的土地利用问题,另有几个州也对都市区的资源和濒危资源采取了管理计划。第三个"浪潮"是 90 年代开始的"理性增长"土地利用模式。基于对郊区蔓延的深刻反思,美国规划协会(American Planning Association)取法欧洲,于 1994 年提出了城市理性增长计划(Smart Growth Project),将理性增长作为美国现代城市规划的法则,并于 2002 年出版了《理性增长的城市规划立法指南》。1996 年,美国规划协会(APA)、环境保护局(EPA)、美国农田信托(AFT)等 32 家组织联合建立了理性增长网站(Smart Growth Network),开始了对理性增长活动的全面研究。1997 年,马里兰州提出了由"城市增长区法案(Smart Crowth Areas Act)"等五项法案组成的理性增长创新活动,旨在通过政府财政支出,控制城市蔓延,并促进中心城市的经济复兴。之后,理性增长作为一种城市发展模式,在城市发展的不同领域得到了广泛的贯彻和公众的认可。目前,美国三分之二的州选择了"理性增长"的方式,陆续建立了适用于全州或各次区及地方的全面增长管理计划。

3.3.2　美国土地利用规划制度

1.土地利用规划体系及规划编制

美国基本上没有联邦一级的规划,土地利用规划可分为五个层次:区域级、州级、亚区域级、县级、市级。区域级规划是跨州的土地利用规划,范围可大可小;州级规划主要控制州内土地利用,制定政策对土地资源进行开发和保护;亚区域级规划包括一个州范围内的几个县,一般按自然界限来规定范围;县级规划和市级规划是对辖区内的土地利用在数量和空间布置上起到控制作用。

对一些跨州的专项和问题地区制定规划,如 20 世纪 30 年代的《田纳西流域规划》、50 年代的《州际公路计划》等,各州一般没有具体详细的土地利用规划,也不强求各级政府制定土地利用规划,但联邦政府通过相关法律、政策影响各级地方的土地利用及其规划。各州一般都有交通规划，特别是高速公路和公路规划，水资源保护规划等。少数州还有全州的土地利用方针或规划政策，如俄勒冈州制定了指导全州的 19 条土地利用政策，并将此作为全州各县应当遵守的土地利用规划政策，以此来审批各县土地利用规划；同时还设有土地法庭 LUBA(Land Use Board of Appeal)，处理县级规划与州土地利用规划目标问题。美国地方（县级）土地利用规划体系分为总体规划、区划和土地细分三级规划，一般自下而上进行编制[由基层的乡镇(Township)、市(City)做起，逐级向上归并，一般到县或郡(County)]，在编制及实施过程中，"多边谈判"(Multiparty Negotiations)是最重要的方法，主要有三种：仲裁(Meditiation)、合作性的决策(Collaborative Decision Making)、设计导向性的谈判方案(Design Oriented Negotiation)。美国地方土地利用规划由州县独立决定是否进行，没有统一的标准与强制性法律，规划广泛地应用遥感、地理信息系统、自动化绘图等新技术，具有较强的灵活性和可操作性。同时强调资源与环境保护，重视土地利用规划的公众参与。

制定土地利用规划的总过程包括以下几个步骤：第一，概括出规划的对象，选择进行数据收集和分析的方法；第二，通过一个或者更多的步骤，把主持专家和政策制定者的工作情况散发给其他有关机关、专家、专家协会征求意见，散发给与规划对象的土地或地区具有特别利害关系的人或机构，并且散发给广大公众征求意见；第三，规划以草案形式发布并递交给专家委员会、行政机关或者立法机构正式通过并颁布；第四，对执行规划负有责任的不同部门，要定期汇报规划执行情况，汇报他们监督和做深入分析的情况。这最后一步可能会导致规划的定期修改，使它合于形势。①

2. 土地利用规划的实施管理

美国结合其宏观调控导向型的土地利用规划体系以及土地使用分区

---

① 刘旭. 美国土地利用规划立法和编制的主要特点及其启示. 国土资源导刊, 2007(3)：68~71

(区划)的规划模式,采用立法、组织管理、行政许可、实施监控、社会监督和参与、经济制约等手段及这些措施的综合运用,积极推进土地利用规划的实施管理。

(1)制定了多层次的法律法规,为规划实施提供法律保障。例如一些州通过的《增长管理法》采纳 UGB 的要求,要求州、郡和市合作共同画一条 UGB,以保证农地向城市用地的有序转变,并指出州在 UGB 的划定和执行过程中起着重要的作用。按照州土地利用目标和指导方针,地方政府可以在其权限内,使用税、费、区划以及制定城市服务计划等措施,引导 UGB 内的城市开发活动。然而,按照州的法律,地方政府不能允许在 UGB 以外进行城市开发。

(2)建立规划实施组织管理运行体制。美国的许多州都建立了土地利用规划管理部门,在夏威夷州和俄勒冈州,除了州政府设立专门机构负责规划编制及管理外,还通过州一级的委员会对规划的实施进行管理。

(3)建立各级规划管理监督机构。规划管理监督机构的存在减少了地方政府和部门在规划立法及实施中的地区部门利益行为及个人的营私舞弊行为。美国许多州都设有规划监督机构,其职责是对规划管理实施监督,全面裁定地方政府的规划与州一级规划目标是否一致,州政府或地方政府的各种土地利用决定是否符合宪法或其他法律。监督管理的结果不仅为规划实施提供了一种公正、公平的环境,而且还通过规划实施信息的及时反馈,完善了规划管理体系。

(4)实行规划公众参与制度。在美国,规划编制、实施的透明度很高,在规划编制、实施的不同阶段社会公众有着知情、参与、决策、监督的权利,使得规划能够站在公众利益的立场上反映土地利用中互不相同的价值取向,调节各种利益关系。这也是规划方案能够顺利实施的必要条件。另外,规划实施前公告规划内容,即采用公开展示及报纸、电视或互联网等媒体手段向社会发布并征询意见,让公众了解规划、知晓自身权益已成为规划过程的重要步骤。

(5)采取严格的许可制度。为了控制和引导土地用途的变更,美国实施规划时,在立法的基础上普遍采取了规划许可制度。美国实行建设、开发行为的批准制度,批准依据是地方政府制定的区划条例。

综上,美国采取分散型的土地管理体制,即国家对土地规划不进行集中统一管理,只制定政策、法规加以引导,土地利用规划的绝大部分权力集中在地方政府手中,并由地方政府具体负责实施的管理体制。[①]

3.3.3 美国土地利用规划值得借鉴的经验和做法

1. 从"增长控制"到"增长管理"再到"理性增长"的理念变化

"增长控制"(Growth Control)是许多郊区用来解决迅速增长的建设项目,尤其是住宅建设项目的一种措施。在 20 世纪 70 年代,增长控制在美国,尤其在加州十分盛行,它也意味着地方政府希望采取必要的措施来限制新建项目的数量,例如规定一年内或者一定期间内的建设项目数量等。增长控制通常对住宅建设制定出年度计划,或者每年制定出控制人口增长的地方政策,这些政策随后被转化为对新住宅建设项目的具体控制指标。

"增长管理"是继"增长控制"概念之后,为了解决城市向郊区扩张而提出的新对策。概括而言,"增长管理"侧重于寻找新的城市开发建设和新建基础设施之间的平衡点。独立辖区制定增长管理条例的目的,主要是为了控制城市扩张,保证现有的基础设施不被超载使用,或者强调新建住宅项目必须有新建基础设施做配套。从美国州政府管理层次上讲,最著名的例子就是佛罗里达州于 1985 年通过的《共同发展法》(Concurrency Law),规定了私人建设项目与公共基础设施之间的关系。

"理性增长"的概念是对 20 世纪六七十年代出现的增长控制和增长管理理论进行进一步研究的产物,其主要目的是为了控制城市向郊区无限制扩展。"理性增长"理论的主要内容包括:划出城市发展的外延界线;鼓励在已经城市化的区域内"填空"式地开发新建项目,可以在某些在第一次开发浪潮中被遗漏的地块上开发,也可以在城市废弃地上开发。"理性增长"支持者认为,他们的最终目的不是阻止城市发展。相反,他们希望将地理空间布局纳入到城市发展轨道,以充分利用自然资源,尤其是土

① 李茂. 美国土地利用规划特点及其对我国的借鉴意义. 国土资源情报,2009(3):38—42

地资源和能源,并且期待新建市区能够给原有的城市和居住小区带来新的发展生机。[①、②、③]

2. 生态型土地保护

美国土地利用及其规划中主要可以划分为 3 种类型的土地保护:(1)农业用地保护。早在 20 世纪 30 年代中期西部尘暴发生后,美国即通过联邦立法、国家技术和财政支持的办法,划定土壤保护区、自然资源保护区等,开始了农牧业用地保护工作。60 年代以后,由于人口增长与郊区化(城市扩张),大面积农业用地转为城市和其他用地,激发了反对城市的过度扩张和保护基本农田运动。联邦、多数州政府制定了基本农田划分法规,县乡则开展了较为广泛的划分基本农田区活动,该类土地包括了城市边缘及其远郊的农牧场、果园、林地等。时至今日,各类保护区几乎遍及全美。(2)独具特色的保护缓冲带。在保护中充分利用成熟的生态理论技术,切实落实各项保护措施,典型的代表是全国推行的保护缓冲带。这种保护类型的设立既能为野生动物提供保护地,改善水质,也能增强农业用地景观的美学性。(3)自然生态系统的保护。此类保护区主要是联邦拥有的国家公园,全国的公园已有 340 多个,保护面积超过 10 万平方公里。该类土地保护可使划定的公园内的林木、矿产、自然珍品奇观、动物等免遭破坏,保护园内生态过程的自然演化不受人为干扰。对森林大火,他们认为是正常的自然过程,也是生物进化优胜劣汰的关键环节之一,不必扑救。公园管理的作用是修建有限的游览道路、提供有限的游客住宿,驱赶擅自进入者,保护公园不受到渔猎游戏等的恶意破坏。[④]

3. 土地利用规划具有完善的法律保障

美国各层次规划的核心是法律法规和政府制定的各类规范和标准,

①　Knaap,G. J. 编/国土资源部信息中心译. 土地市场监控与城市理性发展. 北京:中国大地出版社,2003 年

②　Szold,T. S. and Carbonell, A. 编/丁成日等译. 理性增长:形式与后果. 北京:商务印书馆,2007 年

③　Knaap,G. J. and Nelson,A. C. 著/丁晓红,何金祥译. 土地规划管理——美国俄勒冈州土地利用规划的经验教训. 北京:中国大地出版社,2003 年

④　秦明周. 美国的土地利用规划与保护的特色. 中国农业资源与区划,2001,22(6):36—38

联邦政府主要通过制定相关的法律法规、政策来约束、引导、影响地方的土地利用及规划管理。例如 1933 年制定了针对特定区域的国土开发整治规划法《田纳西河流开发法》，并设立了田纳西河流域管理局，制定了流域综合开发整治规划；1974 年美国议会通过了《森林和牧场可更新资源规划法》，其中包括国家森林系统土地和资源管理规划条例，对土地规划的部分内容、程序做了规定；另外，美国有关土地资源规划的制度，虽未制定专门的规划法，但制定了《联邦土地政策和管理法》，规定内政部国家土地管理局在公众参与下，为公共土地利用制定规划，并遵循多项基本原则。根据美国环境资源规划法律、法规和条例的有关规定，土地规划编制过程分为调查、预测、形成规划方案、交付公众讨论、听证、地方议会批准等步骤。土地规划编制过程一般需要几年时间，一经议会批准，规划便以法案形式出台，具有法律效力，不需要上级政府的批准。在规划实施过程中出现的纠纷，则由法院依据该规划做出判决。

4.独立和公民参与型的土地利用规划编制特色

(1)独立性。各州县独立决定是否进行土地利用规划，缺少统一的标准与强制性法律，没有高层或上级政府的用地、增地指标任务，这与我国的土地利用规划编制明显不同。即使规划分区也没有全国统一的定义和分类体系。最近威斯康星州通过了一项法案，由州长签署，规定了全州的分区定义。

(2)公众参与。除国家公园、林地等由指定的机构编制各自的规划外，公民有权决定是否进行土地利用规划，决定规划分区的土地利用方向与具体规定。规划一般从乡镇开始。一旦经过表决讨论，多数公民同意规划即进行土地利用分区讨论，确定分区土地利用方向。规划具有一定的法律地位，规划方案一般 5 年修改一次。

(3)自下而上。美国规划编制是由基层的乡镇（Township）、市(City)做起，逐级向上归并，一般到县或郡（County），相当于我们的专区或地级市。如俄勒冈州制定了指导全州的 19 条规划政策，并要求各县规划遵守。归并中的修改十分有限，主要是对其内容是否适应法律规定给予指导修正。

3.3.4 美国土地利用规划经验对我国的启示

1.创新规划理念,重视生态和农业用地保护

美国虽然土地资源丰富,但十分注意保护,为控制城市蔓延,从 20 世纪 60 年代以后开始划分基本农田和确定城市增长边界(UGB),并提出了"理性增长"(或译为"精明增长")理念。我国正处在工业化和城市化的发展阶段,资源与环境是制约社会经济可持续发展的重要因素。因此,我们可以充分借鉴美国的"理性增长"理念、UGB 方法等,创新土地利用规划理论与实践。我们制定规划应该从规划区域的空间特点出发,协调和平衡空间结构关系,落实生态和环保概念,坚持保护耕地和节约集约用地,发挥土地多重功能,加强土地生态建设,促进城乡统筹和区域协调发展。具体做法上,把城乡用地统筹划分为城市化发展促进地区、城市化发展控制区及非城市化发展地区 3 部分,通过生态限制因素的分析,确定不可建设区及控制发展区的范围。在编制土地利用规划中,必须分析各种土地利用结构对环境的影响,并提出相应的改善措施,以求将土地利用对环境的破坏降低到最低限度。

2.加快土地规划的法制建设

美国在土地规划方面有比较完善的法律体系,保证了规划的顺利进行。借鉴其成功经验,我国当务之急是要制定《土地规划法》,规范规划的目标和任务、规划的体系和内容、规划编制审批以及组织实施、修改、修编等方面,同时还要对各级政府在规划中的权限和责任予以明确界定,并以法律形式公之于众。此外,还应制定保证《土地规划法》实施而必需的配套法律、法规和规章,如《土地利用分区条例》、《土地用途管制实施办法》等,从而使整个土地规划制度的立法体系层次分明,有利于依法进行土地规划。

3.改革规划管理体制

美国土地利用规划和城市规划两者是有机地结合在一起的。在我国,由于管理体制的原因,土地利用总体规划和城市规划是分开的,而且由土地行政主管部门和建设行政主管部门分别管理。虽然土地管理法规定城市总体规划应当与土地利用总体规划相衔接,在法律上解决了两者

之间的矛盾,但在实际操作中,正确处理土地利用总体规划与城市规划及其他专业规划的关系并不是一件易事。由于管理体制造成的土地管理和城市规划管理的分割状态在客观上容易导致规划的内容及规划的执行发生利益上的冲突,也人为地增加规划的成本。要彻底解决这一问题,只能在规划管理体制的改革上寻求突破。

4. 建立规划公众参与的有效机制

美国在规划制定和实施的各个阶段允许各方人士参与以使规划保持较高的透明度和参与度,对我国土地利用规划很有借鉴意义。鉴于我国国情,完全效仿美国的公众参与制度不太现实,但从社会发展、实现社会公平、提高规划科学性等角度出发,提高公众在规划制定、修改以及实施过程中的参与程度是必然趋势。公众参与不但要成为规划程序的一部分,更应该成为提高土地利用规划质量的外部力量。我们要在克服规划"自上而下"编制的缺陷同时,吸收"自下而上"编制的优点,改"专家规划"为"专家+平民规划",探索建立规划制定和审批的新机制,完善中国土地利用规划的编制过程。在规划中要对各级地方政府、决策者、管理者、资源环境专家、企业团体、各利益集团、广大群众对土地的需求进行调查,并对各方面的利益进行科学的评估和协调。并通过加强行业管理,保持规划编制、实施和反馈过程中信息的高度公开性,做好土地利用规划的宣传教育,提高市民素质,完善相应的社团立法等各种措施,建立起公众参与规划的程序和方法,使规划具有较高的社会可接受性,并使公众能成为土地利用规划制定的参与者和实施的中坚力量。

5. 积极推进土地利用规划的实施管理

美国在土地利用规划实施中,采用立法、组织管理、行政许可、实施监控、社会监督和参与、经济制约等手段及这些措施的综合运用,积极推进土地利用规划的实施管理。借鉴美国的经验,我国应采用法律、经济、行政、公众参与等综合方式以及提高规划管理和科学性等手段,积极稳步推进土地利用规划实施。首先,丰富现有的法律、经济、行政和技术保障手段,重点落实耕地保护共同责任、全面强化监督管理。其次,更加注重运用经济手段、发挥市场配置土地资源的作用,考虑多方利益、加强部门政策综合运用,调动各用地主体的积极性和主动性。再次,完善规划基础建设,推进规划科技创新与信息化建设,实施规划动态监管。最后,深入研讨规划实施中耕地保护、节约集约用地、城乡建设用地增减挂钩、农村土地整治等新情况、新问题,允许特殊地区先行先试,在规范管理的基础上,形成具有改革创新意义的制度化成果。[①,②]

3.4 国外土地利用规划制度简评及对我国的启示

从韩国、英国和美国土地利用规划的实践看,其既各具特色,也有一些共同的特点。下面将就三个国家的土地利用制度特色与共同点进行评析,并在此基础上探讨对我国土地利用规划工作的启示。

3.4.1 三个国家土地利用规划的共同特点

(1)统筹城乡的土地利用规划是各国始终坚持的信条。英国作为最早推行城乡一体化土地利用规划的国家,1923 年就出台了城乡规划法;美国也于 20 世纪 60 年代前,完成了城市土地利用规划与农村土地利用规划的整合;韩国更是利用"新村运动"推动农村综合开发规划及实施,大大缩小了城乡差距。英国的"田园城市理论"、"绿化带"制度、"紧凑城市"理念;美国的"城市增长边界"(UGB)、"理性增长"理论以及韩国的"新村运动"等无一不是城乡统筹发展理念在土地利用规划中的体现和实践。

(2)可持续发展已逐步成为各国土地利用规划的主题,各国的土地利用规划越来越多地关注生态环境保护、自然资源的保护和合理利用,重视农业用地的保护;越来越重视人的价值,关注效率与公平、健康与安全,体现以人为本的思想。各国都有一些很好的做法,如韩国的"新村运动"和"农村综合规划"实践;英国的"绿带"确定和"紧凑城市"理念;美国的划分基本农田(Prime Agricultural Land)、确定城市增长边界(UGB)以及"理

---

① 李景刚,欧名豪,张全景,张效军.城市理性发展理念对中国土地利用规划的启示.中国土地科学,2005,19(4):56—60

② 龙开胜,陈利根.土地利用总体规划如何融合"理性增长"理念.中国土地,2005(11):13—14

性增长"理念。

（3）各国的土地利用规划都有完善的法律保障。如英国1909年就颁布了第一部规划法，以后近百年间多次制定和修订有关法律法规，先后颁布了40多部相关法规。美国和韩国也出台了不同层次的土地利用规划法律法规，都制定了严格的法律程序和相关制度，并普遍采用规划许可等控制手段，保证规划的实施。

（4）各国土地利用规划已是战略型模式而非传统设计型模式。土地利用规划虽然大多与空间规划、国土规划、区域规划、城市规划等融为一体，但无论叫什么规划，都已由过去具体的形态规划或物质规划逐步转向土地开发利用方面的研究和政策制定，土地利用规划已成为空间规划等规划的核心或主要内容以及各种规划的落脚点。

（5）公众参与是各国土地利用规划的重要环节。各国通过法律对公众参与加以明确规定，如英国在规划工作过程中，必须多次举行公众听证会，并及时修改规划，公众意见也是批准规划的重要依据。美国公民有权决定是否进行土地利用规划，市镇土地分区规划要经过居民表决讨论，半数以上同意方可进行。韩国在规划编制中重视部门协调、专家审议和公众参与，实行规划公示制度。

（6）各国的土地利用规划甚至其他相关规划，大多都要根据客观情况的变化，对规划实施情况进行充分评估，根据需要进行动态调整。

3.4.2　三个国家土地利用规划的不同特点

从规划模式上看，韩国和英国的宏观层次规划同空间规划或区域规划、国土规划等融合在一起，并且以土地利用的空间安排为核心或主要内容，地方层次（一般为市、镇）编制详细的土地利用规划；美国则没有宏观层次的规划，只有相关的法律或政策导则，地方直接编制详细的土地利用规划。

从规划体系上看，韩国的土地资源利用管理服务除通过国土利用规划和土地利用基本规划进行宏观管理外，还通过法律和行政的手段，使宏观管理与微观管理结合起来，形成一个比较系统完善的体系；英国土地规划由完善的法规体系和执法系统构成，形成了法规导向型的土地利用规划体系;美国基本上没有制定统一的国家级土地利用规划,各州一般也没有具体详细的土地利用规划,也不强求各级政府制定土地利用规划。但联邦政府通过相关法律、政策影响各级地方的土地利用及其规划,土地利用规划与控制是地方政府的责任,美国形成了独特的宏观调控导向型的土地利用规划体系。

从规划管理体制上看,韩国是分工合理、职责分明、高度统一的规划管理体制,具有高度的指令性和强烈的干预性;英国是国家对规划实行统一领导,有意识地加以适当干预和总体协调的规划管理体制;美国是分散的管理系统,国家对规划不进行集中统一管理,只制定政策,土地利用规划的绝大部分权力集中在地方政府手中,管理也由地方政府负责。

3.4.3　基于国际经验的我国土地利用规划趋势

我国的社会经济制度、土地产权制度、经济社会发展水平和所处的发展阶段同发达的市场经济国家和地区有较大差异,土地资源禀赋同韩国、英国和美国也不能相提并论,我国的土地利用规划开展的时间也不长,而且目前还处于向社会主义市场经济体制转轨时期,学习和借鉴先进国家在土地利用规划方面的经验对我国具有重要意义。根据有关国家土地利用规划的经验和发展趋势,可以给我们如下启示:

(1)加强土地利用规划理论、理念及方法的研究,实现我国土地利用规划理念创新与发展。

(2)纠正并摒弃城市偏向的土地利用规划范式,积极推进统筹城乡的土地利用规划,并以此为切入点和基本路径,实现统筹城乡协调发展。

(3)在目前经济社会快速发展,高速工业化、城市化及体制转型时期,土地利用规划应当成为调控经济社会发展的重要手段,必须重视和进一步加强土地利用规划工作并做好相关规划的衔接。

(4)在土地利用规划中要更加重视可持续发展,落实以人为本的全面、协调和可持续的科学发展观,加强生态环境保护和农地特别是基本农田保护,控制城市的无序扩张,可以借鉴"理性发展"等先进理念和实行土地分区控制、确定城市发展边界等成功经验和做法。

(5)加强土地利用规划法制建设,要尽快出台《土地利用规划法》等相关法规,依法编制和实施规划,实行规划许可等有效控制手段。

(6)建立土地利用规划的公众参与制度和专家咨询制度,加强规划决策的科学化和民主化,我国是社会主义国家,更应当体现以人为本的思想,体现和维护人民群众的根本利益。

(7)注重现代技术手段在规划中的应用,进一步提高规划编制技术含量和效率,便于公众参与更好地开展和加强对规划实施动态监测。

(8)加强对土地利用规划实施情况的跟踪调查和评估,适时开展规划的修编调整。

第 4 章 我国土地利用规划制度沿革 及评析

　　土地利用规划已成为我国空间规划体系的重要组成部分,随着本轮(第三轮)土地利用规划完成修编并开始实施,先后编制的三轮土地利用规划已经并正在对保护我国耕地资源、保障经济发展和保护生态环境方面发挥着重要作用。国内外土地利用规划实践告诉我们,土地利用规划是与一定地域的社会经济特点和发展阶段密切相关的。今后较长时间里,我国将处在城镇化不断推进和统筹城乡发展阶段,土地利用的多元化和非农用地增长挑战,呼唤着编制出适应我国国情、科学合理、统筹城乡的土地利用规划。本章将土地利用规划与时代和地域的经济和社会发展相结合,重新审视我国改革开放以来的三轮土地利用规划,评述其进展与不足,指出其发展方向,为未来土地利用总体规划修编以及逐步建立有中国特色的土地利用规划制度体系提供参考。

4.1 我国三轮土地利用规划概述

　　我国的土地利用规划始于建国初期,当时刚刚完成土地改革,国家亟需全面的土地数据以对土地进行管理,但这仅仅只是我国土地利用规划的雏形。1987 年,随着"十分珍惜和合理利用每寸土地,切实保护耕地"基本国策的提出,我国逐步开展全国、省、地(市)、县、乡(镇)5 级土地利用总体规划(1986~2000 年)的编制和实施工作,习惯上把这轮规划称为第一轮土地利用总体规划。1998 年,《土地管理法》的修订提高了土地利

用总体规划的法律地位,同时,各地组织开展了各级土地利用总体规划
(1996－2010 年)的编制、修订和实施工作,这一般看做是第二轮规划。
从 2002 年开始县级土地利用总体规划修编试点,2004 年再次修订《土地
管理法》,2008 年国务院通过《全国土地利用总体规划纲要(2006－2020
年)》,各地组织开展了各级土地利用总体规划(2006－2020)的编制、修
订,于 2010 年陆续获批复并开始付诸实施,这被看做是本轮土地利用规
划或第三轮土地利用规划。

4.1.1 以保护耕地、保障建设用地为核心的第一轮土地利用规划 (1986－2000)

1. 规划背景

党的十一届三中全会以后,进行了经济体制改革,极大地促进了国民
经济的发展。同时,不可避免地造成了资源的大量消耗。土地,尤其是耕
地,被大量转作赢利高的建设用地和林、果、渔生产用地。据统计,"六五"
期间,年均减少耕地 48.7 万公顷(730 多万亩),1985 年高达 100 万公顷
(1500 多万亩),加剧了我国人多地少的矛盾,给国民经济的可持续发展
带来了影响。同时,长期以来,分散的、无偿的和低效的土地利用管理制
度制约了社会经济的发展,为贯彻"十分珍惜和合理利用每寸土地,切实
保护耕地"的基本国策,成立了国家土地管理局,作为统一管理土地的机
构。与此同时,实施《中华人民共和国土地管理法》(1986),该法第十五条
规定"各级人民政府编制土地利用总体规划经上级人民政府批准执行"。
1984 年党的十二届三中全会作出《中共中央关于经济体制改革的决定》,
明确指出社会主义经济是公有制基础上有计划的商品经济。1985～2000
年是我国实现社会主义现代化建设第二步战略目标的重要时期,在大力
提高经济效益和优化经济结构的基础上,使国民生产总值按不变价格计
算,到 20 世纪末比 1980 年翻两番。根据《中华人民共和国土地管理法》
和国务院办公厅《关于开展土地利用总体规划的通知》(国办发〔1987〕82
号),在过去所做的农业生产合作社、人民公社土地规划的经验、城市规划
的经验以及部分地区的区域规划经验的基础上,1987 年第一次尝试编制
全国土地利用总体规划。

2.第一次编制全国土地利用总体规划

（1）规划的目标：根据《国民经济和社会发展十年规划和第八个五年计划纲要》，至 2000 年土地利用总体规划的目标确定为：耕地确保 18 亿亩以上；建设用地控制在 3000 万亩左右（1991～2000 年），森林覆盖率从目前的 13%增加到 17%，并适当增加草地面积；积极开发未利用土地，大力改造中低产田，加强水土流失的治理；调整全国土地利用结构和布局，提高土地利用的综合效益，并展望到 2020 年和 2050 年。

（2）土地利用的方针：切实保护耕地；保障必要的建设用地；努力改善生态环境；提高土地利用率和生产力；实行土地"开源"与"节流"并举的方针；统筹兼顾，量力而行，调整土地利用结构。

（3）以专题研究为基础。在开展了全国土地利用现状研究、全国土地粮食生产潜力及人口承载潜力研究、全国不同地区耕地开发治理的技术经济效益研究、全国城镇用地预测研究、全国村镇用地预测研究等 5 个专题研究的基础上，编制了《全国土地利用总体规划纲要》，基期为 1986 年，规划期为 2000 年，并展望到 2020 年和 2050 年。1993 年 2 月 15 日，国务院批准实施。

3.取得成果和存在的问题

（1）首次建立了全国统一的土地利用规划体系，完成了全国及大部分省、市、县和乡的土地利用规划工作。截止到 1995 年底，全国 30 个省（区、市）（未包括台湾）都已完成或正在编制省级土地利用总体规划，黑龙江、辽宁、四川、内蒙古、新疆、山东、吉林、河北、贵州等 9 个省（自治区）的土地利用总体规划先后经国务院批准实施；河南、湖南、江苏、甘肃、湖北、云南、广东、山西、安徽等 9 个省的土地利用总体规划已上报国务院待批；其余各省（区、市）也正在抓紧编制。159 个市（地区）完成市级土地利用总体规划，占应编制规划的 68%，38 个市（地区）正在编制，占 16%；两者合计占 84%。其中山东、湖南、辽宁、江苏、河北 5 省的市级规划已基本完成。1152 个县完成县级土地利用总体规划，占应编制规划的 57%，286个县正在编制，占 14%；两者合计占 71%。其中山东省和天津市已全面完成县级规划，上海市完成 90%，江苏、辽宁、河北已完成 70%以上。乡级土地利用总体规划在全国各省(区、市)也普遍开展,其中江苏、湖南各乡(镇)已基本完成。上海、吉林、山东完成了80%以上。

(2)制定了一系列的编制办法和规程,为后续的土地利用规划工作探了路。以试点为基础,国家土地管理局陆续制定了《省级土地利用总体规划编制要点》《县级土地利用总体规划编制要点》以及《土地利用总体规划编制审批暂行办法》和《县级土地利用总体规划编制规程》。建立了包括准备工作、确定土地利用问题和规划目标、编制规划方案、规划报告的审议和报批四个阶段的基本程序;提出了综合分析,公众参与,定性方法和数学模型、计算机技术相结合等土地规划的基本方法并用于规划的编制实践中。例如采用国际先进的AEZ进行了耕地的预测和分析;采用经济分析的方法,探讨了村镇用地的预测方法的研究;建立了基本的预测和评价方法;采用了GIS技术进行了全国土地利用分区的研究等,为之后我国土地利用规划工作的开展奠定了良好的基础。通过试点研究,开展培训工作,建立、培养了编制土地利用规划的专业队伍。

(3)由于规划缺乏必要的法律制度层面的支持,没有起到应有的作用。尽管有《土地管理法》,但是由于对土地利用规划与城市规划、林业规划等的关系没有明确的法律界定,因而在实践中其他规划往往突破土地利用规划。另外,对于违反规划行为的处理,也没有明确的法律规定,因而这轮土地利用规划并没有得到很好的实施,没有起到应有的作用。

4.1.2 以耕地总量动态平衡为核心的第二轮土地利用规划(1996—2010)

1.规划背景

(1)贯彻落实中央11号文件精神。针对人口持续增加、耕地逐渐减少的严峻形势,总结土地管理的经验、教训,中共中央和国务院《关于进一步加强土地管理切实保护耕地的通知》(中发〔1997〕11号)提出实行世界上最严格的措施管理土地和保护耕地,加强土地宏观管理和实行土地用途管制,并把土地利用总体规划作为土地宏观管理的关键措施和土地用途管制的基本依据。

(2)落实新的《土地管理法》(1998)。按照中央11号文件的要求,国家对《土地管理法》进行了修订,修订后的《土地管理法》确立了土地利用总体规划的法律地位,强化了土地利用总体规划对城乡土地利用的整体调控作用。

(3)建立社会主义市场经济体制的体制背景。1993 年,党的十四届三中全会提出《中共中央关于建立社会主义市场经济体制若干问题的决定》,提出了相关的要求。

(4)实现社会主义现代化建设第二步战略目标的发展阶段。《中共中央关于制定国民经济和社会发展"九五"计划和 2010 年远景目标的建议》提出,实现"九五"计划和 2010 年远景目标的关键是实行两个具有全局意义的根本性转变,一是经济体制从传统的计划经济体制向社会主义市场经济体制转变;二是经济增长方式从粗放型向集约型转变。从 1996 年到 2010 年的 15 年是承前启后、继往开来的重要时期。中国将在这一时期内建立起比较完善的社会主义市场经济体制,全面实现第二步战略目标,并向第三步战略目标迈出重大步伐,为 21 世纪中叶基本实现现代化奠定坚实基础。

2.第一次修编全国土地利用总体规划

修编后的全国土地利用总体规划纲要以 1996 年为基期,2010 年为规划期,并展望到 2030 年。其主要内容如下:

(1)规划的指导思想和原则:从我国人多地少的基本国情出发,进一步贯彻落实十分珍惜、合理利用土地和切实保护耕地的基本国策;严格保护基本农田,控制非农业建设占用农用地;走节约用地和内涵挖潜的路子,提高土地利用效率;统筹安排各类、各区域用地;保护和改善生态环境,保障土地的可持续利用;坚持占用耕地与开发复垦耕地相平衡。

(2)规划的主要任务:以《国民经济和社会发展"九五"计划和 2010 年远景目标纲要》、国土整治和资源环境保护的要求、土地供给能力以及各项建设对土地的需求,以保护耕地和各项非农业建设用地为重点,确定全国土地利用的目标、方针,协调各类用地矛盾,提出土地利用宏观调控和用途管制的政策意见,制定实施规划的措施。

(3)规划的目标:在保护生态环境前提下,保持耕地总量动态平衡,土地利用方式由粗放向集约转变,土地利用结构与布局明显改善,土地产出率和综合利用效益有比较显著的提高,为国民经济持续、快速、健康发展提供土地保障。要求农用地特别是耕地得到有效保护和综合整治;在保障重点建设项目和基础设施建设用地的前提下,建设用地总量得到有效控制;土地整理全面展开,未利用地得以适度开发;土地生态环境有比较明显的改善。

(4)土地利用的基本方针:把保护耕地放在土地利用与管理的首位;坚持供给制约和需求引导,统筹安排各业用地;开发与节约并举,以节约和挖潜为重点,提高土地利用效率;坚持"一要吃饭,二要建设"的方针,处理好长远与当前、全局与局部的关系,土地利用实现经济、社会和生态效益三统。

(5)专题研究。开展了我国土地资源可持续利用研究;我国城乡居民点用地现状、潜力及用地规模控制研究;我国耕地后备资源的利用研究等3个专题研究。

3. 规划成果及存在问题

本次规划完成了全部省、市和大部分县的规划工作。为了促进县级土地利用总体规划修编工作的开展,在这一轮土地利用总体规划中,在上一轮规划形成的县级土地利用规划编制办法的基础上,国家土地局发布了《县土地利用总体规划规程》。本次规划修编工作取得了以下成果:

(1)各级土地利用总体规划修编采用自上而下、上下结合的方法进行,强化了土地利用的宏观调控。各级规划严格按照《土地管理法》"下级土地利用总体规划应当依据上一级土地利用总体规划编制"的规定,自上而下修编和审批,耕地保有量和建设用地占用总量等主要用地指标逐级别控制,使各级规划成为一个完整的体系,有利于全国规划目标的落实。

(2)按照供给制约和统筹兼顾的原则编制规划,有利于转变土地利用方式,控制建设用地规模。《土地管理法》实施以来,各地在规划修编中改变了过去编制规划"按需定供"的做法,兼顾了土地供给与土地需求;促使各类建设节约用地,注重内涵挖潜、盘活存量土地,有效控制了建设用地的增量。

（3）加强了与相关规划的协调。《土地管理法》规定："城市总体规划、村庄和集镇规划,应当与土地利用总体规划相衔接,城市总体规划、村庄和集镇规划中建设用地规模不得超过土地利用总体规划确定的城市和村庄、集体建设用地规模。"各地在土地利用规划编制中依照法律规定和用地标准对城市、村镇建设用地规模进行了严格审核,落实了建设用地范围;并按土地利用总体规划确定的建设用地规模和范围审查城市、村镇规划和审批用地,体现了土地利用总体规划对城乡土地利用的整体控制作用。

（4）县级和乡级规划通过土地用途分区,确定每一块土地的用途,为实施土地用途管制奠定了基础。各地在规划修编中,根据新法关于实行土地用途管制的规定,着力提高规划的可操作性。主要是在县级和乡级规划中划定土地用途区,予以公告。使上级规划的数量控制、土地使用方向的控制能够落到实处,便于社会公众监督,有利于规划的实施。

这一轮规划存在的主要问题是,对经济发展趋势预测不足,土地利用规划的指标多被突破。在这一轮规划期,我国的经济形势有了比较大的变化,比如西部大开发战略的提出和实施,积极的财政政策,大规模的生态退耕工程以及加快城镇化建设的步伐等,都是在规划修编时所没有预见到的,这是导致规划指标提前被突破的主要原因。同时也给我们提出了一个在社会主义市场经济体制下如何完善规划编制方法的问题。[1]

4.1.3　以统筹城乡、节约集约用地为核心的第三轮土地利用规划（2006－2020）

1. 规划背景

（1）上一轮土地利用总体规划确定的控制指标基本用完。以"耕地保护"作为核心的《全国土地利用总体规划纲要（1996－2010 年）》确定了2010 年的大陆耕地总面积、基本农田面积、新增建设用地规模、新增建设占用耕地面积、土地整理开发增加耕地面积指标。在 1997～2005 年九年时间里,国家实施小城镇健康发展（中发〔2000〕11 号）、西部大开发（国发

---

①　蔡玉梅,张文新,赵言文.中国土地利用规划进展评述.国土资源,2007(5):14－18

〔2000〕33 号)、落实科学发展观(2003)、振兴东北地区等老工业基地(国办发〔2004〕39 号)、五个统筹的改革要求(十六届三中全会)、推进社会主义新农村建设(2005)等一系列新的政策,土地利用发生了相应变化。截止到 2005 年底,有 22 个省(区、市)的建设用地总量控制指标已经用完,31 个省(区、市)的耕地保有量已经突破,12 个省(区、市)的新增建设占耕地面积指标已经用完。为加强土地管理,更好地发挥土地利用总体规划的作用,促进土地合理利用,需要对土地利用总体规划进行修编。

(2)协调日趋凸显的土地利用和社会经济发展、环境保护间矛盾。1997 年以来,我国经济经历了快速平稳增长的时期,人地矛盾日趋突出。表现为年均建设用地增量从 1997 年的 31.53 万公顷增加到 2005 年的 37.12 万公顷。人均耕地从 1997 年的 1.58 亩减少到 2005 年的 1.40 亩。生态环境方面,大江河源头的生态环境恶化,局部地区林草生态系统功能退化,土地退化等不断加剧。2005 年人均国内生产总值(GDP)达到 1703 美元,国内生产总值中农业生产总值的比例仅为 12.6%,城市化水平为 42.99%。几种不同角度的数据表明新一轮的规划期间,我国进入到了快速工业化发展时期、重化工业发展阶段以及城市化快速发展的重要时期,原本已经明显的人地矛盾日趋凸显。通过开展以统筹协调各类各区域用地为主要内容的新一轮土地利用规划修编,可以为协调土地利用、经济发展和环境保护提供有效的途径。

(3)贯彻落实科学发展观的战略思想。党的十六大提出全面建设小康社会的目标,十六届三中全会提出更大程度地发挥市场在资源配置中的基础性作用,坚持以人为本,树立全面、协调、可持续的发展观以及完善政府社会管理和公共服务职能等。这需要在新一轮土地利用规划修编中贯彻落实。科学发展观的第一要义是发展,核心是以人为本,基本要求是全面协调可持续性,根本方法是统筹兼顾。首先按发展的要求,要保障科学发展,促进经济又好又快发展。在控制建设用地总规模的同时,鼓励发挥存量用地的潜力,确立以节约集约为核心的原则,转变土地利用方式,提高土地利用效率。按以人为本的要求,规划内容上强调保障与人的发展密切相关的重大基础设施和民生工程用地。规划编制中重视公众的广泛参与。规划实施中加强社会的监督。按全面协调可持续的要求,一是统筹经济与社会,坚持保障发展与保护耕地并重。二是统筹区域,制定区域差别化的土地利用政策。三是统筹城乡,优化城乡建设用地布局,探索农村土地管理制度改革。四是统筹土地利用与生态环境,促进土地资源的可持续利用。可见,新一轮的土地利用规划以科学发展观为统领。

(4)落实国务院关于深化改革,严格土地管理的决定。2004 年,国务院下发《国务院关于深化改革严格土地管理的决定》,文件要求切实保护耕地特别是基本农田,严格执行土地管理法律法规,加强规划管理,推进节约集约用地,建立责任制度等。在这一决定的基础上,《全国土地利用总体规划纲要(2006—2020 年)》提出以严格保护耕地为前提,以推进节约集约用地为重点,以加强国土综合整治为手段,以优化结构布局为途径,以落实共同责任为基础的规划任务。

(5)统筹协调各类规划用地的规模与布局。我国规划体系正处在形成的时期,社会经济的快速发展对相关规划的开展提出了现实的要求。2000 年以来,各类规划从局部开始到全面开展。城市总体规划、各类基础设施规划、大陆水资源综合利用规划、生态环境保护规划、大陆主体功能区规划等相继开展,用地规模和布局的矛盾十分突出,迫切需要通过新一轮土地利用规划的修编进行统筹协调。同时土地利用规划面临着与相关规划在内容之间相互交错的矛盾问题,土地利用规划本身也需要在对上一轮规划进行实施评价的基础上,针对存在的问题进行不断的完善与提高。因此,迫切需要通过新一轮土地利用规划的实践进行探索。

2.本轮全国土地利用总体规划

本轮全国土地利用总体规划纲要以 2006 年为基期,2020 年为规划期。其主要内容如下:

(1)规划基本原则:坚持严格保护耕地特别是基本农田,控制非农业建设占用农用地;要坚持内涵挖潜与外延扩大相结合,以内涵挖潜为主,提高土地集约利用水平;要妥善处理保障建设用地和保护土地资源的关系,统筹安排各类、各区域用地;要坚持保护和改善生态环境,保障土地资源的可持续利用;加强和改进规划实施保障措施,增强土地管理参与宏观调控的针对性和有效性。

(2)规划主要目标:守住 18 亿亩耕地红线;保障科学发展的建设用地;土地利用结构得到优化;土地整理复垦开发全面推进;土地生态保护和建设取得积极成效;土地管理在宏观调控中的作用明显增强。

(3)规划主要任务:以严格保护耕地为前提,统筹安排农用地;以推进节约集约用地为重点,提高建设用地保障能力;以加强国土综合整治为手段,协调土地利用与生态建设;以优化结构布局为途径,统筹区域土地利用;以落实共同责任为基础,完善规划实施保障措施。

(4)专题研究,对以下六个专题进行深入研究:加强耕地和基本农田保护问题;促进节约和集约利用土问题;优化城乡用地结构和布局问题;统筹区域土地利用问题;协调土地利用与生态环境问题;强化规划管理保障措施问题。

3.本轮规划的特点

(1)规划由原来的单一目标规划转变为多目标规划。上两轮规划,其中心目标都比较单一,或是促进经济发展,或是保护耕地。而这次规划的要求就复杂了很多:要达到可持续发展,要达到生态合理性、经济有效性和社会可承受性的多重要求。目标的多元化,导致了规划修编的复杂化。在编制规划时,突出表现为多个目标、多种利益的相互博弈。

(2)从技术导向走向公共政策,转变土地利用规划理念。首先,在指标设置方面,首次区分约束性指标和预期性指标,建立了包括耕地保有量、基本农田保护面积、城乡建设用地规模、新增建设占用耕地规模、整理复垦开发补充耕地义务量和人均城镇工矿用地等六个约束性指标和九个预期性指标的调控指标体系。公共政策导向的规划是国际空间规划的主要趋势。新一轮土地利用规划首先弱化指标,强化空间,增加了土地利用理念和方式等方面的内容。表现在建立包括耕地保有量、基本农田保护面积、城乡建设用地规模等六个约束性指标和九个预期性指标的调控指标体系,突出空间控制,制定差别化的土地利用政策。其次,强调前期工作为主的土地利用的战略研究,尤其高层的土地利用规划主要体现了土地利用的政策导向。最后,重视土地利用规划实施保障措施,改善了"重编制、轻实施"的现状,体现土地利用规划作为政策的可操作性。

(3)从耕地保护到以节约集约为核心,体现了规划的综合性。以"耕地总量动态平衡"为核心的上一轮规划是在当时特殊的社会经济背景下形成的。新一轮规划面临的是保护耕地、保障发展和保护环境的多重矛盾,根据"五个统筹"的要求,开展了规划的六个重大问题研究包括保护耕地、节约与集约用地、优化城乡用地结构与布局、统筹区域、协调土地利用与生态环境建设以及规划的实施保障措施。从土地利用系统出发,体现了以耕地保护为前提,土地节约集约利用为核心,控制建设用地为重点的特点,实现了从耕地保护为重点到统筹兼顾耕地和建设用地,从单一地就土地谈土地到土地利用与经济发展、生态环境保护兼顾的转变;体现了土地利用总体规划是落实土地宏观调控和土地用途管制、规划城乡建设的重要依据,是实行最严格土地管理制度的一项基本手段的定位。

(4)从指标为主到指标与空间管制兼顾,适应了规划的不确定性。土地利用规划的前期工作中,《全国土地利用总体规划纲要(2006－2020年)》中明确要加强建设用地空间管制,并提出实行城乡建设用地扩展边界控制,落实城乡建设用地空间管制制度。《市县乡级土地利用总体规划编制指导意见》中重点对各类用地空间布局、基本农田布局以及建设用地布局与管制提出明确要求。尤其是市级以下的土地利用规划,将划分土地利用空间管制分区及制定分区管制措施作为重要内容之一。

(5)形成了相关的规章和规范性文件,提高了规划的规范性。规划管理的文件包括三方面,一是前期研究方面,提出了现行规划实施评价以及相关专题研究的相关要求,比如《国务院办公厅转发国土资源部关于做好土地利用总体规划修编前期工作意见的通知》(国办发〔2005〕32 号)。二是省级土地利用总体规划编制方面,提出了规划编制的技术要点、总体要求以及规划环境影响评价的要求等,比如《省级土地利用总体规划编制守则》(全国土地利用规划修编委员会,2009)。三是市级以下土地利用总体规划编制方面,明确了土地规划分类与基数转换、各类用地空间布局、基本农田调整和布局以及建设用地布局与管制等。比如《国土资源部办公厅关于印发市县乡级土地利用总体规划编制指导意见的通知》(国土资厅发〔2009〕51号）。规划审批的文件对报国务院审批的土地利用总体规划大纲评审办法以及其他各级规划的审批办法进行了相关的要求。比如《土地利用总体规划编制审查办法》（国土资源部令〔2009〕第43号）。一系列规章以及管理文件的出台，提高了新一轮土地利用规划的规范性。

（6）突出专家领衔、部门合作和公众参与，改进了规划工作方式。新一轮土地利用规划提出"政府组织、专家领衔、部门合作、公众参与、科学决策的工作方针"，强调发挥专家、部门和公众的作用。《关于做好土地利用总体规划修编前期工作的意见》要求各省、自治区、直辖市成立规划专家咨询委员会，尤其在规划的前期工作中发挥专家的作用。《广东省土地利用规划条例》规定土地利用总体规划草案应当采取听证会、论证会或者其他方式征求专家和公众的意见。编制规划的人民政府应当在报送审批材料中附具意见采纳情况，对未采纳的意见应当说明理由。专家领衔为规划编制的科学基础提供了保障。部门合作充分发挥了土地利用规划的综合作用，形成了公共政策合力，公众参与提高了规划的透明度。

4.2 我国土地利用规划的进展及存在问题分析

4.2.1 我国土地利用规划的进展

经过三轮土地利用规划编制实践，我国土地利用规划在以下方面取得了进展：

1.建立了指标加分区的土地利用规划模式

针对我国人多地少的国情和国民经济快速发展的阶段特点，初步建立了指标加分区的规划模式。指标在第二轮规划中包括耕地保有量、基本农田、非农建设占用耕地、土地开发整理和复垦指标等四个，在第三轮中包括耕地保有量、基本农田等约束性指标和城镇工矿用地、基础设施用地等预期性指标。土地利用规划的指标体系仍处于探索之中。分区在国家级体现为土地利用分区，具有指导性，为分区的土地利用政策服务。基层的分区体现为土地用途管制分区，具有操作性，为地方土地利用控制提供依据。

2. 建立了我国土地利用规划的体系

土地利用规划的体系在内容上体现为土地利用总体规划、专项规划（土地整理复垦规划、基本农田保护规划等）和土地利用详细规划三级结构。在空间上体现为不同范围或管理层面的土地利用规划，我国第一轮土地利用规划就确立了国家、省、市（地）、县（区）和乡（镇）的五级土地利用规划体系。

3. 制定了土地利用规划编制办法和规程

为提高土地利用规划编制的科学性和规范性，在规划试点和实践的基础上，第一轮土地利用规划中制定了《省级土地利用总体规划编制要点》以及《县级土地利用总体规划编制要点》。第二轮土地利用规划中制定了《县级土地利用总体规划编制规程》。第三轮土地利用规划中，编制了《省级土地利用总体规划环境影响评价技术指引》，编制了《省级土地利用规划编制要点》、《市级土地利用规划编制规程》以及《乡、镇土地利用规划编制流程》。

4. 加强了土地利用规划实施管理相关的制度建设

为保障土地利用规划的实施，配合第二轮土地利用规划，陆续出台了《土地利用总体规划编制审批规定》、《省级土地利用总体规划审查办法》、《关于做好土地利用规划档案和成果备案管理工作的通知》《土地利用规划实施管理工作若干意见》等一系列文件。配合第三轮土地利用规划，陆续出台了规划编制、评审与审批办法、实施管理办法以及检测与评估办法等。

4.2.2　我国土地利用规划存在问题分析

1. 土地利用规划的基本理论研究尚显薄弱

我国对土地利用规划的理论研究仍十分薄弱，对于土地利用规划的理念方面仍存在不少误区，致使规划对土地综合开发利用的指导作用不能完全体现。作为一种应用导向的土地利用规划工作，应在逐步引进、吸收相关学科的理论与方法的基础上不断发展。比如理性增长理念、生态理念、紧凑城市理念、土地开发权的理念、循环经济的理念、科学发展观的理念、反规划理念、弹性规划的理念、以人为本的理念以及统筹城乡发展理念等在土地利用规划编制和管理中都有不同侧面、不同程度的研究和反映,丰富了土地规划学的内容,促进了土地规划学的发展。但从分散的理念到系统的理论研究仍然有一段距离,尤其是适应我国国情的土地利用规划的理论研究仍然处在探索阶段,需要更多的实践积累和更深入探讨。譬如,土地利用规划与以城市规划、主体功能区规划、国民经济和社会发展规划为主的相关规划的关系研究仍然薄弱,土地利用规划在我国空间规划中的定位,不同层次(国家级、省级、地市级、县级以及乡镇级)土地利用规划的相关关系以及从土地利用总体规划、专项规划到规划设计体系等的深入研究值得期待。

2. 土地利用规划体系、方法及规划模式研究尚待加强

作为一种政策工具,土地利用规划与国家的发展历史、政治体制、经济体制、经济发展阶段、资源的状况等有不可分割的关系。尽管第三轮规划的实施效果尚需观察,前两轮土地利用规划的实践反映了我国土地规划的特点,而"第一轮"规划没有实施和"第二轮"规划的实施不良(规划期未到,耕地保有量指标和建设用地总量控制指标均被突破,表明规划编制和实施尚存在不少问题)。在过去的二十多年间,尽管我国已经实行了世界上最严格的耕地保护制度,但耕地仍然大量流失,违法用地的现象仍屡禁不止,即使国土资源管理的政策一再严厉、体制一再调整也不能扭转。究其根源,不外乎两个方面的原因:一是规划编制的科学性(其中包括规划的方法和体系)尚待商榷,如规划强制性有余而韧性不足、规划缺乏动态性等使规划失去了应有的严肃性、权威性;二是规划制度体系和管理模式尚需探索,为什么发达的市场经济国家不存在像我国这样庞大的土地管理机构、这样严格的土地管理措施,却很少有违法批地用地情况的发生?其以土地产权保护为核心的土地管理模式值得我们借鉴。从计划经济体制下的土地利用规划模式向社会主义市场经济体制下土地利用规划模式转变是一个渐变的过程。应在目前已经开展的扩展边界、指标流转等方式基础上,从我国国情出发,进一步研究如何在规划理念方面体现公共政策属性,在规划的内容上深化空间结构和布局,在规划编制方法上更多地体现公众参与,在规划的实施措施上加强经济手段的运用,在规划的管理上加强制度建设,体现规划的严肃性,等等。

3.土地利用规划与其他规划的衔接不够,土地利用的城市偏向依然严重

2004 年新修订的《土地管理法》规定:"城市总体规划、村庄和集镇规划,应当与土地利用总体规划相衔接……"该法还明确规定:"城市规划、村庄和集镇规划中建设用地规模不得突破土地利用总体规划确定的城市和村庄、集镇建设用地规划。"这就意味着土地利用总体规划一经批准,城市规划在用地规模上应当服从土地利用总体规划。但是城市规划和土地利用总体规划之间的矛盾仍非常突出。首先是在法律地位上,土地利用规划低于城市规划(有《城乡规划法》,尚无《土地利用规划法》)。其次是指导思想、目标的矛盾。土地规划以供给制约和引导需求,从总体到局部、从上到下逐级进行,重在"控制";城市规划按市场经济条件下城市发展的客观规律,采用的是从上到下与从下到上相结合的工作路线编制规划,着眼于"发展"。再有,一些地方在编制城市规划、农村规划及土地利用总体规划时"井水不犯河水",各自为政,从而导致规划之间矛盾重重。

除土地利用规划外,涉及城乡土地利用的还有经济社会发展规划、城乡规划、生态建设和环境保护规划等,由于不同规划由不同部门组织编制,相互协调衔接不够,既影响规划的有效实施,又造成人、财、物的巨大浪费,而且各种规划一般都突出城市,忽视农村。我国当前土地利用上的问题,客观上同国情和所处的发展阶段直接相关,目前我国正处于工业化、城镇化快速发展阶段,建设用地指标成为土地规划中各方关注的焦点,更是成为促进经济快速增长的重要筹码,城市偏向在短期内难以消除。

4.土地利用规划的法制建设尚需加强

虽然我国的土地利用规划已成为空间规划的基础和核心,但到目前为止,我国还没有制定一部关于土地利用规划方面的法律法规。2004 年修订的《土地管理法》尽管提高了土地利用总体规划的法律地位,但土地利用总体规划仍然属于行政规章,缺乏法律效力,这是导致土地利用总体规划法律地位得不到体现的根本原因。要维护土地利用规划的权威性就必须配以相关的法律法规体系。而就目前的土地利用规划而言,其法律

法规体系是不健全的。尽快出台《土地利用规划法》等相关法规,依法编制和实施规划显得尤其重要。

5.土地利用规划实施的监控体系尚待完善

前两轮规划执行不力,固然有规划编制本身的问题,然而规划实施保障制度与措施的缺失和不到位是影响规划效果的重要因素,虽然第三轮土地利用规划编制中,细化并落实了许多规划实施保障措施,但是我国完善的规划实施的监控体系尚未形成。规划的监测和评估是土地利用规划的重要环节,"三分规划,七分管理",在土地利用规划管理过程中,编制是基础,审批是保证,实施是最终目的。完善的实施监控体系的建立依赖于以下几个方面工作的推进:加快相关法律法规的立法步伐,如《土地规划法》、《土地用途管制法》等法律法规;建立起政府、公众和规划师三位一体的群体决策支持系统;建立完整的规划编制评估体制;建立规划的动态化追踪管理机制。

6.现行行政管理体制的弊端严重影响土地利用规划实施的效果

各级政府在以经济建设为中心的支配下,各种利益矛盾集中反映在更多拥有土地的开发权,加上从中央到乡镇的事权划分不清,土地利用规划编制往往缺乏符合经济发展规律的自上而下的指导,致使土地利用规划中信息失真逐级放大,从而上级规划对下级规划的约束软化。由于土地基本由市、县、乡等政府实际控制着,土地开发利用带来的预期效益势必促使这些政府不时地将土地利用规划进行适合自身需要的大量修改,再加上地方政府及其部门等利益主体能从土地利用规划赶不上变化中获得可观的利益,故使本来以协调全国、全省、全市、全县和全乡镇土地利用为目的的现行土地利用规划成为一项软约束。①

4.3 我国土地利用的城市偏向表现及其原因分析

4.3.1 我国城市偏向政策

所谓城市偏向,是指政府在经济社会发展过程中实施偏袒城市的政

---

① 郑振源.土地利用总体规划的改革.中国土地科学,2004(4):13—18

策,其结果有利于城市生产者和消费者,而不利于农村居民。政府在投资取向、财政分配、价格制定、土地利用以及其他政策的制定上均有利于城市,在城市和农村之间不合理地向城市倾斜。发展中国家为尽快实现工业化,在城乡关系上容易出现城市偏向的误区,因为城市偏向一定程度上有利于加快工业化进程。值得注意的是,城市偏向也会给经济、社会发展带来一系列的负面影响,城乡差距扩大便为其中之一。

我国推进工业化的进程中,城乡制度安排具有明显的城市偏向特征,在价格政策和非价格政策方面都表现得较为突出。城乡关系上的城市偏向大致可分为两大阶段:1978 年前非均衡制度下的城市偏向和 1978 年后转型过程中的城市偏向。

1978 年以前,服从于重工业优先发展战略,城市偏向政策通过一系列非均衡制度被确定下来。建国初,党和国家选择了重工业优先增长的发展模式,重工业建设需要大量资金投入,靠自身积累显然不可行,必须靠农业剩余来贡献。伴随着国家经济工作重心由乡村转向城市,以及赶超战略的实施,城乡关系一步步地走入"城市－工业偏向"的非均衡状态,农业、农村发展在政府行政力量的干预下处于不利境地。

1978 年以后,中国城乡关系出现一些新变化,但城市偏向并未得到扭转。服从于重工业化战略而形成的城市偏向制度安排,虽是特定历史条件下的必然选择,但政府强烈的"城市－工业偏向"既造成了有利于城市、不利于农村发展的价格、贸易条件,又导致城乡资源因行政配置造成大量浪费和低效率。改革开放以后,特别是随着社会主义市场经济体制的确立,价格方面的城市偏向有所减弱,但非价格方面的城市偏向不断强化,已逐渐成为阻碍我国经济社会进一步发展的严重障碍。

4.3.2　我国土地利用的城市偏向表现

在城市偏向发展的政策框架下,城市人往往从自身利益,而不是乡村居民利益出发,过多地占有资源的份额,其中土地资源利用的城市偏向主要表现在以下几个方面:

1. 城市外延式增长明显,"摊大饼"现象突出

1978 年,我国开始从"文革"时期的以"阶级斗争为纲"转向以经济建

设为中心,城市建设进入一个恢复与发展的时期,进入 90 年代以后,城市更加成为国家工作的中心,进入快速发展时期,在这一时期,城市化水平迅速提高,城市规模不断扩大,城市人口急剧增长,但是城市占地规模增长率远大于人口增长率。王家庭、张俊韬对 1999~2008 年我国 35 个大中城市蔓延现象的测度研究表明:我国大多数城市表现出蔓延现象,平均蔓延指数为 3.9047,其中城市建成区面积增长率为 122.67%,市区人口增长率为 47%,城市空间结构具有明显的低密度扩张趋势。① 城市蔓延集中表现在城市建成区的边缘部分,这种无序发展导致了众多的环境问题,包括交通污染、乱占农业用地等,严重削弱了城市可持续发展的能力。在城市建成区边缘,城市无序蔓延的危害至少包括以下两点:

(1)乱占耕地。在我国的农村地区,一亩土地一年的净收入至多在 1 万元人民币左右,但如果将城市郊区的耕地卖给房地产开发商,一亩地的价格动辄达百万之巨。假设银行利率是 5%,卖掉一亩地然后将钱存入银行所得到的利息相当于数倍的种植收入。此外,卖掉土地的钱如果投入房地产开发,那么一年的投资回报也将是一个丰厚的数字。因此,大城市尤其是特大城市周边的各个乡镇政府无一例外地发现卖掉耕地远远比从事种植业划算。他们利用农村的集体土地进行各种工业厂房开发或住宅开发,并从中牟取巨大的利润。国土资源部的数据显示,截至 2008 年 12 月 31 日,我国耕地面积为 18.2574 万亿亩,其中建设占用耕地达 287.4 万亩;经卫星核查,"十五"期间全国耕地面积净减少 616 万公顷,其中不可逆转性的建设占用耕地 219 万公顷,年均新增建设用地 43.8 万公顷。同时,我国主要特大城市郊区土地占用十分严重,在未来的一段时间内,其人均耕地水平将很可能接近或达到警戒线。土地是可持续发展中最为宝贵的资源,耕地资源的浪费是对环境不可逆转的破坏。

(2)乡镇工业化。乡村工业化在中国是一种较为普遍的现象,特别是在相对发达的地区。在"财政分灶"的税费改革后,地方政府按比例向中

---

① 王家庭,张俊韬.我国城市蔓延测度:基于 35 个大中城市面板数据的实证研究.经济学家,2010(10):56—63

央政府缴纳相应的收入后,有权使用剩余款项。这种体制扩大了地方政府的自治和自我发展能力,进一步激励了地方政府发展经济、兴办企业的积极性,许多乡镇企业在农村地区随之孕育成长。这种乡村工业化极大地改变了农村地区的景观,推动了乡村的城市化进程,在一定程度上为农村地区的经济发展起到了推动作用。但是,这种“离土不离乡,进厂不进城”的乡镇工业化违背了规模经济原理,四处分散的工业企业虽然建厂成本低,但起点也低,缺少技术含量,很多根本不具备长远发展的核心竞争力。除了这种经济不可持续发展之外,乡镇工业化也给农村地区的环境带来了极大的压力。分灶的财政体制一方面刺激了各地政府发展经济的积极性,但也挑起了政府之间的过度竞争,并造成土地资源极大的浪费。正是因为地方政府之间的过度竞争,使得投资者们具有比当地政府更强的谈判筹码,从而能够以极其低廉的价格取得超过实际需要面积的大块土地。以投资工业的名义买来土地,然后将其转手卖给他人,从而短期从中牟取巨额利润的个案为数不少。

2.土地利用结构比例不合理,土地粗放利用甚至浪费严重

(1)土地利用结构不合理

①耕地占用日趋严重。从新中国成立以来的经济发展来看,土地结构不合理是主要存在的问题,其中耕地日趋减少是其突出表现。耕地问题是整个社会的问题,它关系到社会每个成员的生活,甚至关系到国家的发展和后代的生存。耕地资源直接影响粮食安全、社会稳定、经济安全和生态安全。近十年来,在我国的城镇化进程中,各地乡镇企业迅猛发展,中小城镇范围不断扩大,居民点不断增加,占用耕地逐年上升。按照目前的科技水平测算,0.7亩耕地才能养活一个人,即人均耕地不能少于0.7亩。联合国给出的人均耕地警戒线为0.8亩,但我国2000多个县级城市中,有666个县人均耕地低于警戒线,其中463个县人均耕地甚至不足0.5亩。即使这样,我国的耕地资源仍然在持续减少。

②二、三产业用地比例不协调。从目前我国城市内部用地结构看,普遍存在的问题是第二、三产业用地比例不协调,工业用地比例偏高,住宅、商业服务及交通、市政用地比例偏低。根据国家《城市用地分类与规划建

设用地标准》,一般城市用地结构是生活居住用地占 40%～50%,工业用地占 10%～15%,道路广场用地占 8%～15%,绿地占 8%～15%。而据中国 55 个城市调查,工业用地比例高出上述标准 10 个百分点以上,住宅、商业服务等生活用地低于上述标准 3～10 个百分点。中国城市工业用地占建设用地的比例远高于发达国家水平,例如,日本 1972 年全国工业用地占城市用地的比例为 10.34%。[①] 特别是最近几年,工业用地低成本扩张较快,存在大量占而不用现象,有的还对环境污染破坏较大。城市用地结构的不合理造成老城区住房紧缺,交通阻塞,中心城区企业缺乏发展空间,住宅生态环境恶化等问题突出,从而使城市土地总体效益下降。

(2)城市土地利用粗放

尽管改革开放以来,我国的城市人口密度一直在不断增加,但 2008 年也仅为每平方公里 2104 人,超大城市仅为每平方公里 3682 人。现我国城市人口承载潜力较大,但这些社会现象不得不说是城市土地利用集约度偏低所造成的,尤其是我国部分地区的中小级城市,人均占地比较大,人口密度小,亟需加强土地利用集约度的提升。

①城市建筑容积率相对较低。长期以来,城市发展,就是单纯地向外扩张范围,而对城市土地立体空间的利用潜力却熟视无睹,其表现就是我国城市特别是中小城市建筑物容积率相对较低,导致土地利用效率也较低。有关资料显示,我国目前大中城市建设容积率约为 0.75,中心城市的平均容积率约为 1,全国平均水平约为 0.51,远低于其他国家的标准。有的国家和我国台湾地区对建筑容积率有着明确的法律规定,如住宅区建筑容积率规定为 1.6～3.0,并在相关法律中明文规定,城市现有平均容积率未达到国家确定的城市额定容积率,则城市建成区不得向外扩张。当然我国并不是每个城市都要达到如此高的容积率,即使达到如此高的容积率也并非完全合理,合理的容积率还要与城市生态环境相适应。但另一方面,也说明我国的大部分城市还有进一步提高容积率的较大空间。适当提高容积率将是今后城镇化加速发展过程中集约利用土地的有效

---

① 牛凤瑞,潘家华.中国城市发展报告.北京:社会科学文献出版社,2009 年

措施。

②多数城市新区粗放建设。在我国城镇化的历史进程中,为追求城市规模的扩大,部分地方政府自行设立开发区、高新技术园区、卫星城等新城区,建设之初也并未经过严格的规划管理,由于后续运营和招商等措施执行不力,造成大量优良耕地被占用,严重影响了土地集约利用。据国土资源部统计,在对各类名目的新区和开发区进行清理之前(2004 年 5 月之前),全国共有各级各类开发区 3837 家,平均每个省(自治区、直辖市)有 100 多家。不仅数量多,面积也大,每个开发区动辄十几、二十几平方公里,据不完全统计,全国各类开发区规划面积达 3.6 万平方公里,超过了全国现有城镇建设用地总量。与此同时,开发区数量多往往导致投入资金不足,单位土地投资密度低,土地利用率也低,单位土地面积产出少。事实上,现有开发区的投资需求已远远超过我国年固定资产投入额和各地方现阶段承受能力,未能开发的土地只能是闲置浪费。

(3)城市土地浪费现象严重

由于城市规划理念的落后和规范的缺失,我国的主要城市特别是内陆省会级城市在城镇化进程中土地利用结构不合理、土地利用效率较低的问题十分突出。特别是 20 世纪 90 年代中后期,以大量圈占土地为代价的用地外延扩张,使各类经济开发区、卫星城、高新技术园区等新城区大量出现。在一部分土地得到高效利用的同时,更多的是土地又被大量地浪费、闲置。2005 年以来,我国房地产行业进入了一个上升周期,全国主要城市的住宅价格飙升,使得部分地方政府对房地产用地收益的期望值逐年增加,有的甚至直接与交通、城建等工程建设挂钩,以建设投入量来测算区域需要推出的住宅用地量。部分地方政府为了实现 GDP 增长目标,片面地追求土地收益,往往不顾及本地区所处的地理位置、区域特点及土地市场的实际现状,对房地产企业开发方向和用地计划也不加以控制,导致多数开发商拿到土地后在无需成本的前提下将其闲置,人为地控制住宅市场的供给,使得市场的真实需求即关系到普通群众切身利益的安居住房供应不足。在城市建设用地闲置浪费的同时,农业用地大量减少。国土资源部的专项调查发现,从 1996 年到 2004 年不到 10 年时间内,全国耕地减少了1亿多亩。到2004年底,全国城镇规划范围内共闲置、空闲、批而未供土地近395.61万亩(其中,全国城镇规划范围内共闲置土地107.93万亩,空闲土地84.24万亩,批而未供土地203.44万亩,总和相当于当时城镇建设用地总量的7.8%)。①

3.城市利益偏向的土地出让金分配及使用

由于我国严格限制集体土地直接进入土地市场,其土地使用权本身不能成为交易的对象,故我国土地市场的交易对象主要为国有土地使用权,在新增建设用地中,国有土地使用权绝大多数来源于对农村集体土地的征用。城市化土地主要靠政府用征地的办法来获得,再向市场转让,其中巨大的差价就成为城市投资的来源。自土地有偿使用实施以来,土地出让金与对农地的补偿之间的剪刀差为城市的建设和发展提供了巨大资金支持,实现了城市快速发展,农村和农民成为推进城市发展的无偿动力,加剧了城乡二元化,严重损害了农民利益,为社会的协调发展埋下隐患,严重危害了社会安全与稳定以及经济社会的可持续发展。

据有关方面资料显示,现在全国最少有4000万失地农民,60%的失地农民生计困难,其中相当一部分人成了三无农民(无地、无业、无保障)。② 根据国务院发展研究中心课题组的估计,征地之后土地增值部分的收益分配,投资者拿走大头,占40%~50%,城市政府拿走20%~30%,村级组织留下25%~30%,而最多农民拿到的补偿款只占整个土地增值收益的5%~10%。有专家测算,近20年有关方面通过各种形式征用耕地的价格剪刀差,从农民身上至少拿走50000亿元。③

土地出让金加剧城乡二元化的另一个表现为:土地出让金为城市公共产品的提供方面提供了巨大资金支持,城市中的公共服务和公共设施,如教育、医疗、图书馆、公共交通、消防、绿化等均来源于公共财政,并向全体社会成员开放,而城里人并不会额外负担相关费用。而在农村,类似的

---

① 全国城镇"撂荒"土地近400万亩.中国青年报,2005—06—20

② 张元富委员:据专家测算,目前中国失地农民累计不少于4000万人。来源:人民网2011年03月09日

③ 刘维佳.中国"四农"问题数据解析.农村工作通讯,2005,(8):24—28

公共产品大都需要农民集资建立,甚至地方行政的部分开支也通过摊派的形式由农民负担。以至于农民人均支付的税款相当于城镇居民的 9 倍,加上上缴的各种杂费,则相当于城镇居民的 30 倍。[①] 在教育方面,2002 年,全社会的各项教育投资为 5800 多亿元人民币,其中 77% 用于城市,占接受义务教育孩子总数 70% 的农村孩子只获得其余 23%。

4.3.3　城市偏向的土地利用成因分析

城市偏向土地利用格局的形成既有城市本位发展战略和土地制度层面的原因,也有现实发展中的诸多主观与客观因素。

1. 城市本位(城市偏向)的发展模式

城市的属性和功能作用,决定了城市优先战略的科学性和可行性。城市是具有一定规模的、以从事第二和第三产业为主的居民点。和乡村相比,城市具有显著的聚集性、非均质性和复杂性。城市的功能可以用若干"中心"来概括,如工业生产中心、商品流通中心、交通运输中心、金融服务中心、信息流转中心、科教文化中心等。

根据聚焦经济学理论,聚焦经济就是一种通过获得规模经济和范围经济来提高效率和降低成本的系统力量。近代工业社会化大生产的基本要求是人口、资金和资源的相对集中,只有集中才能带来显著的集聚效益和规模效益,城市就是这一集中的空间组织形式。城市是工业的聚居地,作为工业生产中心,它为整个社会的经济发展提供各种生产和生活资料,完成了使生产力进一步提高的基础建设。城市比起农村来有良好的聚集性,人口高度密集,商品市场集中,交通便利,这些为城市成为各种经济中心提供了便利的条件。城市是区域经济的一个集合体,区域经济的聚集形成了现在的城市,如果没有城市这种社会主体,区域经济就会成为一盘散沙,不仅给管理带来了一定的困难,同时也会造成资源的流通和整合利用不足。城市是区域经济、政治、文化、科技等活动的结合点,在一定的地理界域,城市具有举足轻重的作用。由于城市对区域经济的影响力巨大,因此城市的发展,往往会产生一种倍数效应,在很大程度上能带动整个区

---

① 曹红蓓.中国农民工子弟:在城市与乡村的夹缝里挣扎.中国新闻周刊,2005-03-23

域的经济发展。这种发展模式,在历史上有很多好的范例。

十一届三中全会后,我国在战略实施上确定了重点发展东部沿海地区,对沿海十四个城市进行全面开放,并以城市为中心,建立了深圳、珠海、广州、厦门四个经济特区。通过城市的优先发展,很快带动了东部整个沿海地区经济的迅速发展。在社会资源不够充分的现实条件之下,将资源集中到一个区域,对某个重点区域进行重点投资建设,在这个区域充分发展的基础上造成对周边区域的经济影响,从而带动整个社会经济的全面发展,这种发展战略是非常有效的。这就是城市本位的本质体现。即在经济落后、资源短缺的经济条件下,将有限的资源集中到城市,走城市化和工业化的道路,在发展城市的基础上带动其他贫困落后地区的发展。在我国城市化进程中,我们一直遵循城市本位的思想和发展模式,将资源向城市集中,以使得优先的资源得到充分的利用。这种发展模式,对于推进我国的城市化进程,加速我国的工业化发展,推动国民经济的持续、全面、快速、健康发展起到了积极的推动作用,在我国的经济发展中,有着不可磨灭的历史作用。

2.我国城乡二元土地制度

我国实行的是城乡不同的土地制度。城市的土地属于国家所有,城市土地市场已基本建立起来并且形成了相应的地价体系,国有土地使用权在市场上可以自由流转,转让的价格主要由市场来决定。农村的土地属于集体所有,只有集体范围内的农民才享有土地承包经营权,土地承包经营权的流转限于不改变集体所有权性质和农业用途,不能自由转化为城市建设用地,农村土地市场地价体系尚未形成。政府征地是农村土地"转换"为城市建设用地的唯一合法途径,由此也形成了中国土地城乡分割的独特格局。

(1)土地产权的残缺。土地制度的核心是土地产权制度,它包括所有权、使用权、收益权和处置权。土地产权一般具有界区功能、激励功能、约束功能与资源配置功能,它是实现城乡土地一体化利用的必要条件。我国农村土地产权的残缺是导致城乡二元土地制度的一个重要原因,主要表现在以下几个方面:第一,农村集体土地所有权界定不清晰。我国《宪法》规定:"农村和城市郊区的土地除由法律规定属于国家所有的以外,属于集体所有。"但现行立法并没有界定哪些土地是集体的,更没有界定哪片土地属于哪一个集体所有。第二,集体土地所有权的权属不清,主体地位模糊。按照我国《土地管理法》规定,"集体所有的土地依照法律属于村民集体所有,由村农业生产合作社等农业集体经济组织或村民委员会经营管理。"但是"集体"是指哪一级,法律却没有明确规定。新实施的《物权法》规定:"属于村农民集体所有的,由村集体经济组织或者村民委员会代表集体行使所有权。"但村民委员会是村民自治组织,不具有法人资格。可以说,真正拥有土地所有权的集体组织只是一个名义上的所有权组织,在中央的政策安排下,集体组织无权行使土地处置权,因此,集体土地所有权不具有绝对性。第三,农地使用权流转制度的不健全。农地使用权流转制度的不健全,使农地资源的利用处于分散和低效状态,不利于土地的集约化经营和土地经济效益的提高,严重阻碍了土地、人力等资源向工业、城市的转移。因此,只有实现农村土地产权与城市土地产权对等,做到集体土地所有权的民事权利主体与国有土地所有权的民事权利主体平等,土地产权才能为城乡一体化用地及土地可持续利用提供法律保障。

(2)国家土地征用制度存在缺陷。土地是城市发展不可缺少的资源,城市经济的发展、城市建设的进行以及城市人口的增加导致建设用地需求增加,单纯的城市内部用地不能满足城市人口和产业发展增长的需求,必然有相应量的农村土地转换成城市或工业用地。在我国,这个转换的唯一合法途径就是土地征用,土地征用是当前国家建设用地的主要增量来源。在土地征用市场,国家既是农民土地的独家买者,又是城市一级土地市场的独家卖者,农转非的土地资源配置被排斥在市场机制之外,农民无法成为独立的市场经营主体,也不可能通过市场分享农地转用租金,从而造成了城乡土地市场空间上的割断。另外,现行的法律规定征用农地按农地的原用途补偿(按照现行的农地征用标准,对农民的补偿通常在1.5万至3.5万之间),同时又规定市地(包括被征用的农地)按市场价格出让,二者之间有相当大的价差甚至是巨额的获利空间。从理论上讲,一定面积收益为1的农田,转换为工、商用地,其收益可增加为10倍、100

倍,甚至更多。实证研究结果表明,经济发达地区土地征收、土地出让和市场交易三者的价格比大约为1:10:50。可见,在土地征用过程中,市场机制被排除在外,从而导致土地市场的价格割断。因此,土地征用制度对保证国家经济建设,促进经济发展起到了重要的作用,同时,也是导致农民权益缺失的根本原因,它割断了城乡土地的自由合理流转,导致了城乡土地市场的分割。

20世纪90年代以来,中国独特的城乡二元土地制度为工业化和城市化作出了重大贡献,同时也是城市蔓延、土地粗放利用、土地利益矛盾加剧等诸多问题的制度根源,延续并固化着土地利用的城市偏向。

3.对农业"多功能"认知与把握的缺失

人们对农业的认识还落后于实践,还停留在传统的浅层次上,即只把农业简单地看成"吃饭产业",以吃饭目标掩盖了农业的丰富内涵,而忽视了农业之于政治、经济、社会的多种重要意义。对农业多功能性问题予以阐释,能够让人们重新审视农业,充分认识到发展好农业不仅能够保障粮食供给,提供多种农副产品,促进农民就业增收,而且还能在推进工业化进程、缓解能源危机、推动以生物质产业为主导的产业革命、保护生态环境、传承历史文化等方面发挥重要的功能;农业不仅具有经济功能,更具有巨大的社会功能;发展农业不仅是农民的责任,也是全社会的责任。特别是随着经济发展和科技进步,农业的传统功能不断强化,新的功能日益彰显。农业在GDP中的份额会越来越小,但在国计民生中的作用却越来越大,农业在经济社会中的地位不仅不会下降,而且在日益上升。农业给予社会有形和无形的财富,并不仅仅限于市场上表现出的粮食价格。换句话说,农业带有相当明显的公共产品性质,决不应该像对待私人产品那样将其完全市场化。如果直接与二、三产业相比的话,农业效益明显不具有比较优势,城市化、工业化"挤占"农地不可避免。

4.现实发展中的一些主客观因素

改革开放以来,我国城市化进程加快,在这一过程中,大量农地被征为国家建设用地。社会上普遍认为,城市化必然要减少耕地。是否真的是这样呢?其实不然,城市化的基本含义是指,随着工业化、现代化水平的不断提高,农村务农人口不断转移到城市去从事非农产业,导致社会总人口中农业人口比重下降、城市人口比重上升。在这个过程中,一方面城市人口增加要占用农地;另一方面,农村人口减少,又可以腾退出农村建设用地。由于城市土地利用率高于农村,城市人均用地面积大大低于农村居民点人均用地面积,所以农村腾退出的土地要多于城市占用的土地。这些腾退出来的农村建设用地,绝大部分可整理为农地。总之,城市化的最终结果,应当是有利于节约土地,增加农地,而不是相反。然而,这么多年来,城市化本身并没有节约土地,而是在某种程度上出现了土地利用失控局面,除了国家城市本位的发展战略和土地二元制度之外,还有如下原因:

(1)我国现代化建设刚起步,人们的收入水平仍很低。许多农村劳动力转移为城市居民以后,没有能力将赡养人口也迁至城市,因而农村的宅基地无法腾退,甚至连承包田也还要保留,以作为家人甚或自己的社会保障。

(2)现代化建设起步阶段的经济布局,铁路、公路、电力、水利、港口、机场、大型独立工矿等基本建设仍需加大投入力度,相应地要占用不少土地。

(3)"珠三角"、"长三角"等沿海经济发达地区,城市化水平已比较高,不少农民已经举家迁入城市,有的甚至整个村庄的人都迁走了。一些地方的土地管理工作却没有跟上,没有及时开展村庄土地整理,导致城市扩展依然要占用农田。

(4)许多城市的党政领导,缺乏全局观念和资源保护意识,片面追求短期"政绩"和地方利益,盲目攀比,贪大求洋,任意扩大城市范围和提高城市建设标准,滥设各类"园"、"区"、"城",导致征用农地过度。

以上四方面的原因,前两条属于经济发展阶段的客观限制因素;后两条则属于工作中存在的问题,其中的第三条目前并不一定具有普遍性,而第四条则在全国普遍存在,是导致出现某种程度上土地利用失控的主要原因,也是当前和今后应重点解决的问题。

4.4 以统筹城乡土地利用规划引领统筹城乡发展

走出城市偏向土地利用格局的困境,要遵循自上而下和自下而上相结合的变革思路,从城市本位发展战略的转变,土地二元制度的变革到统筹城乡发展土地利用规划的编制和实施,构成了一个完整的自上而下和自下而上相结合的变革路径。随着国家城乡统筹发展战略的确立,土地制度改革的深入,推进统筹城乡的土地利用规划成为缓解城市偏向土地利用、推进统筹城乡发展的一个重要环节。

作为统筹区域范围内土地资源利用的综合性规划,土地规划是统筹城乡发展的重要指导,也是统筹城乡发展的重要保障,其中土地利用总体规划更是城乡建设、土地管理的纲领性文件。城乡各项建设占地都需要符合规划,通过各项用地审批程序。土地规划对各类用地均有布局和指标安排,一方面通过用途管制使得各类用地得其所;另一方面在年度计划中给予用地指标安排。把城乡建设中涉及的拆旧建新、各项基础设施用地一一进行合理布局,节约利用,尽量安排不占用耕地和基本农田,保证了经济社会发展和资源保护双赢。土地利用规划是城乡建设发展的前提,对区域土地利用起到了不同的指导效果,也对统筹城乡发展起到了重要的推动作用。

1. 合理安排城乡建设各项用地指标

在现行土地利用规划中,地方建设用地指标高度集中在城市,以城市为重点层层预留指标,真正落实给农村的指标就寥寥无几、甚至没有。这样,一方面阻碍乃至限制了农村各项非农建设的发展;另一方面也使得部分农户建新住宅用地不足,导致违法乱建现象相对严重。在新一轮规划修编中可改变原来指标过于向城镇倾斜的局面,考虑在建设用地指标中单列一块指标专项用于新农村建设,切实保障新农村建设的用地需求,特别是农村基础设施用地,即农村的饮水安全、农田水利、乡村道路、能源等基础设施建设以及教育和卫生等公共事业用地,在规划中应予以重点保障。此外,在预留新农村建设用地指标时,应从农村经济社会协调发展、保护耕地、村容整洁、方便生活等方面出发,通过全面了解、仔细盘算,对新农村建设将来用地数量与类型进行科学合理的预测,避免重走铺摊子的老路,以体现节约集约用地的要求。

2. 引导新农村建设合理有序布局

现行土地利用总体规划或城镇总体规划通常着重考虑城镇规划区范围的用地,而对农村土地的具体利用布局无详细的规划,只有一个概略的规模控制。由于村庄土地规划的缺位,农民往往在老宅附近或自家承包地中选址建房,这也是造成村庄用地盲目无序发展的一个重要原因。土地利用规划修编可合理安排居民点的数量、布局和规模,改善村庄内部环境,引导村民合理建房,避免村庄的不合理扩张。对于不同类型的村庄改造与建设应采用不同的控制手段:①对于现有村庄的改造,要在指标上给予适度倾斜,安排一定数量的用地指标保证其顺利实施,布局上要符合镇村布局规划,尽量向中心村庄集中;②对于新建设的居民点,要严格控制其规模,布局以集约节约、交通便捷等为原则;③对于规模较小的村庄,要考虑划入村镇建设控制区逐步拆并,远期规划复垦为农用地,区内建筑物在拆除前只能维持现状,不得改建和扩建,需要更新时,应集中到村镇建设用地区建设。通过以上因地制宜的村庄规划模式,引导新村镇建设合理布局。

3. 进一步完善土地利用总体规划指导下的各专项规划

土地利用专项规划是建立社会主义新农村建设长效机制的重要组成部分,包括开发整理、复垦整治、保护等许多方面,加强土地开发整理、城乡建设用地增减挂钩等规划,将会更有力地促进社会主义新农村的建设。在土地开发整理规划方面,要进一步深化土地整理的规模与布局等内容,具体明确农村居民点用地保留与拆旧的范围,确保耕地总量动态平衡目标能够落到实处。

4. 加强与相关规划的衔接,服务城乡统筹发展

土地规划在城乡统筹建设发展推进过程中起着重要的作用,该规划本身也需要与其他一些规划进行"无缝对接",才能灵活运用,真正发挥其引导作用,妥善处理好城乡发展与用地的问题。一是与主体功能区划相

衔接。在用地布局上符合国家发改委提出的优化开发、重点开发、限制开发和禁止开发四类主体功能分区。二是与城镇体系规划相衔接。规划当中建新区应该安排在城镇和村镇规划区范围内,土地利用规划指标分配可有所倾向,确保"两规"中村镇建设规模协调一致,从而有效促地进城乡发展建设。三是与镇村布局规划相衔接。对于农村建设用地区的安排要充分考虑镇村布局规划,在空间布局上遵循镇村布局规划的布局要求。同时,在规模上本着实事求是的原则,依据拆迁户数、人口数、土地利用条件、建设强度等,科学合理地确定保留和新建的农村居民点的面积,提高农村居民点用地的集约利用水平。①

城乡统筹发展是一场涉及思想观念转变、资源配置整合、生产力布局优化、人口大量转移、利益关系调整、管理体制改革、领导方式创新等方面的深刻变革。除了在规划方面进行探索和努力,这一难题的破解还需要体制、机制、法制等的改革和完善。城乡统筹只有以城乡均等为终点,真正做到城乡规划一体化、城乡产业发展一体化、城乡基础设施一体化、城乡公共服务一体化、城乡管理体制一体化和城乡市场体制一体化,才能彻底解决城乡差距和城乡矛盾问题,实现城乡统筹、协调发展。

---

① 蔡成凤,师红琴.创新土地利用规划服务城乡一体化建设.合作经济与科技,2010,394
(6):18—20

第5章 基于统筹城乡发展的土地利用规划创新

土地利用规划的生命力在于创新与发展,创新与发展的动力和源泉来自经济社会发展的现实需求,来自土地管理制度改革的客观需要,来自对规划实践的继承总结。统筹城乡经济社会发展是一场广泛而深刻的变革,涉及整个社会管理构架的重组和社会利益格局的调整,土地作为最重要最基本的生产生活要素,是统筹城乡发展中不可或缺的重要环节,土地利用总体规划是落实土地宏观调控和土地用途管制、规划城乡建设的重要依据。如何以与时俱进的科学态度,积极探索城乡统筹下的土地利用规划编制的新思路和新方法,以保证土地利用总体规划的编制质量和实施效果,使土地利用总体规划的宏观调控作用得到充分发挥,已成为当前我国社会经济发展和土地科学理论研究中一个迫切需要解决的问题。

5.1 基于统筹城乡发展的土地利用机制分析

5.1.1 统筹城乡发展中的土地利用

1. 系统和综合视角下的土地问题

土地问题并不限于土地本身,同时也是社会问题,甚至是政治层面和制度层面的问题。土地是社会经济的子系统,应该置于社会经济大系统的视角下看待和研究土地问题,这就要求要摆脱传统的就"土地论土地"的简单思维,应该通过系统和综合的视角来对待土地管理和土地利用问题,这些问题概括起来应主要包括这四个主要方面:一是人和土地结合的问题;二是资本和土地结合的问题;三是技术和土地结合的问题;四是制度与土地结合的问题。而且土地、资本、技术、人力、制度如何更好地相互融合、促进发展也是发展经济学关注的核心问题,也是世界发展经济体普遍需要不断研究和探索解决的重大发展问题,是中国未来发展或者下一步发展必须要解决的问题。应通过建立一种公平的土地制度,使之有利于土地资源充分利用和劳动生产率的提高,通过构建适合我国经济特点的土地产权制度使之符合市场经济要求,与资本结合,通过管理制度创新使农村土地有序利用、有序流动、有序组合。目前就我国生产要素而言,劳动力、技术可以自由流动,资本市场也不断建立与完善,在符合国家相关法律法规下,也是可以自由流动的,相比而言农村土地的流动性则明显不足。城市经济经过改革开放 30 多年,城市土地已经和我国经济制度的发展基本相匹配并且不断得到优化,而农村土地改革方面虽然也取得了巨大的成就,但与经济发展的要求还有差距,与之配套的相关制度稍显滞后甚至是缺位。

2. 依土地属性和功能不同确定土地利用

土地和资本是现代经济社会发展所不可或缺的重要生产要素。在土地产权清晰后可以变成土地资产,土地资产还能够进入市场,不断加深与资本的结合,就变成了资本。土地本身不可流动,但是土地资本是可以流动的,通过制度完善和创新来打通它们之间的转换通道,这样也能促进打开城乡统筹发展的屏障,促进城乡统筹发展。就农村土地而言具有经济属性、社会属性和自然属性,这些属性依土地用途的不同其功能有所侧重。从经济属性讲,土地是有价的,并且要通过市场配置不断促进提高土地利用效益,它还可以通过资产定价进行交换,通过资本结合进行流通,如何实现农村土地经济价值,从而激活这一巨大的"沉淀资本"是今后研究的重要课题。从社会属性讲,土地利用一方面要保证土地使用者之间的公平,另一方面还能发挥使社会稳定的保障功能。而土地的自然属性则是由于土地具有自然生产能力,要求我们珍惜土地特别是耕地、生态用地,使我们子孙后代能够永续利用土地资源,以保障国家粮食安全、生态安全。综上,农村土地应该依规划用途发挥其综合功能,不能简单割裂农村与城市土地利用。[①]

5.1.2 统筹城乡发展中的几种土地利用关系

这里主要探讨城乡土地关系、土地与公共产品提供的关系、土地配置与产业发展的关系等几方面内容。

就城乡土地经济关系而言,先后经历了三个阶段:第一阶段——原始积累阶段:农村土地作为城市发展原始积累的基础,为城市扩张提供"取之不尽"的原始资源,通过级差收益为城市建设提供资金,这期间土地利用的特点必定是粗放式的,城市蔓延,土地资源耗竭,由于土地资源的有限性,蔓延式发展无法实现可持续发展,必然受到摒弃;第二阶段——集约节约阶段:随着经济发展,城乡差距扩大,土地取得成本上升,城乡之间为土地级差收益分配展开争夺,城乡矛盾突出,社会成本增加,伴随产业调整和城市功能定位明确,客观要求不断提高土地集约利用水平和配置效率;第三阶段——城市理性增长阶段,"地尽其力,人尽其才",根据土地特性和国家的发展战略处理好城乡之间的人与地、人与人关系。因此城市经济增长发展到一定程度客观上要求实现城乡统筹和理性增长,城乡统筹并非是农民进城,而应该是双向的,城市的功能和产业也可以适度分散到农村地区,促进农村土地的合理配置,促进整个经济社会发展。

农村土地与公共物品提供。从经济学的基本理论看,土地所肩负的生产功能和保障功能应是相互独立的。土地作为生产要素应依据市场的价格信号进行最优配置,以此来提高土地的产出水平和农业的生产效率。至于农民的生存、就业、医疗、养老等保障问题应通过其他的社会保障方式予以解决,而不能简单地将农民的保障附加在土地之上。我国土地所具有的保障功能从一个侧面表明针对农民的规范性社会保障体制长期滞后且极不健全,应该逐步建立完善农村社会保障体系,将农村土地的保障功能置换出来,强化土地资产、资本功能,促进土地流动和交易。

农村土地与产业发展。集体土地从功能而言并不等于一定都是农用,农村可以有集体建设用地甚至集体产业用地,但需要建立科学严格的规划

[①] 叶剑平. 城乡统筹发展与土地利用. 现代城市研究,2009(2):17—19

管理制度,保证集体建设或产业发展规范有序。总的来说,不要把土地人为分为农村与城市,而应该按照科学规划和产业布局,将土地分为农业和其他产业用地,按用途管理土地(宜农则农、宜工则工)而不是按城乡管理(按"身份"有歧视之嫌)。通过产业规划布局,将农村建设用地纳入到社会经济体系。从而打通城乡统一市场,建立城乡和谐社会,这就要求唯有从土地制度层面、管理层面上加以改革,才能真正实现城乡统筹发展。

5.1.3 统筹城乡的土地利用机制

下面从土地价格、土地征用、土地产权、土地市场、土地规划和土地制度等方面论述其对统筹城乡土地利用的影响与作用,为统筹城乡土地利用,促进城乡协调发展,推进土地节约集约利用提供理论指导。

1. 土地价格

土地价格是资本化的地租,即土地的价格能够取得这笔地租收入的货币资本。土地价格相当于这样一笔货币资本,把这笔货币资本存入银行每年所得的利息,等于购买这块土地后将其出租每年所获得的地租。目前城乡地价存在很多不合理的因素,导致了城乡土地价格二元化显著,进而也产生了许多社会经济问题。如果能形成统一的城乡土地价格体系,遵循城乡土地价值规律,就能充分发挥地价的经济杠杆作用,促进城乡均衡协调发展。因为价格机制会促进土地的集约利用,这样可使城乡土地合理利用、避免浪费;因级差地租的作用,一方面约束了大城市规模的无限蔓延,另一方面也带动了中小城市的发展,利于区域城镇体系的合理布局,进而促进城乡一体化发展。目前在城乡土地利用过程中都存在着没有充分体现和发挥土地价格的杠杆作用,因而产生许多问题。首先表现在各种利益关系方面,如土地经济收益与社会总体经济发展、国有土地增值与经济体制改革、中央利益与地方利益以及政府与市场之间的各种关系。其次,地价的计价方式不尽合理,地价管理制度过于分散,无法发挥地价在土地市场中作用。最后,还没有真正建立起地价的公开形成机制和土地估价制度。

2. 土地征用

土地征用是指国家为了社会公共利益的需要,依据法律规定的程序和批准权限批准,并依法给予农村集体经济组织及农民补偿后,将农民集体所有土地变为国有土地的行政行为。国家行政机关有权依法征用公民、法人或者其他组织的财物、土地等。土地征用不仅关系到城市土地利用及城市化进程,而且对实现城乡协调发展,建设社会主义新农村和构建和谐社会都有着重要影响。由于农民的弱势性即残缺式产权、服从型民主、非决策参与、输局博弈等使得被征土地补偿费用较低,十分低廉的补偿费就买断了农民祖祖辈辈赖以生存的土地,使他们丧失了生存的基础。城市大量征用的土地普遍存在着征而不用、多征少用的现象,许多土地在征用后被闲置,一些地方政府打着“经营土地”的口号,大肆圈定农民的土地,以致引发了激烈的社会矛盾和潜在的社会冲突。而且政府的圈地行为一方面积累了大量的金融风险,另一方面又因为对农民的土地低价补偿而造成了潜在的社会风险。城乡分割的二元土地结构,产生了许多问题:农民在与国家的关系中明显处于弱势地位;公共目的或公共利益限定不足为政府滥用土地征用权创造了条件,导致国家土地征用行为缺乏规范;现行土地征用制度和相关土地制度滞后和不足;行政主体滥用土地征用权现象严重;目前征地补偿标准没有体现土地的市场价值;违反征地程序现象普遍存在等。

3. 土地产权

土地产权就是指土地财产权利,它包括土地所有权和由土地所有权派生的土地占有权、土地使用权、土地收益权和土地处分权,以及与土地所有权有关的其他权利。土地产权一般具有界区功能、激励功能、约束功能与资源配置功能。土地产权是实现城乡土地一体化利用的必要条件,只有实现农村土地产权与城市土地产权的对等和对接,才能避免圈地坑农事件的持续发生。因此,只有承认农民的土地所有权,即“地权属农”,才能从根本上维护农民的切身利益。所以只有做到集体土地所有权和持有权与国家土地所有权和持有权的主体是两组平等的民事权利主体,才能使土地产权为城乡一体化用地及土地可持续利用提供法律保障。

完整的土地产权有助于激励产权主体不断提高土地生产率,获取经济利益。土地产权的约束功能有助于约束产权主体的用地行为,降低土地利用风险,防止土地质量下降。土地产权的资源配置功能有助于优化土地资源配置,提高土地利用效率,以市场作为资源配置的基础。农村土地产权存在的主要问题有:土地产权不明确,农民承包权不稳定;集体土地产权常受到侵犯;集体土地流转不畅,产权无保障;非农化过程中农民权利的保护问题等。

4. 土地市场

城乡统一土地市场是指城乡土地资源利用一体化,实行城乡一体化的土地管理制度,确保农村土地、国有废弃地在城乡之间合理流动的市场过程。城乡统一土地市场的建立,可以避免产生集体土地流转隐形市场出现的土地利用混乱、农民擅自将农地非农化、交易秩序混乱、影响城市国有土地参与宏观调控等问题。建立城乡统一的土地市场,不仅为转让依法取得的农村土地提供了合法平台,大大增加了农民的土地财富效应,而且还意味着农村集体建设用地不再是只能征为国有才能进入非农用地市场,打破了以所有制性质屏蔽集体建设用地进入市场的制度障碍,为实现集体土地与国有土地同地、同价、同权,建立城乡统一的建设用地市场提供了政策空间。只要符合规划,农村集体建设用地可以与国有建设用地以同样方式进入市场,实现两种不同所有制性质的建设用地真正意义上的平等权益。建立城乡统一的建设用地市场,可以规范集体建设用地交易行为。将集体建设用地流转纳入现行的城市国有土地市场统一管理,有利于形成统一、开放、竞争、有序的城乡建设用地市场体系。同时,可以解决农民大量进城、大量稀缺的土地资源闲置(如宅基地)等问题。建立城乡统一的土地市场,一方面可缓解城市建设用地紧张,另一方面,可实现城乡极差地租的价值化,这个价值可以转化为大城市反哺大农村的资金来源,进而可促进统筹城乡协调发展,改变城乡二元结构。如2008年12月4日重庆农村土地交易所的成立,就是一个很有开创性、划时代意义的事件。其有利于解决由于没有真正建立起城乡统一的土地市场而导致的集体土地无法转移;不明确的集体土地所有权主体引起的市场交易主体混乱;不合理的宅基地使用制度割裂了城乡居住用地市场的统一;不确定的集体土地使用年期阻碍了土地交易等问题。

5. 土地规划

城乡协调的土地利用规划在规划的范围、内容以及管理等方面进行有效的衔接,不仅有利于统筹城乡、合理布局产业、节约城乡土地、完善城乡功能,而且可以形成以城带乡的长效机制,促进城乡经济社会一体化发展格局。城乡协调的土地利用规划,可以把涉及城乡土地利用的各种规划,如由不同部门组织编制的经济社会发展规划、土地利用规划、城乡规划、生态建设和环境保护规划等相互协调衔接起来。这样既可避免规划的无效实施以及所造成的人、财、物的巨大浪费,又避免了各种规划一般都突出城市、忽视农村的弊端,以往没有规划的"村村点火、处处冒烟"的乡镇企业用地教训也证明了必须要实行城乡统一的土地利用规划。城乡总体规划是城乡发展、建设及管理的基本依据,各类涉及城乡发展和建设的规划以及规划区内的一切建设都必须与之相符。这样可以打破城市与乡村分割的格局,进而实现产业布局和产业结构的调整及城乡生产要素的合理流动与配置。通过城乡土地规划与利用,可以推动产业转移与均衡发展;推动农村人口转为城市户籍人口,让他们在城市就业、工作与定居;统筹城乡土地流转与集约使用。城乡一体化土地利用规划既可以解决目前城市土地严重短缺、许多土地利用效率低的问题,又可以使闲置荒废的土地恢复为耕地。

6. 土地制度

巴洛维(Barlowe)认为:"影响不动产资源所有权和利用的制度因素就是土地制度。"[①]一般来说,完整的土地制度由土地所有制度、土地使用制度和土地国家管理制度三大部分构成。土地制度具有保障、激励、约束、资源配置等功能。这四种功能,归结起来,就是既能使土地得到更有效率的配置,又能使利益相关者之间合理地分配土地收益,从而达到效率与公平的统一。城乡一体化的土地制度,可以确保在农地非农化的进程中农民对农地非农使用的决策权,保障农民的收益权。其不仅使城市土

---

① 巴洛维(Raleigh Barlowe)著/谷树忠等译. 土地资源经济学. 北京:北京农业大学出版社,1989 年

地的所有权在经济上得到了实现,而且农民也能够凭借土地的集体所有权来出让、出租、入股、分红,获得一部分增值收益,同时也能够在自己的土地上直接从事非农产业,直接参与工业化、城镇化。城乡一体化的土地制度,可以改变原来城乡之间由国家以征收征用的形式垄断一级市场,再推向二级市场的土地配置方式,使农村集体土地及宅基地直接进入市场流通,进而改变城乡分割的二元土地结构,也有利于按照城乡一体化发展的要求,建立起符合社会主义市场经济体制要求的城乡土地关系。城乡一体化土地制度的不完善,致使土地效用得不到充分实现,导致了大量空心村的出现;而且使得集体土地所有权缺乏其核心权能,即处分权;宅基地使用权游离于市场之外,无多少自由可言,却负载了沉重的使命和负担;并导致政府介入开发土地并采取政府强制安排土地制度,推动农村土地变迁,使得农民土地利益不能随着城市化共同增值等问题。为实现城乡一体化土地利用,就必须进行各种制度的安排。

城乡统筹发展要求协调城乡资源配置关系,建立城乡一体化的土地利用机制是适应这一要求的必然选择。然而,建立城乡一体化的土地利用可能会引起一些问题。如允许宅基地流转,可能会带来城市居民到农村建房、买房,导致耕地减少;集体经济组织或个人受经济利益的驱使擅自改变土地特别是耕地的用途等。因此,构建城乡一体化的土地利用机制体系,编制城乡总体规划及农村土地利用详细规划等,是强化城乡土地统一市场的管理,保障土地市场有序、高效运转的基础。在现实中要综合运用各种机制,发挥机制系统的整体功能。然而城乡一体化土地利用构建是一项复杂的系统工程,还存在很多问题需要深入探索,如公共利益征地市场构建中"公共利益"如何合理界定;城乡统一居住用地市场构建后可能产生何种负面效应等。只有深入研究并解决了这些问题,才能做到城乡一体化的土地利用。[①]

5.1.4 统筹城乡发展的土地利用模式

统筹城乡发展的土地利用模式,即有利于解决城乡土地二元结构的、

---

① 李培祥.城乡一体化土地利用机制分析.南方农村,2009(1):33—36

能够促进城市土地和乡村土地按照市场规律发挥其自身价值并合理流转的土地利用模式,该模式能最大化发挥土地的功能,为城乡发展提供充足土地资源,推动城乡协调发展。该模式主要包括三个方面:

1.统筹城乡土地规划

统筹城乡土地规划是统筹城乡土地协调发展的前提和基础。其实质是在规划过程中要树立"市域一体"的规划理念,科学编制市域内的城乡一体化规划。可尝试将市域划分为主城区、副城区、近郊区和远郊区等不同功能区,明确分区功能定位,合理布局生产力,以基础设施项目为依托,加速农村与城市的对接,实现基础设施城乡区域共享和有效利用;加速城乡产业融合,实现区域经济结构优化和产业升级;合理布局城乡居民点,加快新社区建设,促进人口适度聚集;改善城乡居民生产生活环境,促进村庄向社区转变、农民向市民转化。

2.统筹城乡建设用地流转市场

统筹城乡建设用地流转市场是统筹城乡土地协调发展的关键和落脚点。其实质是要统一城乡建设用地市场,盘活城乡各类存量建设用地,在更大范围和空间内合理配置土地资源,优化城镇结构体系和空间形态,促进城镇化质量的提高。针对我国国情可采取"两种产权、一个市场、一套政策"的城乡建设用地统一市场:在不转移集体土地所有权的情况下,在法律上明确设立与城镇国有出让土地使用权具有同等期限、内容、效力的集体出让土地使用权,并允许集体出让土地使用权与城镇国有出让土地使用权进入同一市场流转。或者采取"一种产权、一个市场、一套政策"的城乡建设用地统一市场:让存量集体建设用地土地使用者如乡镇企业、农村居民、集体经济组织等补缴(或由土地受让者如城市企业、城市居民在土地受让时代缴)一定标准的土地出让金后,允许其将拥有的集体建设用地土地使用权直接转为国有出让土地使用权,使其合法地进入国有出让土地使用权转让市场。

3.统筹城乡基础设施建设

统筹城乡基础设施建设是统筹城乡土地协调发展的保证。其实质是要按照"市域一体"统筹规划的理念,以土地利用总体规划、城镇体系规划、公路交通网规划、城乡一体化供水规划等规划为依托,坚持基础设施先行,加快城乡基础设施建设,实现基础设施城乡共享和有效利用。城乡基础设施建设是改善居住环境,提高居民生活质量的重要内容,也是营造城镇投资环境,提高土地附加值的重要途径。统筹城乡基础设施建设就是要确保在推进城市化进程中农村居民能与城市居民基本同步享受现代文明和社会公共服务。[1]

5.2 土地利用规划借鉴统筹城乡理论的现实需求

新中国成立以来,大部分时间采取了先城市后农村以及城乡分治的政策。在制度设计上构筑了"重城轻乡"的典型二元结构。这种体制和结构不但割断了城乡之间的联系,而且使得城市和农村的政策在经济与社会发展多个层面上都产生了巨大的差异,同在一个国家,城乡之间的收入差距、教育差距、医疗差距、消费差距、就业差距、基础设施差距、公共投入差距等在很长的一段时间里形成了强烈的反差。

在城乡差距不断扩大的同时,我国城乡矛盾也日益突出,有的甚至演变为严重的社会问题。随着我国城市化进程的不断加快,城市与乡村的空间界限日益模糊,但由于缺少共同、有效的管理方式和监控机制,城乡建设用地无序扩张,用地布局杂乱无章,生态环境严重恶化。这些问题导致城乡建设混乱,设施无法共享,有限资源浪费,环境频遭破坏。这种有失公允的畸形的城乡割裂式的现状,使得农业、农村、农民长期处于弱势地位,严重制约了我国经济社会的健康发展。应该说,今天的中国,工业反哺农业、城市反哺农村的承诺已到了非兑现不可的时候,城乡统筹发展已成为解决城乡差距、缓解城乡矛盾的必然选择。

1.城乡分割的二元体制与二元土地制度下日益扩大的城乡差距

(1)城乡分割的二元体制与二元土地制度。城乡二元体制的建立和

---

① 刘杰,陶军德,曾光建.统筹城乡协调发展的土地利用模式研究.广东土地科学,2009,8(3):25—27

形成是源于我国特殊的历史发展阶段，它是在高度集中的计划经济体制的基础上，于 20 世纪 50 年代后期建立的。建国初期我国采取了"重工轻农、优先发展重工业"的发展战略，此战略客观使得轻工业没有为重工业提供积累的机会，只能通过"把农民固定在土地上，让他动弹不得，永远种粮食这种方式来实现资金积累"，为城乡二元结构的形成埋下了隐患。

在前苏联"要实现工业化，必须牺牲农民的利益"思想的影响下，1958年政府通过建立人民公社，在公社一级建立财政和农业银行机构，以全额提取农业剩余，使农业成为重工业所需资本的积累来源，为城乡分割的二元体制结构的形成提供了制度性安排。同年，《中华人民共和国户口登记条例》颁布，以法律形式确立了限制农村人口流入城市的包括常住、暂住、出生、死亡、迁出、迁入、变更等一套完善的具体户籍管理制度，基本上阻断了农村劳动力向城市国有工业转移的途径，人为深化了城乡二元经济结构。

以户籍制度为核心，以户口性质为界限在劳动就业、医疗保健、教育、转业安置、公共产品的享有及社会参与等方面在城市与农村人口间实行不平等的区别待遇政策，整体构成了一个利益向城市人口倾斜、包含社会生活多个领域、措施配套、组织严密的体系，在城市与农村之间构筑了一道高墙，城乡分离的"二元经济模式"从此在中国根深蒂固。

二元户籍制度与二元社保制度又是凭借捆绑在一起的二元土地制度才得以实施的，因此，二元土地制度既是我国城乡二元体制不可分割的重要组成部分，又是二元体制维系的基础。我国《宪法》第 10 条规定，"城市的土地属于国家所有。农村和城市郊区的土地，除由法律规定属于国家所有的以外，属于集体所有；宅基地和自留地、自留山，属于集体所有"；《土地管理法》第 2 条规定，"中华人民共和国实行土地的社会主义公有制，即全民所有制和劳动群众集体所有制。任何单位和个人不得侵占、买卖或者以其他形式非法转让土地。土地使用权可以依法转让。国家为了公共利益的需要，可以依法对土地实行征收或者征用并给予补偿。"《宪法》和《土地管理法》的以上规定，确定了我国土地管理制度的二元公有制结构，即全民所有制和集体所有制并存。

(2)二元体制与二元土地制度下的城乡差距扩大。改革开放以来,农村经济体制和社会经济结构发生了深刻变化,农业生产迅速增长,千百年来困扰着中国人的吃饭问题得到根本解决。这种历史性的变化,为农村和整个国家的发展提供了新的起点。然而,在新的发展阶段,农村发展仍然面临着新的矛盾和问题。20 世纪 90 年代末期以来农民收入增长进入低谷期,据统计,1997～2008 年十多年间,全国农民人均纯收入增加量不到城镇居民收入增量的 1/5;年均增长速度不到城镇居民的一半;城乡居民收入差距持续扩大,由 20 世纪 80 年代中期的 1.8：1,90 年代中后期的 2.5：1,扩大到 2008 年的 3.33：1。[①] 这还要考虑到一方面,城市居民在住房、社会保障、公共卫生和教育等方面享有国家的补贴;另一方面,按照现行统计口径,农民家庭收入包括要交纳的税费,以及用作生产资料的投入,实际差距约为 5：1 至 6：1。另外还要考虑到,平均数往往掩盖着个体之间的巨大差别。中国科学院的国情研究报告认为,我国长期形成的城乡二元结构是导致城市化滞后、现代化受阻、农村贫困化等多重危害的根源。因此,城乡一体化应当成为改善我国传统城乡关系格局的战略选择,甚至在某一特定时期内应该把发展重点转向农村,以从根本上解决城乡二元结构。

二元土地制度作为二元制度的重要基础,在新中国发展历史上对国家稳定、经济发展做出过重要贡献,但在当前新的发展形势下则较大程度上起着延续城乡分割、扩大城乡差距的作用。我国《土地管理法》第 43 条规定,"任何单位和个人进行建设,需要使用土地的,必须依法申请使用国有土地",这就从制度上禁止了农村土地直接进入非农建设领域,将农村土地和城市土地禁锢在两个独立的体系内,只能由国家因公共利益需要通过征收转变为城市建设用地才能用于非农建设。据统计,1990～2006年,全国非农建设占用耕地 4576.6 万亩,有 5400 万农民因征地失去或减少了土地,由于低价征地,农民所蒙受的损失超过了 2 万亿元。工业化、城市化以农民利益受损为代价,没有注重对农民土地迁移的保护,使得城

---

① 黄邦根.我国农民收入增长缓慢的原因与对策分析.农村经济,2010(10):37—40

乡差距日益扩大。

2.城乡建设无序,耕地大量过度开发利用,建设用地粗放、低效利用

城市化的加速发展,必然会推动以依托于城市的二、三产业的发展为目标的土地大量开发与利用,农用地转建设用地、城市存量土地的开发与利用就成为城市化的必然结果。各产业竞相用地,促使土地需求快速增长,从而加剧了土地供求关系的矛盾。由于没有强有力的制约或约束机制,造成耕地大量过度开发利用,建设用地粗放、低效利用。

(1)城乡建设用地扩展迅猛,占用了大量优质耕地。土地利用结构急剧发生变化,农村土地使用面积不断下降,城市土地使用面积不断增大。国土资源公报显示,与 2007 年相比,2008 年耕地净减少 29 万亩,建设占用耕地 287.4 万亩。从图 5—1 中可以看出,2001~2008 年,耕地面积下降 0.883 亿亩,人均耕地面积从 1.49 亩/人下降到 1.37 亩/人。同时,城镇建设用地规模快速扩展。从 1990 年到 2006 年,城镇建设用地在总量上增加了 2.7 万平方公里,同期 41 个特大城市主城区用地规模平均增长超过 50%,市区面积增加 1 倍以上的城市有 147 个。2007 年征用土地面积达 1216 平方公里,城市规模大肆扩张。

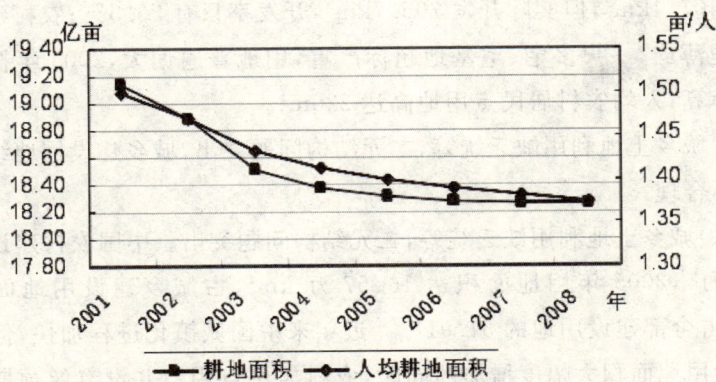

图 5—1　我国耕地及人均耕地面积变化

资料来源:2008 年统计年鉴、2008 年国民经济和社会发展统计公报、2008 年国土资源公告。

(2)城市用地粗放浪费和过度利用并存,农村建设用地总体粗放。许多城市热衷于新区建设,土地利用粗放浪费,而老城区往往过度密集,交通拥挤、空气污染、居住环境差等问题长期得不到解决,有的还有加剧之势。根据建设部的城市建设统计,1996～2005 年 9 年间中国城市建成区面积由 20214.18km² 扩大到 32520.70km²,增加了 12306.52km²,增长幅度达 60%;全国有 500 多个城市人均综合用地超过国标上限 120m²,其中小城市人均达 181m²。即使考虑中小城市对流动人口的吸纳问题,目前用地粗放、集约化程度低的问题依然十分突出。建制镇土地资源集约利用程度更低,县城以上的 1700 多个建制镇人均用地近 160m²;在开发区用地方面普遍存在布局分散、开发程度不够、土地利用率低的问题。据《全国土地利用总体规划纲要(2006－2020 年)》统计,至 2005 年,城镇规划范围内共有闲置、空闲和批而未供的土地近 26.67 万公顷(400 万亩);工业项目用地容积率仅为 0.3～0.6,工业用地平均产出率远低于发达国家水平。交通、水利、城市建设、生态环境建设、旅游规划等许多专项规划匹配性差,各自为政,无序竞争,导致大量的重复建设。土地闲置和浪费现象还表现在房地产开发上,1999～2004 年全国房地产开发商购置土地 1407.4km²,但实际开发 795.7km²,开发率只有 56.5%;农村建设用地管理薄弱,一户多宅、宅基地超标严重,用地普遍偏大,2005 年按农村人口计算,人均农村居民点用地高达 220m²。

3.城乡土地利用缺乏统筹,二元结构问题突出,城乡建设用地结构和布局不合理

(1)城乡土地利用缺乏统筹,二元结构问题突出。中国农村建设用地量大面广,2005 年用地面积达 16.57 万 km²,占城乡建设用地面积的 70%,占全部建设用地的 51.91%。近年来中国城镇化进程加快,但在城镇建设用地面积大幅度增加的同时,农村居民点用地并没有像预期那样减少。与 1996 年相比,2005 年全国农村人口减少了 11% 多,约 1 亿人,而农村居民点用地反而增加了 0.73%。城乡土地在管理和利用上呈分割状态,城镇建设用地属国有土地,可以进入市场流转,农村建设用地为集体所有,依法不能流转,由于城乡在土地利用与管理上的二元结构,农

村空心村、闲置的宅基地大量存在,却无法进入市场,使得农村建设用地整理集中改造难度较大,农村建设用地低效粗放利用状况不易改变。这种二元结构也是城乡土地利用在收益上存在巨大差异的主要原因,农业土地利用效益明显低于城市,造成城镇用地扩张迅速,耕地保护困难重重。因此,这种二元结构严重影响了城乡土地利用的统筹,制约着城乡的协调发展。

(2)城乡土地利用缺乏统筹,城乡建设用地结构和布局不合理。首先从城乡建设用地结构上看,农村建设用地占的比例虽然已从 1996 年的 75％降至 2005 年的 70％,但所占的比例仍然过大,使城乡建设用地总体利用效率随经济发展逐步提高的趋势得不到体现。从城镇用地结构看,公共设施用地、道路广场用地和绿地的比例呈增加之势,工业、仓储用地呈减少之势,总体上用地结构有所改善,但同发达国家城市相比,前三项用地比例仍然偏低,后两项用地比例明显偏高,城市工业用地比重虽已减至 21％左右,但仍明显高于发达国家水平(一般不超过 15％)。在农村建设用地中,教育、医疗等公共设施用地明显偏少。由于缺乏有效的区域统筹协调,许多城市都盲目扩张用地,产业结构趋同,重复建设严重,无序竞争,竞相压低地价,不仅造成土地资源浪费、土地资产流失,更严重的是由于土地利用结构失调,进而易造成经济结构失调。在布局上,许多城市"摊大饼",建制镇沿交通线分布,农村建设用地布局混乱无序,乡村工业遍地开花,这种无序的扩散将导致建设的混乱、基础设施无法共享,用地布局上的不合理不仅造成土地资源的浪费,也造成人居环境恶化。

4.农地征用中的城市偏向侵害了广大失地农民的权益,造成大量"三无农民"

随着城市化的推进,许多城市纷纷圈占土地,以地生财、以地兴城,通过政府行为低价征用农民的土地。现行的征地补偿是以土地原有用途即农业收益为基础的,而由于土地用途不同,土地收益高低相差惊人:从事工业开发用地的收益可达到农业用地的数百倍,而从事第三产业开发用地的收益甚至可达农业用地的数千倍,这从被征土地的高额出让费便可以得到证实。国务院发发展研究中心课题组研究表明,征地成本与出让价之间的巨额收益,大部分被中间商或地方政府以及腐败的官员所攫取。由于征地补偿标准过低,加上有些地方政府拖欠被征地农民的补偿安置费,补偿款又常常被层层截留,由此出现了所谓"务农无地、上班无岗、低保无份"的三无游民,增加了社会不安定因素。据有关专家估计,在现有的 4000 万失地农民中,绝大部分是所谓"三无农民"。

5.3 城乡统筹理论下的土地利用规划

统筹城乡的土地利用规划不是创造新的规划类型,也不是规划技术方法的创新,而是在新的发展时期,用新的理念和思想去指导传统规划,用新的思路引领规划编制,用新的制度、体制、机制创新规划。

5.3.1 城乡统筹下土地利用规划编制的理念、目标、思想、思路及方法

1.规划理念

(1)着眼"全局与统筹"。①从"一隅"到"全域"。打破行政区划,突破城乡界线,把城乡当成一个整体,通盘考虑,进行整体性规划。②从"一盘沙"到"一张网"。改变过去各自为政,在本行政区内配置资源的"拼盘模式",初步建立起上下对接、形成城乡一体的"一张网",拒绝"条块分割"、"零敲碎打"。③从"局部规划"到"全局规划"。这一转变有两层含义:一是突破以往规划以"物质空间"为主导的思考模式,深入研究经济、社会发展领域,变"物质性规划"为"综合性规划";二是规划编制延伸至规划建设的基本原则、组织方式、政策措施、管理程序等方面,变"局部规划"为"系统规划"。④从"部门编制"到"整合协调"。这一转变表现在两个方面:一是土地利用规划编制的整合力度更大,强调对部门编制规划的全面梳理、对接和协调,涉及更多的部门主体;二是更突出土地利用规划自身要素的纵向梳理,强调系统性。⑤从"技术方案编制"到"配套政策研究"。践行土地利用规划是土地管理的龙头和基础的要求,城乡统筹土地利用规划编制是整个规划工作的基础和抓手,在编制组织架构、规划成果使用等层面突破"技术方案编制"框架,实现从规划编制到保障规划实施的配套政

策研究。

（2）兼顾"公平与效率"。①从"重加速"到"重协调"。过去的土地利用规划更多地浓墨重笔城市区域的土地利用规划，而对农村地区的描述往往"一笔带过"，这与规划编制所处的社会经济环境和历史时期密切相关。在当前的历史时期，城乡统筹规划应当更多地关注协调发展，兼顾城乡发展和社会保障。②从"重城市"到"重均等"。过去规划建设用地更多地侧重城市保障，而对农村保障涉及很少，"统筹城乡平等发展的机遇"，应是城乡统筹土地利用规划编制的核心思想。

（3）突出"长远与动态"。①从"量化预测"到"动态平衡"。确定"性质、规模、方向"是传统土地利用规划配置土地资源的常用手法，但是无论是"以人定地"的预测方式，还是"以地定人"的推导方式，在当前背景下都会遇到相当困难。应改变以"数量推导"为主的思路，考虑发展的更多可能性，按资源条件、环境容量、市场选择约束下的"动态平衡"思路来配置资源。②从"布局土地资源"到"协调土地资本"。十七届三中全会提出，正在进行的土地改革方案应向进一步明晰产权、恢复要素价格、形成机制市场化的方向发展。集体建设用地流转、土地资源变资本都需要按照市场原则通过城乡统筹规划实现优化配置。城乡统筹规划编制应当更有弹性和可操作性，统筹考虑，预留资源，避免"频繁调整规划"的尴尬局面。

（4）回归"多元与多样"。①从"关注政府视角"到"关注多元视角"。市场化的过程实际是明确政府、企业、个人应该各做什么事的过程。城乡统筹土地利用规划需要明确为市场主体服务，尊重各类权属，履行保护各方财产的公共责任。②从"关注市民利益"到"关注全民利益"。摒弃以城市为中心的思想，关注包括农民在内的全民利益。③从"过度集中"到"聚散相宜"再到"和谐共融"。改变过度集中、一刀切的方式，"宜聚则聚、宜散则散"，形成"和谐共融"用地模式。

2. 规划目标

土地利用规划应当是保障经济社会可持续发展的多目标综合规划，而不是单一目标的资源利用规划，这一点大家已经形成共识。过去规划中对保护耕地十分重视，应予充分肯定，但不应把土地利用规划仅仅看作是耕地保护规划,否则会束缚土地利用规划的发展,限制土地利用规划作用的发挥,也不符合国际上通行的观念和做法。土地利用规划包括耕地保护、区域发展、土地节约集约、生态环境保护等一系列目标,这些目标之间存在着矛盾和冲突,这些矛盾与冲突的解决也是土地利用规划的目标之一。而建设用地增长与耕地保护、经济发展与环境保护两大矛盾是土地利用规划的主要矛盾。基本思想是在一定约束条件下,完成一组目标,在这组目标中含有多个具有不同优先等级的目标。土地不仅是自然资源,更是社会、经济活动不可或缺的空间和载体,是环境的主体。土地利用规划应当是以可持续发展为目的,以资源和环境保护为重点,以协调人口资源环境与发展为基本内容的综合性空间规划。

3.规划思想

统筹城乡发展思想是系统思想、以人为本思想、可持续发展思想的综合。

(1)必须用系统的观点看待土地利用总体规划。土地利用总体规划系统观就是把规划对象作为一个系统,用系统的方法去认识问题、分析问题、解决问题。因此,从系统的观点入手,以整体、动态、控制和协调的观点研究土地利用规划。

(2)用以人为本的思想引导土地利用规划。在规划中充分考虑各方面的利益,并将之集中、协调地反映出来。这要求其中的利益群体不但享有参与权,而且有知情权和监督权,真正做到土地利用规划以人为本。

(3)坚持可持续发展的思想。土地资源作为自然资源的重要组成部分,全面可持续发展体现在土地利用规划中就是要着眼于经济、社会、环境效益的统一。此外,土地利用规划是涉及面很广的社会实践活动,编制土地利用规划需要协调各部门的用地需求、长期目标与短期利益各方面的选择。因此,土地利用总体规划应该以可持续发展作为其价值取向和主要目标。

4.规划思路

城乡统筹的实质是把城镇和农村的经济、社会发展作为整体统一规划,通盘考虑;把城镇和农村存在的问题及二者的相互关系综合起来研究,统筹解决。城乡统筹倡导的是充分发挥城乡各自的优势和作用,使城乡之间的劳动力、技术、资本和资源等生产要素在一定范围内合理流动,以达到城乡互补、相互融合、协调发展、共同繁荣的目的。正如美国著名城市理论家芒福德所指出的:城与乡,不能截然分开;城与乡,同等重要;城与乡,应该有机结合在一起。要实现城乡统筹发展,农村规划的编制就需采取"自上而下"和"自下而上"相结合的方法,从区域层面开始,注重"城市"与"农村"之间的联系,区域与中心城镇并重,构建一个从土地资源分配到具体操作的系统网络。

以往规划包括土地利用规划和城市规划均采用"以人定地"模式,首先进行人口预测再套用人均用地指标来预测用地需求量,而所依据的自变量(如人口、GDP)往往难以预测准确,故常常使规划处于滞后和被动的地位,这种单向的线性思维模式已难以适应客观需求。为了走出规划困境,应改用逆向思维方式,变"以人定地"为"以地定人"、"以需定供"为"以供定需"的逆规划。有的学者称其为"反规划"(俞孔坚,2003),即将规划顺序倒过来,依据土地适宜性评价成果,先将诸如生态脆弱地、水土流失地、25 度以上坡地等生态用地划出,再将水肥条件好、适宜农作物生长的耕地和基本农田划定,剩余下来的土地依据其环境容量再安排作为建设用地,真正做到"良田必须留给农业,道路和工厂另行择地建设"。在这种情况下,建设用地的不足部分主要依靠内涵挖潜,而以外延扩张为辅,走土地节约和集约利用之路。鼓励农村建设用地整理,城镇建设用地增加要与农村建设用地减少相挂钩,还要以耕地生产力提高相替代。大力推进农地整理,保护和提高农地综合生产能力,加强基本农田示范区建设。

我国幅员辽阔,由于各地区社会、经济发展的情况不同,在推进城乡统筹发展的实践中各地区和各省份的做法和实施途径也有所不同,这也是实事求是、与时俱进的表现。

5.规划研究方法

鉴于城乡统筹下的土地利用规划并不是一个新的规划类型,因此,在此我们不强调规划的技术方法。

(1)加强规划的专题研究,增强土地利用总体规划的科学性。应基于统筹城乡发展的理论,以问题为导向,有针对性地加强专题研究,采用纵向和横向的比较研究的方法,借鉴国内外先进经验,具体问题具体分析,创造性地解决问题,为土地利用总体规划提供科学的依据。

(2)加强规划的弹性,进行连续性规划。统筹城乡发展的过渡性特点决定了未来城乡的发展难以准确估计,长远规划存在很多不确定因素,故土地利用总体规划应该预计这些未来发展中的不确定因素,利用不同的规划假设,拟订一个未来最可能会发生的社会经济"发展情况",然后制定出不同的应变计划,并提出概括性的指引,增加规划的弹性,使土地利用总体规划能够应对下一阶段社会经济发展的转变,同时建议建立相应的机制,以便监察和检讨总体规划,从而使规划具有动态性和连续性。

(3)协调土地利用总体规划与其他相关规划的关系。应做好城乡规划、土地利用总体规划与国民经济和社会发展规划协调工作,尤其是在目标、用地分类、规模、功能等方面应协调好城乡规划与土地利用总体规划的关系。建议城乡规划和土地利用总体规划同步编制,城市规划行政主管部门和土地行政主管部门相互协调、相互沟通,将编制期限规范化、制度化,并对需要衔接的内容进行明确的规定,做到同步编制,互相衔接。

(4)加强土地利用规划的公众参与,提倡倡导性规划。要想使土地利用总体规划表达全体民众(包括市民与农民)的利益,达到维护公众利益的目标,就必须引入"公众参与"机制。民主制度贯穿于编制和实施过程中,为规划的科学性和可操作性提供有力的支持。

前两轮规划采用指标和土地用途分区相结合的方法是比较成功的,基于我国的基本国情和所处的经济社会快速发展阶段,以及还处于向市场经济体制转轨这一特殊时期,采取少量的强制性指标是必要的,尤其是建设用地具有不可逆转性,必须采取适度从紧的指标控制,这一做法应当继续坚持。关键要完善指标确定的方法,指标的确定和分解要充分论证,要有上下反馈协商机制。建设用地强制性指标应有一定的浮动幅度,使规划有一定弹性。要进一步完善县级和乡级规划的土地用途分区,并通过制定管制规则,给管理留下一定的调节空间。

5.3.2　城乡统筹下土地利用规划编制的层次和特点

1. 规划编制纵向层次

土地利用规划编制体系从层次上一般分为宏观和微观两大部分。土地利用规划并不完全打破现有土地利用规划体系，只是强调在不同层级，必须把城市与农村、工业与农业、市民与农民统筹起来，综合协调，层层递进。

在土地利用规划空间层次方面，省级土地利用总体规划应强化战略性和政策性，地级和县级土地利用总体规划应突出空间性和结构性，乡级土地利用总体规划应提高针对性和操作性，明晰不同层次规划的重点；在土地利用规划纵向体系方面，应完善土地利用专项规划体系，为总体规划的实施提供保障，尤其应开展基本农田保护专项规划和土地整理复垦开发专项规划工作。规划的纵向层次见图 5—2。

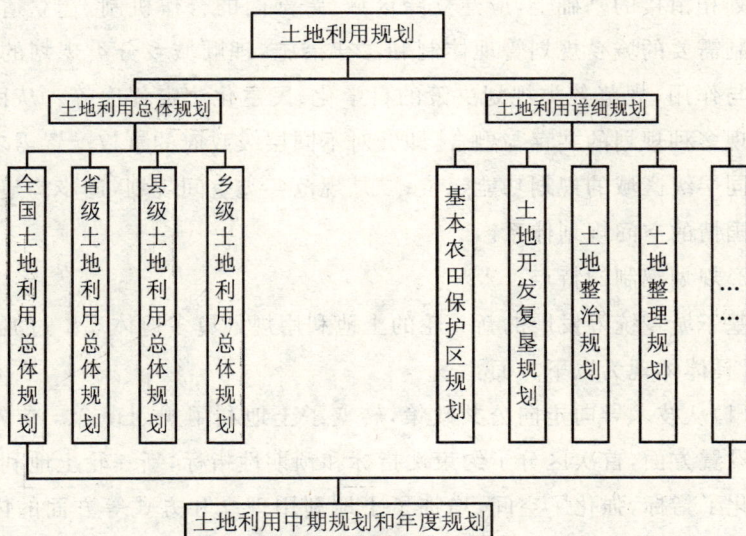

图 5—2　土地利用规划纵向层次

2. 规划的横向层次

城乡规划、土地利用总体规划与国民经济和社会发展规划三者之间的关系,可以简单概括为,城乡规划定"方位"(发展方向和空间布局),土地利用总体规划定"指标"(建设用地规模),国民经济和社会发展规划定"目标"。城乡规划与土地利用总体规划有着共同的规划对象和规划目标,从本质看,两者是相互协调和衔接的,应依据国民经济和社会发展规划来相互协调和相互制约,落实"合理利用和珍惜每一寸土地,切实保护耕地"的基本国策,保护生态环境,维持生态平衡,促进城乡协调发展。而国民经济和社会发展规划具有战略性、指导性和政策性,更具有宏观性,是编制实施城乡规划和土地利用总体规划的重要依据。尤其要做好城乡规划和土地利用总体规划在目标、用地分类、规模、功能等方面的相互协调。

城乡分立规划模式的弊端是非常明显的,协调"三规"关系意义重大,作用重要。城乡规划在依据国民经济和社会发展规划,并与土地利用总体规划相衔接的基础上,应建立跨区域、跨部门的合作机制,建立适合市场体制需要的城乡规划管理体制和法律措施,理顺城乡分类规划的不同地位与作用,规范各类规划决策的科学化、民主化法定程序等。从而,一是实现多种规划的共存与融合,即针对不同层级政府的事权配置需求,明确不同层级区域的规划功能定位;二是规范各类空间规划,逐步构建符合我国国情的空间规划体系。

2. 规划编制的特点

基于城乡统筹发展的新一轮的土地利用规划更多地体现出过渡性的特点,具体体现为以下方面:

(1)从技术导向走向公共政策,转变了土地利用规划理念。首先,从指标设置方面,首次区分了约束性指标和预期性指标,新一轮土地利用规划弱化了指标,强化了空间,增加了土地利用理念和方式等方面的内容。表现在建立了包括耕地保有量、基本农田保护面积、城乡建设用地规模等在内的六个约束性指标和九个预期性指标的调控指标体系,突出了空间控制,制定了差别化的土地利用政策。其次,强调前期工作为主的土地利用的战略研究,尤其高层的土地利用规划主要体现了土地利用的政策导向。最后,土地利用规划实施保障措施,改善了"重编制轻实施"的现状,体现了土地利用规划作为政策的可操作性。

（2）从耕地保护到节约集约为核心，体现了规划的综合性。以"耕地总量动态平衡"为核心的上一轮规划是在当时特殊的社会经济背景下形成的。新一轮规划面临的是保护耕地、保障发展和保护环境的多重矛盾，根据"五个统筹"的要求，开展了规划的六个重大问题研究，包括保护耕地、节约与集约用地、优化城乡用地结构与布局、统筹区域、协调土地利用与生态环境建设以及规划的实施保障措施。从土地利用系统出发，体现了以耕地保护为前提、土地节约集约利用为核心、控制建设用地为重点的特点，实现了从耕地保护为重点到统筹兼顾耕地和建设用地，从单一地就土地谈土地到土地利用与经济发展、生态环境保护兼顾的转变；体现了土地利用总体规划是落实土地宏观调控和土地用途管制、规划城乡建设的重要依据，是实行最严格土地管理制度的一项基本手段的定位。

（3）从以指标为主到指标与空间管制兼顾，适应了规划的不确定性。土地利用规划的前期工作中，《全国土地利用总体规划纲要（2006－2020年）》中明确了应加强建设用地空间管制，并提出实行城乡建设用地扩展边界控制，落实城乡建设用地空间管制制度。《市县乡级土地利用总体规划编制指导意见》中重点对各类用地空间布局、基本农田布局以及建设用地布局与管制提出了明确要求。尤其是市级以下的土地利用规划，将划分土地利用空间管制分区及制定分区管制措施作为重要内容之一。

（4）突出专家领衔、部门合作和公众参与，改进了规划工作方式。新一轮土地利用规划提出"政府组织、专家领衔、部门合作、公众参与、科学决策"的工作方针，强调发挥专家、部门和公众的作用。《关于做好土地利用总体规划修编前期工作的意见》中要求各省、自治区、直辖市成立规划专家咨询委员会，尤其在规划的前期工作中发挥专家的作用。

5.3.3　城乡统筹下土地利用规划管理体制建设

统筹城乡土地管理必然要健全土地利用规划管理体制，受我国特殊的"二元结构"影响，我国在土地利用规划管理体制建设方面，还存在着严重的城乡割据问题，城乡存在较大差距，严重影响了土地管理的效率。

1. 加快农村土地制度改革,为农村土地利用规划管理体制的健康发展奠定基础

党的十七届三中全会上通过的《中共中央关于推进农村改革发展若干重大问题的决定》中明确指出了"土地制度是农村的基础制度",论述了改革农村土地制度的意义和基本思路。当前政府的单一主导对农村土地资源的优化配置产生了一定的阻碍,应该加快农村土地制度改革,在完善家庭承包经营制的基础上,适当引入市场机制。适度整合,加快推进农村土地规模经营,使市场驱动力对农村土地利用规划管理体制建设发挥积极作用。

2. 在共同责任推动下,形成土地利用规划管理体制健康发展机制

完善城乡土地利用规划管理体制,必须以共同责任为驱动,强调全社会各阶层全流程参与规划。在规划编制阶段,应建立公众参与平台,健全和完善公众参与的法律法规,赋予公民相应的权利和义务,完善公众参与机制。在规划实施监督阶段,应加大宣传力度,建立阳光监督机制。建立由社会知名人士、专家、媒体记者和农民代表等组成的城乡土地利用规划管理监督委员会,以独立形式对规划的实施进展状况进行监督。另外在组织机制上,改革政府机构,尤其要加强基层组织的建设和改革。很多的政策需要基层组织来落实,如果基层组织没有了,那么任何政策也难以落实。转变政府职能,实现市场在土地资源配置中的基础作用,尤其在农村集体土地使用权流转中,更应引入市场机制,规范土地流转程序,建立严格规范竞争有序的城乡一体化土地流转市场。

3. 以城乡统筹为契机,推进土地利用规划管理体制在城乡之间协调发展

我国现行的农村土地政策在一定的经济社会背景下发挥了重要的历史性作用,"偏爱市民,啬嗇农民"的城乡二元政策,支撑了经济发展水平低下阶段的快速工业化进程,但在客观上造成了城乡差距的扩大。从综合国力上看,我国已基本进入了以工促农、以城带乡的发展阶段,进入了加快改造传统农业、走中国特色农业现代化道路的关键时刻,进入了着力破除城乡二元结构、形成城乡经济社会发展一体化新格局的重要时期。

城乡之间的各种资源要素在不断地流动,管理体制必然要提出一些逐渐融合的要求。我们必须准确把握我国所处的发展阶段,遵循经济社会发展的客观规律,按照"产权清晰、用途管制、节约集约、严格管理"的原则,在当前国家支农惠农的政策下,抓住机遇,加强农村土地利用规划管理体制建设,推进城乡之间土地利用规划管理体制协调发展。

第6章 以统筹城乡土地利用规划破解城乡土地二元结构

我国城乡土地二元结构是城乡二元结构的重要组成部分，又是城乡二元结构维系的基础，故破解城乡土地二元结构成为改变城乡二元结构的关键，而作为土地资源管理"龙头"的土地利用规划理所当然应成为突破城乡土地二元结构的"利器"，进而在改变城乡二元结构中发挥重要作用。

6.1 我国城乡土地二元结构及其影响分析

6.1.1 城乡土地二元产权制度结构及其影响

目前我国土地权利的基本结构如图 6—1 所示，其中土地所有权和土地使用权是我国两种主要的土地权利，土地的他项权利是附着于土地使用权上的权利。《宪法》规定了我国土地国家所有权有国有和集体所有两种形式，即城市土地属于国家所有，土地的所有权由国务院代表国家行使，国务院授权各级地方政府来具体进行管理和经营。地方政府可以依法无偿和有偿出让一定年限的土地使用权，有偿出让的国有土地使用权是一项完整意义但又受到限制的产权，可以在市场上交易。我国的土地市场主要有国有土地使用权出让的一级市场和土地使用权转让的二级市场。农村和城市郊区的土地，除由法律规定属于国家所有的以外，属于集体所有，集体土地所有权由集体经济组织来代表实施，集体土地使用权由集体内的成员所拥有，集体成员享有占有、使用、收益以及部分处分权，农村土地市场才刚刚发育。我国不存在土地的所有权交易，在城市发展需要时，城市政府可以强制性征用集体所有的土地，但集体不能购买国有土地。《土地管理法》以及相关法律对这两种形式的土地所有权的权利主体、内容及权利限制进行了规定。

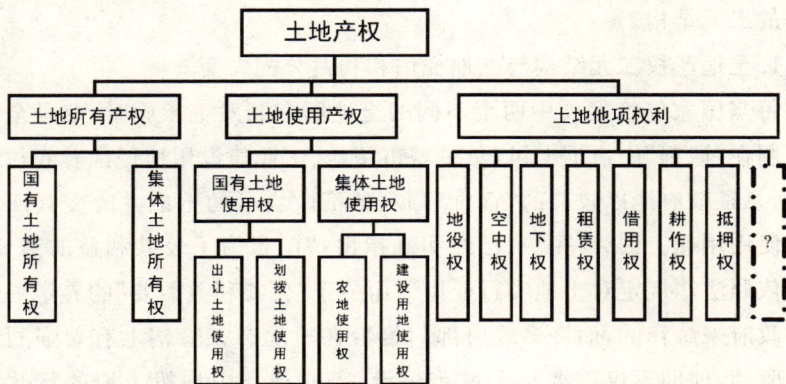

图 6—1　我国土地权利的基本结构

（说明："？"代表在以后的发展中有待设定的新权项，譬如：土地发展权等）

对土地所有权和使用权而言，一方面，国有土地所有权与集体土地所有权在内涵与外延上有很大区别，国有土地所有权更具有所有权的绝对性特征，而集体土地所有权受到比国外私人土地所有权更多的限制，集体土地所有权不具有绝对性，也可以说，它不是一项真正的"所有权"，农村集体土地所有产权与城市国有土地所有权相比呈现一定程度的残缺性。另一方面，在土地使用权上，由于产权束中各权项的权能和权益的分割、组合及分离情况不一样，农村集体土地使用权与城市国有土地使用权相比呈现十分严重的残缺性。农村集体土地所有权和使用权呈现双重残缺性特征，当然，残缺或不完整、模糊是土地产权时间序列演进中的阶段常态。但是，这种城乡之间横向对比的残缺以及模糊度差异已经产生了严重的不良后果。

由于农村与城市的土地改革逻辑并不一致，在农村，土地制度改革是以包产到户与土地承包为起点的；在城市，土地制度改革则以土地的有偿使用为开端。这样土地产权束中各权项的权能和权益的分割、组合及分离造成了城乡土地产权结构的严重分异,在"二元产权制度"结构下,农村集体土地单向度地向国有产权权属转移(在土地征用中表现得淋漓尽致),农村集体土地使用权市场发育迟缓,这些都进一步强化了中国城乡经济的二元结构。

1. 土地产权二元结构与土地征用和利益分配失衡

每当国家经济发展中两个不同的土地所有制发生矛盾时,总是全民所有制在"谈判"中占据上风,总是城市用地、工业建设用地侵蚀着农村的土地,总是政府能以较低的"官价"顺利地征收农村的土地并改变其所有权和使用用途。因为《宪法》已经明确指出:"国家为了公共利益的需要,可以依照法律规定对土地实行征用",而关于"公共利益需要"的界定一般是由政府来解释的,而许多政府部门恰恰在土地产权管辖上有着强烈的利益驱动,他们不仅需要扩大城市建设、工业项目中划拨土地的行政权力,而且需要通过改变农村土地产权和用途来实现自身的财政积累。政府有这么多独立于农民之外的"需要",还能允许农村集体所有制就土地问题与国家平等地谈权论价吗? 中国的耕地依然在年复一年地减少,土地产权问题造成了市场残缺、价格扭曲、有限供给不足和大量资源浪费,这使人们不能不怀疑国家用地规划、城市规划的法律约束力。

在计划经济时代,国家土地所有权与农民集体土地所有权出现矛盾时,国家完全能够以管制上的法权来侵占农民权益。改革开放以后,在城市土地使用权市场化已经势如破竹之际,国家法律对农村土地产权仍然坚持种种传统限制,城市高效利用土地与农村严格保护耕地的双重政策目标,却不能借助市场配置的"东风"而得到等量齐观的妥善解决。虽然,从国家的根本利益上讲,高效用地与保护耕地并不是完全矛盾的,城市化、工业化的发展甚至对提高耕地保护的科技水平都是十分有利的。但是,我们目前的市场经济和产权交换更多的是充分满足垄断方的权益,这就使高效用地与保护耕地变成了相互矛盾的两难选择。在今天这样不断发展的社会主义市场经济条件下,不同用途的土地资源在经济收益上的差异日趋明朗化、公开化,城市和工业区周边农田所面临的每一个开发机遇,都会使残缺产权下的农村土地呈现出非常高的收益预期。此时,相关的政府、企业、集体和农民虽然各自的经济利益不同,但在"转换土地用途"的问题上却很容易达成高度一致的利益驱动。多年来,确实有些经济学家、社会学家在谈论城市公地扩张和农村耕地保护时,多局限于从办公室来了解农村和农民的概貌,非常简单化、模式化地认为:"农民从骨子里是热爱农村、珍惜耕地的,他们失去土地都是迫于无奈。"这种无视土地所有权经济价值的心理和行为分析,未免过于天真、过于低估了当代农民的产权责任和经济核算能力。如今农民们的共同特点是在土地经济问题上极其务实,过去那种"一头扎进高粱地,有多少地干多少活、收多少粮、卖多少钱"的传统观念已经大大改观了,他们的土地账和收入账算得比我们一些官员和学者还精明。一说到村里将向各家各户征地盖厂房、搞出租性开发,许多农民竟然十分高兴:"出租土地咋也比种地强,当个地主房东又省心、又赚钱,傻子才不干呢。"至于说这么干怕不怕违反法律,农民说:"反正耕地早晚也是集体的,天塌了有村干部顶着呢!"话语中还包含了对村干部作代表在处理耕地收益时"多吃多占"的某种宽容。至于说失去耕地以后的农民养老保障问题,农民把锄头往地上一放,比咱城里人想得还开通:"钱多了人就有保障,光种地没有钱,那叫啥保障?"从农民私下的"小九九"看,集体所有制使他们变得不怎么"爱惜耕地"了。当然,人的意识是以经济制度为根本条件的,面对国有产权难以限制的长期土地产权扩张以及现行社会法制环境下农民土地耕种的成本、风险和利润,这也是广大农民在土地产权残缺状况下"经济人"理性的正常反映,也是市场经济对他们认识社会、破解迷津的一种启蒙吧。我们不能在国家法规和产权制度失灵时,仅仅抱怨农民一心向往"不现实"的土地转让高收益,甚至批人家"私心重"、"不懂法"、"目光浅"、"素质低"。我们应该更多地从产权制度的安排上多多反思。从具体的国情上分析,中国的土地制度无疑应当把高效用地与保护耕地作为中国法规体系的核心目标。但为什么在实践过程中会一再出现法定目标的偏移呢? 特别是改革开放以后,有限的土地市场一下子涌现出这么多强烈而又暧昧的违法行为,这不是仅仅用一个"制度尚不完善"就能说清楚的法不责众行为。在国家法律管制失

灵的背后,一定暗藏着更为深刻的城乡土地产权二元微观结构严重割裂、分异的弊端。[1,2]

2.二元土地产权制度的变革差异效应

与劳动、资本、技术一样,土地资源的配置构成了城乡二元经济结构转换的约束条件。土地作为一种生产要素,只有合理有序地流转,才能体现其内在价值,以提高其使用效益。土地流转是工业化、城市化的客观要求,也是城乡二元经济结构转换的内在需求。由于土地的自然属性,其流转是以土地权利制度为载体的,其流转的过程本质上是地权交易的过程。因此,只有建立科学合理的土地产权制度,才有利于土地与劳动、资本、技术等要素的优化组合,促进经济社会发展和城乡二元经济结构转换。形成中国城乡二元结构的制度性因素之一,就是土地所有制的二元性。城乡之间不同的产权制度安排,对城乡二元经济结构的动态变化有着不可忽视的影响。这种影响源于产权制度改革在城乡之间的时序、深度等方面存在的明显差异。

众所周知,农村改革是中国经济体制改革的突破口。自1979年起实行的农村家庭联产承包责任制,本质上是对农村土地产权制度的一次重大改革。改革之前,农民在土地上的劳动所得是通过集体经济组织间接实现的,由此形成了农民与土地之间的体制屏障。这种屏障导致农民对土地的各种投入只能是消极、被动甚至冷漠的。改革之后,实现了土地所有权与经营权的分离,通过农民与土地的直接结合形式,部分地撤除了农民与土地之间的体制屏障,从而极大地激发了农民与土地深藏着的感情,释放了农村和农业潜在的生产力。

在农村改革的最初几年中,城市的产权改革明显滞后,其经济发展活力也被农村明显赶超。在这一期间,城乡二元经济结构出现了减缓的格局。20世纪80年代中期,城乡差距显著缩小,二元生产率对比系数从1978年的0.16提高到1984年的0.26,城乡收入比也从1978年的2.57

---

① 周振华主编.中国经济分析:政府选择.上海:上海人民出版社,2005年
② 汪利娜著.中国城市土地产权制度研究.北京:社会科学文献出版社,2006年

降至 1985 年的 1.86。

　　自 80 年代中期开始，城市经济体制改革拉开序幕。国有土地两权分离，城市土地市场发展、完善，再加上国有企业产权制度的改革，从最初的承包制、资产经营责任制，到后来的股份制改造、建立现代企业制度，国有企业产权制度有了很大调整，加之非国有经济的迅速壮大，为城市经济发展增添了巨大活力。

　　与此同时，农村制度创新的边际收益递减效应逐渐显现。家庭联产承包责任制并未从根本上改变传统的农村土地集体所有制。一方面是农民的权益无法得到保障，例如随意缩短承包期、调整承包地、提高承包费等；另一方面是农民对土地收益的长期预期难以形成，对土地的长期投资势必受到影响而且家庭联产承包制与土地集约经营、规模投入的客观要求相悖。尽管乡镇企业的发展在一定程度上抵消了这种边际收益递减效应，但是难以从根本上解决问题。因此，80 年代中期以后，城乡差距再次呈现出拉大的态势，以生产率和收入差距体现的城乡二元经济结构，除了在 90 年代中期有短暂的减缓外，其余年份都是强化的。①

　　由以上可见，城乡土地之间产权制度改革的时序变化和推进深度，与城乡二元经济结构的变动特征具有高度的相关性。

　　3. 二元土地产权结构对农业规模经营和农业现代化发展的影响

　　农业规模经营和农业现代化发展取决于生产要素市场的发育状况，取决于要素的相对自由流动状况。而在现有的二元土地产权下，城市的土地市场日臻完善，土地资源市场配置为经济发展注入了强大活力，而农村土地市场发育举步维艰，农村土地呈现的是一种资源而不是商品，是一种生产要素而不是资本，农民对土地要素自由流动以实现资源合理配置缺乏动力，因此，家庭联产承包责任制下的土地集体所有、农户平均占有决定了农民只能沿用分散经营的小农生产模式。在这种超小规模经营状态下，农户受自身经济实力限制，农业投资能力低，加上土地碎化经营，严

---

　　①　夏耕. 中国城乡二元经济结构转换研究：要素流动、制度变迁、市场机制与政府作用. 北京：北京大学出版社，2005 年

重制约了农业基础设施的建设和使用,造成农业生产率的增长难以为继。并且,这种分散经营的小农生产与社会化大生产要求相距甚远。现行农业生产主体多且分散,缺乏分工协作,进入市场难以形成利益共同体,这必然造成农业利益的流失,同时也使农民无法获得可靠的市场信息,生产经营带有一定的盲目性,加大了农业的市场风险。[1,2]

6.1.2 城乡土地二元市场结构及其影响

城乡土地二元市场结构主要是指城市土地市场和农村土地市场并存,没有形成统一的土地市场结构。如上文所述,我国土地市场主要是指城市土地市场,农村土地市场还未发育。我国城市土地市场按照土地交易主体以及土地流转层次的不同分为一级市场、二级市场。一级市场反映的是国家与城市土地使用单位之间的关系,是一种垄断的市场,其流转方式是单一纵向的,现阶段城市土地使用权一级市场主要采用出让的方式,具体形式有拍卖、招标、挂牌、协议四种形式。城市土地二级市场反映的是土地使用者之间的关系,是指土地使用者从国家获得土地使用权后对其进行再让渡,主要形式有转让、租赁、抵押等。我国城市土地市场具有垄断和竞争并存的特点,其当前的发展相对较为成熟。

农村土地市场按照用地性质包括农用地市场和农村建设用地流转市场,农地市场包括农地承包经营权发包市场和农地承包经营权流转市场,农村建设用地市场相应也包括发包市场和使用权流转市场。农地土地市场具有严格的地域限制,例如农地承包经营权,在法律上严格限制在本集体经济组织内流转。由于产权安排的模糊性以及政策法律层面的限制,农村土地市场发育缓慢。

1. 二元土地市场结构导致土地"灰色交易"泛滥

随着城市化进程的不断加快,农村特别是城乡结合部地区受城市化、工业化的冲击极大,对建设用地需求日益膨胀客观上要求农村集体土地能自由流转,以满足城市发展的要求。然而农村土地市场的发育不足以

---

① 王秀清,苏旭霞.农用地细碎化对农业生产的影响.农业技术经济,2002(2):2—7
② 王东京主编.中国经济观察:第1辑.北京:中共中央党校出版社,2006年

及相关配套政策的缺失，使得部分农村建设用地未经审批直接入市流转，导致土地市场混乱，"小产权房"问题就是例子之一。城乡建设用地的统一配置利用，客观上需要城乡统一的土地市场，这不仅是提高土地利用效率的要求，也是健全完善社会主义市场经济的客观要求。

2. 二元土地市场与农地加速损失

市场机制的核心是价格机制，价格是资源配置的主要手段。市场发出价格信号，通过价格的涨落来调节供给与需求，从而达到资源配置的效率最大化。在农地征购市场未建立的情况下，由于未形成地价机制，政府低价征地以及依靠"卖地财政"获得城市开发建设资金冲动便难以得到根本的抑制，因而也加速了农地损失。随着农村土地市场的建立，土地真实的市场价格将会理性回归，在价格机制的作用下，农地非农化的需求量将会下降。[①]

6.1.3　城乡土地二元管理制度及其影响

1. 二元土地管理结构导致行政管理成本和社会管理风险不断增加

从一级市场、二级市场到征地市场，政府制定了太多本不必需的管理程序、囊括了太多本不应该由其承担的管理成本，致使土地管理中出现太多本不应该出现的棘手的问题。从成本价到出让价之间所生成的土地资本巨额增值收益，大部分被中间商、地方政府和村级组织所获取。[②] 这种极不公平的分配方式引发大量农民上访和群体性事件，且数量连年递增，影响社会稳定，增加了社会管理的风险。

2. 二元土地管理结构影响农地利用率的提高，不利于农地的合理配置

城乡二元土地管理结构造成了事实上的国有土地和集体土地同地不同权。集体土地的使用、收益、处分等权利受到诸多的限制，如未经批准不得改变土地用途，不能转让、抵押、投资入股；即便允许农地经营权流

---

① 刘鑫主编. 土地市场清查治理整顿及典型案例评析. 北京：中国建材工业出版社，2004 年

② 资料来源：《深圳商报》2004 年 3 月 3 日

转,也将其限制在本集体经济组织内部;不允许或限制宅基地的流转,客观上造成了宅基地的长期限制等。这种限制不利于土地集中,不利于将资金、技术、知识、管理等现代生产要素吸引到农村中来,与土地、劳动等传统生产要素进行优化配置,也不利于节省成本和开支。

当前农村土地流转市场由于相关法律制度严重缺失、滞后,导致市场化流转运行机制不健全,表现为:流转主体呈现混乱和不合法状况;土地流转过程中行政主导居多,干预较大,市场配置资源原则未体现出来;土地流转收益分配制度极不完善,土地流转收益分配随意性很大;流转中介、服务体系不配套;有关土地争议的解决机制不健全等。目前随着农村非农就业、城市化转移的增多和种植大户、农业企业的增多,农地使用权流转的供给和需求必然日益增多,土地流转市场的发育不足难以满足农地流转供求双方的需求,导致土地配置不合理。

3.二元土地管理结构影响了统筹城乡发展中农地保障功能的实现

我国实行城乡有别的社会保障体系,对城镇居民实施的是以货币支付为主要方式的社会保障制度,对农民实施的则是以无偿提供宅基地使用权和土地承包经营权的实物式生存保障制度。[①] 然而这种限制了的宅基地使用权流转和土地承包经营权流转的管理机制,限制了农地社会保障功能的实现。当前,在城市化的汹涌浪潮中,转移到城市的农民形成了规模庞大的农民工群体,他们对土地的依赖性大大减少,土地为他们提供的生存保障功能实际上难以实现。在城市社会保障制度还无力顾及进城农民工群体的条件下,必然使得这一部分弱势群体处于"失保"状态。

---

① 民建成都市委.统筹城乡视野下的农村土地管理制度重构的思考.四川省社会主义学院学报.2010(2):53—54

6.2 以统筹城乡发展促进城乡土地二元结构向一元结构转化

6.2.1 实现城乡二元土地产权制度及土地市场的有效对接

1.创新农村集体土地产权制度,实现城乡二元土地产权制度有效对接

目前,国有土地使用权的一级、二级市场是我国土地制度改革和发展的重点。经过多年的探索,国有土地使用权已经走上物权化和市场化的发展轨道。然而,在我国整个经济构架中,农业作为国民经济的基础,其发展却处于相对滞后的状态。相当数量的农民还处于为求温饱而生产的状况,土地利用在很大程度上还处在自给自足的自然经济水平,土地资源的经济潜力还没有发挥出来。如何使农村经济能有一个质的飞跃?我们认为,沿袭我国城市土地市场建设和城市土地两权分离的改革实践,我国农村土地市场化的产权制度创新迫切需要对农村土地使用权进行可交易性的构建。界定、明晰产权不现实也不必要,但是构建具有与城市土地产权微观结构相同的农村土地产权是现实而且是必要的,这是推进农村土地市场发育、发展的基础和条件。应该通过充分挖掘农村土地资源的市场潜力,加快集体土地使用权物权化进程,让农民真正拥有土地权利,使土地更多地投入商品化、市场化的利用,在产生更多产品价值的同时提高土地资产自身的价值。[1,2,3]

尽管我国集体土地使用权作为一项基本的用益物权为《民法》、《土地管理法》所确认,并且作为农村土地制度改革的产物对农村经济的发展起了巨大的促进作用,但与土地物权制度发达的国家相比,集体土地使用权的物权性尚不够充分,这种状况与我国目前的农村经济发展状况亦不相适应。随着我国物权法律制度建设步伐的加快,集体土地使用权制度无

---

① 王振坡,王丽艳.中国工业化、城市化进程中农地市场与产权关系探讨.财贸研究,2006 (5):32—39

② 李稻葵.转型经济中的模糊产权理论.经济研究,1995(4):42—50

③ 杨小凯,张永生著.新兴古典经济学与超边际分析.北京:中国社会科学出版社,2003 年

论是在理论上还是在立法、司法实践上都亟待发展和完善。

集体土地使用权是用益物权,所谓用益物权,是以支配物之利用价值为内容的物权,这应是集体土地使用权的基本法律属性。集体土地使用权是由集体土地所有权派生的一种用益物权,它是所有权人以外的民事主体享有的对集体土地进行占有、使用、收益的权利。在法律规定的范围内,集体土地使用权可以转让、出租、抵押、投资或入股,作为一项民事财产还可以继承。集体土地使用权的内容依法确定,受法律保护,非法定原因,不得变更或消灭。集体土地使用权具有物权的普遍效力,即排他效力、优先效力和物上请求的效力。

集体土地使用权的物权化制度建设,首先需要对其各项具体的土地权利的名称从《物权法》的角度加以统一。目前有些法律文件或学术文章对集体土地使用权所作的分类带有很大的随意性,分类标准在逻辑上不统一。我们认为,集体土地使用权应按土地用途进行分类,将农地承包经营权改称为农地使用权,乡镇企业建设用地权改称为非农经营性用地使用权,乡村公益事业用地权改称为非农公益性用地使用权,宅基地使用权因正是从用途角度确定的称谓,可以不作改动。农村集体土地产权制度创新的关键就是活络土地使用权使之社会化,界定并保障土地使用权权利,土地使用权权利来自对土地所有权内在权能诸如占有、使用、收益、处分等的割取。究竟如何割取,即土地所有权究竟还保有什么,则依市场化的需要而定。但是,产权制度独立于所有制的变化而变化是有限度的、相对的,它的变化必然受到所有制性质的约束,如果产权关系变动超过一定限度,就必然引起所有制性质的改变,这个限度就在"狭义所有权即归属权状况"上,这也是中国农村土地产权制度变革的限度。①

2. 以市场建设促进城乡土地资源高效配置

城乡土地二元市场结构突出表现在城乡分割的建设用地市场,或者说农村建设用地市场被排除在建设用地交易市场之外;此外,长期以来农

---

① 李占通.模糊产权与中国农村土地产权制度创新研究.南开大学博士学位论文,2007年6月

村农用地流转市场也在权力部门的控制下难以得到制度化管理,缺乏市场约束和监督。

城乡土地一体化市场建设的重点是建立城乡统一的建设用地市场和区域性的农用地流转市场。城乡统一的建设用地交易市场和区域性的农用地交易市场如能建立,对于改变目前土地财政和政府与开发商间的寻租行为有着很好的规制作用。打破政府对于土地市场的垄断控制,切断或缩减寻租空间,减少政府不必要的土地市场干预,有利于推进更加合理的土地新政改革;土地的市场化交易使得土地价格可以围绕市场供求均衡来调整,提高土地信息的流动频率和土地的利用效率,减少土地供应的短缺或过剩,节约宝贵的土地资源。

(1)城乡建设用地市场一体化建设

包括一级建设用地市场和二级建设用地市场建设。在一级市场建设方面,区别对待不同区位的集体建设用地,因地制宜地进行改革。首先,以集体土地是否处于规划区内为标准划分。规划区内的集体建设用地因关乎中国城镇化进程的速度和质量,在近期采取渐进式的改革方式即经"转权让利"后进入市场流转较为妥当,也就是说,仍然采取征地方式转变土地所有权,但要依据土地出让收益对相关权利人进行足额补偿。对于规划区外的集体建设用地可作为城乡土地市场一体化的直接试验区,首先要以法律法规形式肯定其直接进入市场流转的合法性,消除流转主体的顾虑,规范流转行为。其次在具体实施方法上,初次和再次分配可将集体外部的成员或市场主体纳入流转体系,在符合地区土地利用总体规划与城市、村庄、集镇规划的条件下,以国家有关产业政策为依据,采用同国有建设用地相同或相似的流转形式,即出让、转让、租赁、作价出资、作价入股、抵押或土地置换,用年租制、作价入股或联营合作等形式保障集体土地收益的可持续回报。

其次,以区位因素划分城乡建设用地一体化改革后的土地用途。为避免城乡建设用地交易市场建成后大量商业或工业或炒作土地需求的激增,扰乱国家土地总体利用规划和土地用途管制政策的实施,城乡土地交易市场要以区分城乡结合部、近郊地区和远郊地区土地市场为前提,对其进行土地用途管制。随着城镇化的逐渐推进,城乡结合部纳入城市或城镇土地规划体系是大势所趋,因此该地区可伴随着城镇化建设深度和广度的推进,逐渐向工商企业和非农产业开发开放;近郊土地介于城乡结合部和远郊地区之间,可作为工商企业或城镇居民投资农产品开发、农业产前产后服务和加工企业等涉及"三农"发展的用地区域、工商业和农业物资中转沟通的基地,利用区域优势减少交易环节,节约交易成本;远郊土地由于其土地原生态保护较好、破坏较小,可作为专业农产品种植和培育基地,保障国家各项农业物资的需求(如图6-2)。

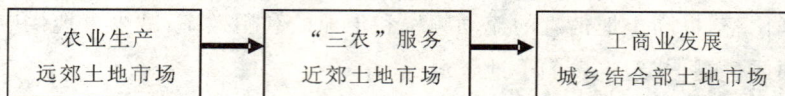

| 农业生产
远郊土地市场 | → | "三农"服务
近郊土地市场 | → | 工商业发展
城乡结合部土地市场 |

图6-2 城乡土地市场的分割

以土地及城市、村镇规划为导向允许集体建设用地直接入市。即在符合国家产业政策和土地利用总体规划、城市规划的前提下,农民集体以集体土地所有人的身份,对其所有的建设用地和农地非农化后的土地采用出让、出租、转让、转租、抵押等方式直接进入市场交易,与国有土地"同地、同价、同权"。

从长期来看,在土地流转要求迫切的地区,应在土地所有权不变的背景下,允许规划区内外的集体建设用地直接进入土地交易的一级市场,以土地用途管制和全国土地利用总体规划为依据,对进入市场的集体建设用地明确其流转用途,采取与国有土地有偿使用相似或相同的方式,合理流转;对以农业为优势产业的地区,其集体土地流转重点应侧重引进服务三农的项目和资金,深化农业产业化发展。

为防止集体土地大量入市冲击国有土地市场,需要在《城乡规划法》的指引下,以用途管制即乡镇村土地利用规划及其建设规划取代所有制管理,突出规划在集体建设用地交易和流转中的指导作用,以规划确定流转规模,实行计划管理、总量控制。在这方面,取得成功经验的是安徽省芜湖市和河南省安阳市。其共同点都是以规划为导向,统筹城乡土地利用分区,从源头上控制集体建设用地流转总量,实现"两种产权,统一市场，规划管理"。

以用地指标的地区置换来推进城乡建设用地一体化改革进程。扩大"占补平衡"地区置换直径，在更大的行政区域内或行政区域间进行指标互换，以需求调节建设用地指标供应量，缓解发达地区耕地保护压力，促进城乡土地市场一体化顺畅进行。

在城乡建设用地二级市场建设方面，鉴于城乡土地一级市场的逐步统一，城乡建设用地二级交易市场的建设是指借鉴国有土地较为完善的土地制度，因地制宜地培育规范化的农村建设用地二级交易市场，逐渐消除城乡土地二级交易市场间的隔阂和差距。以完善的农村土地一级交易市场为平台，以依法、自愿、有偿为原则，建立各种类型、各种方式的农村宅基地、农地非农转用地和乡镇（村）企业用地的农村建设用地二级交易市场，进而与城市建设用地二级交易市场相互衔接，相关土地管理部门定期进行土地交易的日常监控和指导。有条件的地区要积极探索建立土地交易中介组织，提供土地使用权市场信息、咨询、预测和评估等服务系统，保护交易各方的权益。

（2）区域性的农用地流转市场

区域性的农用地流转市场应以全国农用地分等定级成果为依据，根据各地农业发展实际，以省或地区统筹为划分界限，成立地方政府主导下的农用地交易市场，加强农用地保护的力度和强度。对于农用地流转需求较大的地区，鼓励农民按自己意愿将自有农地放入土地市场进行合理资源安排和价值评估。各地政府要做好农户入市开户、入市土地登记等信息公开前期工作，主管监督单位可设定为农业相关部门，市场运营操作可委托于第三方组织管理，减少政府财政开支。

3. 积极推进城乡土地一体化管理

本着"还利于农民、控权于政府，统一两类市场"的原则，以合理的职能配置和分工来确保国家、省、市、县、乡土地管理机构的有效沟通和协调，建立城乡土地管理的大部门体制，从而与中国行政管理体制的变革方向有效衔接。

城乡土地市场管理机构职能调整应以土地所有权与经营权分离为原

则,各级政府代表国家享有土地所有权。土地行政管理部门的职责应控制在一级市场的总体调控和土地交易的监督范围内,脱离土地市场直接经营者的身份,各级土地市场应是土地使用权经营的主体场所,市场主导的交易机制应是土地使用权流转的主要选择。在城乡土地市场一体化的市场条件下,在市场机制较为成熟的地区努力探索体制外的监督机制和土地评估机构,合理确定征地补偿范围及其费用。加大政策的倾斜度,积极培育土地市场要素,建立征地中介和价格评估机制。

在不改变国有与集体土地属性的前提下,省级政府以包括乡镇土地利用及其建设的各级规划为依据,对本区域内的所有国有和集体建设用地统一调配、宏观管理,负责土地储备及土地登记、出让、用地许可等事项的审批。中央、省一级国土部门负责各类土地规划的修编,抓紧制定"两种产权,统一市场"的一般管理办法和细则,重点在于集体建设用地与国有建设用地市场地位的平等性及集体建设用地不同用途的最低保护价格体系的探索,各市、县、乡镇国土管理部门具体负责实施操作。完善土地垂直管理体制,切实抓好人、财、物的完全垂直领导;县市城乡土地交易市场由国土资源部统一管理,以适应土地管理部门垂直管理的制度特点。国土资源部的职责应控制在规范土地市场运作、按土地用途规划进行交易土地的宏观资源配置等范围内。在城乡建设用地增减挂钩试点工作的带动下,结合土地税费、就业指标、社会保障等有效激励措施,探索建立新的耕地节约新途径、完善耕地保护机制。这是城乡土地管理体制改革的重点突破口。积极完善征地补偿安置争议救济机制,充分落实行政复议、行政申诉等体制内的救济手段,加大国土部门的土地监察和行政监察工作,试点土地法庭审理,切实解决各级政府部门及其官员的土地违法行为,将失地农民的后续生活保障质量纳入各级官员的政绩考核机制中。

6.2.2 实现向以产权保护为核心的土地管理模式的转变

土地管理模式是在土地利用管理过程中形成的机制、体制、制度和规范的总称。人多地少是我国的基本国情,从 1986 年 3 月,中共中央、国务院发出 7 号文件,即《关于加强土地管理、制止乱占耕地的通知》,明确提出了"十分珍惜和合理利用每寸土地,切实保护耕地"的基本国策,到

1998 年国土资源部成立,我国的土地管理事业从无到有、从分散管理到统一管理、垂直管理,经历了中央关于土地管理工作的三次重大决策(1986,1997,2004),《土地管理法》的三次重大修改、管理体制的三次重大变革(1986,1998,2004),逐步形成了以耕地保护为核心的土地管理模式。以耕地保护为核心的土地管理模式具有以下特点:严格保护耕地的土地管理相关法律,切实保护耕地的土地管理目标,服务于耕地保护的土地管理体制,以耕地保护为主的土地管理内容。然而这种管理模式的安排缺乏系统性;讲求计划和控制性,缺少授权和解制;耕地保护存在"委托－代理"问题等普遍缺陷。因此,必须寻找一种更高效的、适宜的替代模式。[①]

当前,在城乡统筹发展的时代背景下,必须赋予产权人更多的权利,逐步建立以产权保护为核心的土地管理系统,以产权保护为基础,以公共参与为保证,以土地产权登记系统和动态监测系统为支撑,以交易为动力,以规划和公共管制为前提,以市场化原则和信息手段改造传统的土地管理模式。以产权保护为核心的土地管理模式包括六个子系统:城乡土地房产交易子系统、城乡土地规划及公共管制子系统、城乡土地房产产权登记子系统、城乡土地执法监察子系统、城乡土地利用动态监测子系统、公共参与和公众监督子系统。[②,③]

(1)城乡土地房产交易子系统。交易子系统是新系统的"心脏",是核心和动力来源。该系统取代了原有的土地利用年度计划管理、用地审批、转用管理、征地管理、拆迁管理、土地储备、土地出让管理和部分的土地市场管理、土地资产管理,是对原有土地管理流程的颠覆和再造,意义重大。

(2)城乡土地规划及公共管制子系统。城乡土地规划管理子系统是整个系统的前提,主要功能是制定土地利用总体规划,结合城乡规划和用

---

①　孙弘宇.以产权保护为核心的土地管理模式.同济大学博士学位论文,2006 年 6 月

②　迟福林主编.把土地使用权真正交给农民.北京:中国经济出版社.2005 年

③　周其仁.产权与制度变迁:中国改革的经验研究.北京:北京大学出版社,2002 年

地分区实施土地用途管制,是产权界定的一项重要工作。该系统取代了土地利用年度计划管理、农地转用指标管理、占补平衡管理,取消了用地预审,强化了土地用途管制和农地转用的管理,兼有土地宏观调控的功能。

(3)城乡土地房产产权登记子系统。产权登记是确保产权安全的一种正式制度安排,它可以从两个层次来影响土地利用,一个是微观层次,即土地登记、产权确认保障土地产权安全,从而减少土地利用者经营土地的不确定性(风险性),另一个是宏观层次,即土地登记提高了土地信息的现势性,使土地规划、用途管制等政府的调控效率提高,为土地的可持续利用提供了宏观保障。

(4)城乡土地执法监察子系统。该系统旨在对各行政区域内土地管理、土地财产法律法规的执行情况进行监督检查,受理土地违法行为的检举、控告,调查土地违法案件,并对违法者施以制裁。

(5)城乡土地利用动态监测子系统。土地利用总体规划的实施情况、耕地保护的效果和土地市场的运行,需要土地利用动态监测系统。通过3S和计算机技术的广泛应用,大幅度提高土地利用监测的效率。

(6)公共参与和公众监督子系统。公众参与和公众监督是创建公民社会的应有之义,也是进行新型土地管理的重要手段。公共参与是在各级土地行政管理部门和人员管理的基础上,体现社会相关利益各方的集体参与。参与主体包括:土地权利人,包括土地所有权人、土地使用权人;社区,即土地利用外部性的影响范围;各类非政府组织,包括学术研究机构、环保组织、法律援助组织、中介机构、行业协会等;新闻媒体。

以产权保护为核心的土地管理模式的管理内容较传统模式也有所区别,在以产权保护为核心的土地管理模式下,原有的土地管理内容将发生较大的变化,有的职能将得到强化,有的职能将趋于弱化以至消失。土地管理内容的变化大致表现在表6-1所示几个方面。

表 6—1 两种模式下的土地管理内容的转变

以耕地保护为核心的土地管理模式	变化趋势	以产权保护为核心的土地管理模式
土地使用权出让管理	弱化(转化)	公共管制下的土地交易
划拨土地使用权转让		土地交易(政府卖出)
土地储备		土地交易(政府买入)
土地征收征用		当事人之间的土地交易
房屋拆迁		当事人之间的房屋交易
农地转用		公共管制下的土地交易
年度土地出让计划		交由市场调节
建设用地审批		由规划等管制条件事前确定
耕地占补平衡管理		由规划等管制条件事前确定
组织土地立法和制定综合性土地政策	强化	推动产权制度建设成为重点
编制土地利用总体规划		具有权属意义,与城市规划、农用地用途管制配合使用
耕地保护		通过产权人来具体实施
农地用途管制		具有权属意义,与城市规划、农用地用途管制配合使用
地籍管理		地理信息系统(GIS)与卫(航)测手段配合使用,全国性的数字地籍网络
土地登记		建立城乡一体的土地房产登记系统

6.3 城乡统筹下的土地利用规划制度探讨

6.3.1 统筹城乡下的耕地与基本农田保护

在统筹城乡发展的土地利用规划制度下,耕地保护的前提是土地产权制度的改革、产权的清晰界定以及赋予产权人更多的权利,从而激励相关权利人参与耕地保护,提高耕地保护的效果。而提升权利人参与效果的关键在于发挥农民和地方政府耕地保护的积极性。

农民作为耕地的直接使用者,在耕地保护中扮演着重要角色,任何缺乏或忽视农民主动行为的耕地保护机制,都是一个残缺、低效的机制。加强农民参与耕地保护,有几个大的前提必须首先确立:第一,提倡农民参与耕地保护,并非排斥政府在耕地保护中的主体作用。相反,是要求政府能够更好地发挥自身的主体作用,通过政策供给和财政投入为农民积极保护创造条件,激发农民保护耕地的热情,约束农民破坏耕地的行为。第二,农民参与耕地保护,是在耕地保护过程中全程参与、循环参与,也是耕地数量和质量的同时保护。耕地保护是一个复杂的系统工程,农民在之中的作用不只囿于被动地执行国家或地方关于耕地保护的各种规定,而应该在各项相关政策措施的决策、实施、反馈等各个环节发挥其主体性作用,不仅从数量上保护耕地不减少,更重要是从质量上保护耕地不下降。第三,农民参与耕地保护,必须要有制度和法律保障。确保农民的耕地保护主体地位,就必须有相应的制度和立法予以保障。要在相关法律中修改完善农民参与的法律要求,在有关制度、行政规章中明确农民参与的目的、原则、途径,使农民参与逐步纳入法制化、规范化的轨道。

通过对耕地产权、参与体制、农业补贴等方面的改革或完善入手,来推动农民更加积极地参与耕地保护。按照"归属清晰、权责明确、保护严格、流转顺畅"的要求,改革完善现行集体土地产权制度,以适应市场经济改革和调动农民保护耕地的需要。

第一,明确所有权主体。当前对集体土地所有权改革的争议很多,有主张全部国有化的,有主张全部私有化的,也有主张坚持现行制度不改变的。在目前条件下,解决集体土地所有者身份虚化问题,应采取积极稳妥步骤推进。在不改变现行土地基本制度的前提下,因地制宜,分类推进,走灵活多样、切实有效的差异化发展道路。在保证耕地利用方向和优化配置双重要求下,耕地的所有权主体应该朝着人格化方向发展,即要塑造出具有人格化的耕地所有权主体,在此基础上才能界定耕地所有权主体、经营使用权主体应享有的权利和利益,以及应承担的责任,使他们之间形成法律、经济等方面的内在约束机制,让耕地的使用强度、耕地增值和保护之间达到合理的平衡点。

第二,完善承包经营权。农民使用耕地的短期行为,主要源自承包期太短和对农户承包地的频繁调整。为了纠正这种现象,国家将土地承包期由原来的15年延长到30年,这虽然能暂时增加农民的稳定感和提高农民的收入,但农民最关心的是他对耕地进行保护性投入之后,投入到土地上的劳动和资金需要多少年才能收回来,他们使用该块土地的年限能否让他们足以收回其投入并能有利可获。此外,农业保护性投入的回收期一般都需要若干年,尤其是农田基本建设工程的劳动投入,如修水平梯田、坝地,建设小型水利工程,改良土壤,水土保持等,都是几十年甚至是更长远的事情,只有在法律上明确承包经营权的长期性并允许继承,使农民有长期稳定感,才能真正调动农民保护耕地的积极性,使他们从自发的短期掠夺式利用行为转变到自觉地、积极地保护耕地的行为上来。

第三,健全土地流转机制。在人地矛盾较为突出的地方,根据协商一致、有偿互利的原则解决人地矛盾;在普遍实行有偿承包的基础上,根据自愿、有偿的原则,制定相应的政策,为有其他就业门路的农民转让承包耕地创造条件;在集体组织内部建立内部转包、转让的初级土地流转制度,在一定程度上削弱土地超小规模经营的负面影响;普遍建立土地使用权的登记制度,为培育土地使用权交易市场打下基础。

第四,改变征地方式。缩小征收(用)土地的范围,对营利性用地占用耕地应该交给由市场运作,政府特别是地方政府应该退出此类征地的行列,把权力下放给农民和建设用地单位,按照市场经济的原则建立新型的土地征购制度,依据市场公平的原则实现土地产权的转移:(1)严格界定动用国家征地权力的征地范围;(2)对农民实行公平合理补偿,探索不同的征地补偿安置办法;(3)妥善安置失地农民,并为他们提供社会保障;(4)积极探索集体非农建设用地进入市场的途径和办法;(5)征地过程应进一步程序化、公开化。

第五,增设并实行可转移的发展权制度。根据当前和未来发展的需要,可增设抵押权、发展权、开发权、占有权并使之与收益分配权相结合,并实行可转移的发展权制度。在区域土地使用类型分区和土地用途转换预评价的基础上,在可以转变为非农用地的土地资源上设立发展权。为了实现具有发展权的土地资源的配置效率,可以将发展权从土地所有权中独立出来,并进行交易。通过发展权转移,增加耕地非农化成本和提高未来耕地非农化的预期收益,提高了农民对耕地长远投入的积极性和预

期,更能合理保护耕地资源。[1,2]

6.3.2 统筹城乡下的土地节约集约利用

我国人多地少,土地资源严重不足。人口扩张、工业化和城镇化三个高峰期的到来,更加剧了土地供需的矛盾,节约集约利用土地,是缓解土地供需矛盾、保障新时期社会经济持续稳定发展的必然选择,将节约集约用地以理念的形式贯穿于土地利用规划的全过程,无疑会有利于土地可持续利用,推进资源节约型社会的建设。

1.节约集约用地理念的内涵

节约集约用地,简单地说,就是如何更有效地利用土地,以最小的土地成本,满足经济社会发展与环境建设的需要。主要包含三层意思:一是节约用地,就是各项建设都要节省用地,千方百计地不占或少占耕地;二是集约用地,每宗建设用地必须提高投入产出的强度,提高土地利用的集约化程度;三是通过整合置换和储备,合理安排土地投放的数量和节奏,改善建设用地结构、布局,挖掘用地潜力,提高土地配置和利用效率。我们在关注城乡非农建设用地节约集约利用的同时,农地的节约集约利用也不应被忽视,农地节约集约利用有很大的发展空间。

节约集约用地理念是一个综合的理念,涉及了土地利用方面的所有系统因素:时间的、空间的、数量的,等等。其核心问题是如何在节约集约用地的模式下既满足市场各方的用地需求又保证必要的耕地数量。因此要科学合理地引导各项经济活动对土地的利用,从宏观的角度调控土地对经济发展的影响,从而促进经济社会的可持续发展。节约集约用地理念与理性增长理念、紧凑城市理念、反规划理念(生态经济理念)、循环经济理念和可持续发展理念等存在着紧密的协调关系,并相互促进。

2.城乡互动发展过程中存在的土地利用问题

(1)城市化进程中土地利用的不节约不集约现象

按照城市化发展进程的"S"型曲线来判断,目前我国的城市化已经

---

① 王万茂.基本农田保护:历史与反思.中国土地,2009(06):23—25

② 高明.耕地可持续利用动力与政府激励.北京:经济管理出版社,2006 年

进入了加速发展时期,今后一段时期,城市化率将会保持年均 1% 左右的增长。从地理学视角来看,城市化是一个地域空间过程,包括区域内城市数量的增加和城市地域的扩大两个方面。由于一系列的内、外部因素的存在,我国城市化进程中产生了很多土地利用问题,主要表现为:①总量失控。城市数量的增加和城市的外延式发展造成了大量的土地资源,尤其是耕地资源被侵占。②结构失衡。首先,结构失衡表现在城市用地数量的部门分配上,由于长期以来追求工业发展的影响,我国城市用地中工业用地占了较大比重,且多处于城市的中心地带。其次,结构失衡表现在城市用地的空间结构混乱上。许多城市的工业用地、事业单位用地依然占据了城市空间中高地价地区和商服繁华地段,城市规划并未对城市用地起到一种应有的指导和约束作用。最后,结构失衡还体现在城市空间体系不合理,各城镇自成体系上,既影响了城市应有的集聚功能的发挥,又浪费了宝贵的土地资源。③生态恶化。随着近年来小城镇和乡镇工业的发展,城镇环境遭到破坏,生态恶化呈加剧态势。

(2)乡村城镇化发展中土地利用存在的问题

①耕地锐减和土地利用的低效率。一方面城市蔓延使得耕地锐减,另一方面,我国(特别是欠发达地区)农村土地的低效率利用问题仍未得到解决。②人均建设用地偏多,土地利用集约化程度低(2006 年国土资源部咨询研究中心的统计表明,我国城乡建设用地约 24 万平方公里,城市人均建设用地已达 130 多平方米(到 2010 年攀升到 133 平方米),远远高于发达国家人均 82.4 平方米和发展中国家人均 83.3 平方米的水平;2004 年全国村庄建设用地 2.48 亿亩,按当年农业人口计算,人均村庄用地 218 平方米,高出国家定额最高值 150 平方米/人 45.3%)。③土地破坏、污染严重。

3.促进统筹城乡发展,提高土地节约集约利用

正如第四章所述,城市化的最终结果,应当是有利于节约集约用地,而不是相反。然而,多年来,城市化本身并没有有效促使城乡土地的节约集约利用,这其中,国家城市偏向的发展战略、城乡二元的土地制度、农业多功能属性认知的缺失等是主要原因。因此,政策、制度、理念方面的变

革显得十分重要,而基于节约集约理念的土地利用规划与实施,对推进土地节约集约利用也是重要选项。

(1)将节约集约用地的规划指标体系列入土地利用规划修编的前期研究,摸清家底,按照规划技术规范规定的节约集约用地指标标准进行预测新增建设用地量。例如,划定各类工业园区,使工业项目向园区集中,在园区内建设标准厂房,适合用标准厂房的企业,只能租用或购买标准厂房,不再单独供地。建立和完善城镇、农村居民点和工业项目建设用地定额指标体系,严格按照各行各业项目的用地定额标准供地。

(2)将节约集约用地的理念与土地可持续利用的思想及有关方法应用到土地利用规划的内容中。在"土地利用现状分析与评价"中增加"节约集约用地评价";以"土地节约集约用地潜力分析"完善"土地利用潜力分析";在节约集约用地评价分析中构建节约集约用地潜力指标体系,从时空层面深入分析研究区域的土地利用情况。

(3)在规划实施上,实施农用地转用指标奖罚制,强化节约集约用地。存量土地没有完全利用的地方,或者有潜力,评价时的潜力综合指数处于较低级别时,不分配或少分配农用地转用计划;对于通过挖潜、充分利用存量土地等措施,提高了当年的节约集约用地级别,完成了当年节约的农用地转用计划,允许结转使用,同时奖励农用地转用指标,以鼓励地方推动土地节约集约挖潜工作深入开展。

(4)推进城镇建设用地增加和农村居民点用地减少相挂钩。一方面实现城市建设用地的保证,另一方面,通过农村土地整理,减少建设用地,增加农用地,提高农村土地集约利用程度,提高农村社区建设水平。城乡建设用地增减挂钩主要涉及城镇建设用地的增减和农村建设用地的减少两个方面,其内涵为通过拆除、整理规划混乱、粗放利用土地严重的农村居民点及建设规划合理和布局科学的农村居民点等措施,在保证项目区内各类土地面积平衡的基础上,最终实现不减少耕地有效面积,增加城镇建设用规模,显著提高耕地总体质量,节约集约利用建设用地,城乡用地布局更合理,城乡建设统筹发展的目标。

(5)合理开展土地开发整理促进城乡土地集约利用。提倡集约用地,大力推进市地整理、村庄整理、农地整理,走"内涵挖潜"城镇化建设道路。
要严格树立资源观念,优化土地利用结构,合理组织用地功能,改变乡镇
企业过度分散的局面。同时要提高建设用地利用强度,改变现有的低层
别墅式和院落式居民点建设格局,提倡建造多层式或高层式民用公寓和
住宅小区,提高建设容积率。通过市地整理,充分发挥城镇土地的区位功
能及整体性优势,一是改善行业布局不合理现象,使土地实现最有效利
用;一是规划土地权属区域,从而根本性改变城镇土地低效利用的现状。
加强农地开发整理,要形成规模农田区域,以利于农业现代化生产,促进
农田高效综合利用,避免农田抛荒现象,有效增加耕地面积,提高土地利
用集约度,最终实现"内涵挖潜"。

(6)注重保护土地生态环境,提高土地利用效率。加强土地生态环境
的治理,要加强土地资源监控和治理,尤要加强耕地质量监测,防治耕地
污染,要严格控制规范厂矿污染物排放,提高治污水平,同时搞好基础研
究,大力加强对科学技术的应用,合理治理被污染土地。

6.3.3　城乡统筹下土地用途管制的制度及机制创新

我国的土地用途管制制度始于 20 世纪 90 年代后期。当时我国正处
于经济转型期,社会经济快速发展,用地需求大幅度增加,土地利用变化
日益频繁。部分地方政府在经济利益的驱动下,用"化整为零"或"下放土
地审批权"等办法非法批地和用地,导致农用地特别是耕地大量转变为建
设用地,使耕地保护形势日趋严峻,分级限额审批用地制度已不能适应新
形势下土地管理的要求。1997 年 4 月中共中央国务院发出《关于进一步
加强土地管理切实保护耕地的通知》,提出对农地和非农地实行严格的用
途管制,以消除城市的盲目扩张和乱占滥用耕地造成的外部不经济,或成
本溢出现象,以求达到土地资源合理配置、高效利用的效果。1998 年修
订的《中华人民共和国土地管理法》总则第四条中明确规定"国家实行土
地用途管制制度",正式确立了以土地用途管制为核心的新型土地管理制
度。至此,我国土地管理方式由分级限额审批制度改为土地用途管制制
度,强化了土地利用总体规划和土地利用年度计划效力,通过土地用途管
制,强化了对农用地、耕地的保护。

1.我国土地用途管制制度及其成效与缺陷

(1)我国土地用途管制制度

我国土地用途管制主要由土地利用规划、土地利用计划和土地用途变更管制组成。土地利用规划主要是以土地利用总体规划确定土地用途分区,作为土地用途管制的基础。土地利用计划对近期或年度土地利用活动进行具体的部署和安排,是土地利用总体规划的具体落实,也是建设用地审批的直接依据。土地用途变更管制是目前我国土地用途管制的核心,以农转用审批为重点,由《土地管理法》、《森林法》、《草原法》、《基本农田保护条例》等相关法律条款综合构成,对部分用地类型之间的转变进行了规定。

土地利用规划是实施土地用途管制的依据,用途管制则是落实土地利用总体规划的手段。应在各土地利用区内制定土地使用规则,限制土地用途。与此同时,土地行政主管部门要采取经济手段(价格、税收等)来调节和控制土地利用。土地用途管制的目标是严格限制农用地转为建设用地,控制建设用地总量,对耕地实行特殊保护,确保省区内耕地总量不减少。除此以外,土地用途管制范围包括农村和城市,应形成城市土地用途管制和农村土地用途管制区域系统,相互补充,融为一体。土地用途管制客体信息包含用途、数量、质量和位置,应做到信息四统一和图、数相符。土地用途管制的深度是实现分区管制(划分土地利用区)和类型管制(划定土地利用类型)并重。

(2)我国土地用途管制制度缺陷分析

我国土地用途管制制度实行十多年来,在保护耕地、控制建设用地规模等方面发挥了积极显著的作用,扭转了"分级限额审批"时期土地管理失控的局面。然而,土地用途管制中的老问题尚未解决,新问题又不断呈现,且有愈演愈烈之势。为什么"最严格的耕地保护制度",没能抑制耕地持续减少的现状?为什么一些地方的基本农田"上山下滩"、跨省区占补平衡的局面没有根本改观?为什么一些地方不是"推动资源要素向农村配置",不积极探索"工业反哺农业、城市支持农村"的途径和办法,而把"统筹城乡发展"变成了城乡资源统分统配、想拿就拿的借口,导致农村土地继续大量流向城市和建设用地市场？为什么一些地方热衷于推行以农民土地经营承包权、宅基地及住房,置换社会保障和城镇住房(简称"三置换"),用新方式、新手段圈占农民土地？为什么一些地方钻"城乡建设用地增减挂钩"(简称"双挂钩")空子,模糊土地产权和利用边界,规避土地用途管制？随着经济快速发展,工业化、城市化进程不断加速,以及我国进入了统筹城乡发展新时期,土地用途管制作为国家土地管理的一个重要手段,肩负着对工农关系、城乡关系、城镇化进程、区域分工等进行宏观调控,面对新形势下土地管理的要求,我国的土地用途管制暴露出了如下一些缺陷。

①管制机制缺陷:免审、拒审机制缺位,行政审批程序繁琐。究其原因在于,目前的土地用途分区管制规则只注重对某用途下禁止的土地利用行为的管制,而对于某用途下可以鼓励的土地利用行为未加具体规定。单一的禁止管制必然需要对所有用地项目进行审批,造成行政审批效率的低下和违法用地案件的增加。

②管制内容缺陷:单一侧重农转用管制。我国的土地用途管制是国家编制土地利用总体规划,规定土地用途,将土地分为农用地、建设用地和未利用地,并严格限制农用地转为建设用地,控制建设用地总量,对耕地实行特殊保护,使用土地的单位和个人必须严格按照土地利用总体规划确定的用途使用土地。政策的制定主要是围绕土地利用的方向和土地用途的转用,并以农转用管制为核心。它在重视数量外延管制的同时,却忽略了对土地利用效率和效益的管制,即土地利用过程中和后的管制缺位,给土地用途管制留下了漏洞。

③管制体系缺陷:各级土地用途管制缺乏统筹协调。土地用途管制需要借助土地利用总体规划的管理来实现。目前我国五级土地利用总体规划是在行政区划的基础上设置的,且在内容和深度上基本一致,比例尺成为它们之间的主要区别,各级规划的分工不明确,缺乏统筹协调。

④管制依据缺陷:法律保障体系不完善。目前我国土地用途管制的法律制度规范不够完善,具体操作层面处于无法可依的尴尬境地,从而影响了土地用途分区管制工作的开展。新《土地管理法》明确提出,我国实

行土地用途管制制度,但在土地用途管制分区的划分和管制规则的制定、修订、审批、实施等管理环节未从法律上作出具体规定。

2.城乡统筹下土地用途管制制度及实施机制创新

(1)城乡统筹下土地用途管制制度创新

在统筹城乡发展的新时期,既要保护耕地,又要推动城市理性发展(促进土地节约集约利用),还要保护生态环境。作为我国土地管理的核心制度,土地用途管制在管制机制、管制内容、管制体系、管制依据等方面必须有所创新,才能协调好各种用地关系,发挥土地的宏观调控作用。①建立免审和拒审机制,精简审批程序。县、乡级土地利用总体规划用途分区管制规则制定时,可确定各类用途区内禁止的土地利用行为,同时明确鼓励和限制的土地利用行为。对于禁止的土地利用行为,国土管理部门可采取不受理的方式予以坚决禁止,对于鼓励的土地利用行为可以直接登记备案,而无需再进行审批,只对限制的土地利用行为进行审核和批准。②拓展管制内容,把城市理性发展和农地保护作为核心内容,进行土地利用全过程管制。土地利用的全过程管制可以起到直接和间接管制双管齐下的效果。一方面,通过直接管制严格限制农用地转为建设用地,落实耕地总量动态平衡的目标;另一方面,通过间接管制对土地的利用程度和利用效益进行规范,实现土地利用方式由粗放型向集约型转变,一定程度上可以减少农用地转为建设用地的数量需求,将有助于土地利用方向和土地用途转用的有效管制。③优化管制体系,统筹协调各级土地用途管制的任务和内容。建立土地利用总体规划的统筹协调机制,明确各级土地利用总体规划的任务和内容,创新上下位规划间的协调衔接途径和方法。④健全法律保障体系,细化土地用途管制依据。构建相关法和专门法相辅助的法律保障体系。相关法包括如《刑法》、《环境保护法》、《城乡规划法》和《物权法》等,其中有些内容涉及土地用途管制,也是土地用途管制的法律依据。同时,制定土地用途管制的专门法,如《土地规划法》,以法律的形式,明确不同层级土地利用总体规划的作用和内容,编制办法和审批程序,并进一步明确土地法律责任,对于不按规定用途使用,非法占用耕地并改作他用等违反土地用途管制的行为,在情节认定和所应负的法律责任等方面进行明确、详细的规定,使之具有可操作性,从而使土地用途管制政策得到有效的贯彻实施。

(2)城乡统筹下土地用途管制实施机制市场取向改革创新

土地规划及其年度计划是土地用途管制实施的主要手段,土地规划与年度计划以"新增建设用地配额"的指令性管理方式完成一定时期内各类用地的计划分配,层层分解逐级下达,并严格控制各类用地之间的转换,以指导与约束经济社会发展过程中的土地利用活动。这种计划配置方式能够综合考虑国民经济各产业、各区域之间的发展,对控制建设用地总量规模及扩张速度、保护耕地,发挥了重要作用。然而,由于信息不对称和决策者的理性有限,土地规划对未来若干年的经济社会发展很难作出准确预测,各类总量控制指标的层层分解也缺乏科学依据,导致土地指标的计划配置方式难以适应各产业、各区域发展对用地需求不断变化出现的新情况、新问题,土地供求矛盾不可避免。

为此,土地用途管制的实施机制创新应体现在:基于土地规划对各地区、各类用地实施严格管制的基础上,引入市场机制,探索"新增建设用地配额"的市场化流转和配置,以有效调节土地规划引发的各区域、各类用地之间利益不均问题。鉴于我国现实国情,当前乃至今后相当长的时期内(体制转型完成之前)资源配置的大格局将由土地利用总体规划确定,而不是通过市场机制,市场机制要在土地利用总体规划确定的土地资源配置大格局下发挥具体的调节作用。要借助市场机制完善土地用途管制政策,运用行政管制手段统筹考虑各产业、各区域的经济发展,合理安排各类用地总量规模,并严格控制各产业、各区域的建设用地扩张速度,以充分保护耕地资源;同时,要借助价格机制对各地建设用地计划分配指标实施微调,调节土地资源在各产业、各区域之间的合理配置,有效缓解建设用地供求矛盾,提高土地资源利用效益,弥补行政管制的不足,既保障国家对土地开发利用的严格管理,又提高了土地资源配置与利用效益,管而不死、活而不乱。

6.3.4 统筹城乡下的农村土地流转制度与机制创新

1.农村土地流转的内涵

农村土地是农村集体所有的土地,既包括农业用地,也包括非农业用地,即除去耕地、园地、林地、牧草地和其他农用地外的未利用地和农村建设用地等。土地流转的本质是土地产权主体的换位,即土地资产的产权交易。从理论上讲,土地资产产权中的各项权能都可以发生流转,但实际上收益权、处置权一般附属于所有权和使用权。因此,产权流转的核心是所有权与使用权的流转。在家庭承包制的制度框架下,农地产权结构被分解为所有权、承包权和经营权(使用权)三个方面。土地所有权是一种财产权,是所有人依法对土地所享有的占有、使用、收益和处分的权利,是土地物权中最重要也最完全的权利,具有绝对性、排他性、永续性三个特征。土地承包经营权是指个人、单位通过依法订立承包合同所取得的对集体或国家所有的土地从事农业生产经营并获得收益的权利。农地经营权是农地承包经营者对土地的一种占有、使用和收益权利,具体包括生产经营决策权、产品劳务定价和销售权、投资决策权、资金支配权和资产处置权等。为此,我们界定农村土地流转是指农村建设用地流转和农业用地流转(简称农地流转),即建设用地使用权的让渡,农业用地保留承包权、转让经营权(使用权)。

2.农村集体建设用地流转制度的构建及完善

长期以来,我国在二元土地所有制基础上实行城乡有别的建设用地使用制度,农村乡镇企业用地、农民住宅用地、集体经济组织的公共设施和公益事业用地等使用集体所有土地;而城市企业、城市居民等必须使用国有土地,需要占用集体土地的必须先由国家通过土地征收将集体土地转为国有土地后再出让或划拨给土地使用者使用。这样,以二元土地所有制为基础,与城乡企业、居民的身份相挂钩,长期依赖城乡分割管理的路径,形成了典型的城乡建设用地双轨制。在这种双轨制下,一方面,随着市场经济的发展城镇国有土地的市场化配置程度在不断提高;另一方面,农村集体建设用地的市场化流转却受到限制,这直接导致集体建设用地大量隐形交易、土地资产性收益分配不公、城乡结合部土地市场秩序混乱、土地投机猖獗等一系列问题。改革农村集体建设用地使用制度,依法规范农村集体建设用地流转,实现城乡建设用地市场接轨,已经成为经济社会发展的迫切要求,也成为进一步深化土地市场化改革、规范土地市场秩序的必然选择。

(1)完善农村集体土地产权制度。①建立完善的集体土地产权登记制度;②明确集体土地产权代表;③在不改变土地所有权前提下土地使用权、收益权方面调整。

(2)建立农村集体用地流转收益分配制度。要建立土地最低价格制度,完善土地流转收益分配机制以保障农民的基本利益;建立失地农民就业专项资金,制定失地农民就业优惠政策;推行"以土地换保障"政策,用政府公开拍卖土地所得扣除农村集体和失地农民的补偿金及其他费用后的余额,设立失地农民社会保障基金,逐步建立失地农民社会保障体系等。

(3)建立农村集体土地流转过程管理制度。政府应从以下几个方面加强对集体建设用地流转的管理:①科学规划;②规范管理;③监督检查。以地价管理为核心,将集体建设用地流转引入科学化、正规化轨道,更好地体现集体土地资产价值。

(4)提高城乡建设用地节约集约利用。

3.农业用地(农地)流转的制度及机制创新

自 20 世纪 70 年代末以来,我国通过把农民土地使用权从集体所有权分离的方式,进行了一场深刻的土地改革。家庭承包制度极大地促进了农业生产的发展、农民收入的增加、农村社会的稳定。但实行家庭承包经营以后,又出现了土地细碎化、农户土地经营规模过小等弊端,农村土地经营制度客观上需要进一步完善。近年来,农民就业结构发生了重大转变,非农就业和外出务工已经成为农民重要的就业方式和收入来源,数亿农村劳动力的非农化为农村土地承包经营权创造了极大的流转空间。农村土地承包经营权流转已成为我国农村土地制度改革发展的一个重要方面。

农村土地承包经营权流转,是我国农村经济社会发展的必然要求,也是传统农业向现代农业转型的必由之路。但是,由于我国目前土地流转方面的制度和支撑体系仍不完善,各地区流转过程中出现了一些问题:一是对农民土地承包经营权流转的服务和管理不够,导致不规范流转的现象较普遍,引发纠纷。二是流转市场没有建立,土地资源未能得到有效利用与配置。三是土地承包经营权流转后,违规使用和破坏地力的现象时有发生,影响了农业的可持续发展和粮食生产的稳定,流转纠纷和矛盾已经显现。为此,今后一段时间,需在以下几个方面着力进行变革探索。

(1)完善农地产权制度。首先,在法律上给集体土地以平等的土地所有权和财产权,在土地、规划、计划、建设等方面给予集体土地以平等的法律地位,《中华人民共和国城乡规划法》的实施是集体土地管理制度改革的第一步。其次,要明确集体土地的所有权主体并保证该主体具有切实履行权力和义务能力,而不是将所有权虚置于既非独立法人又非一级政府的人员素质和管理水平都很低的村委会,使集体土地成为村干部个人寻租的温床。

(2)加强政府服务,规范土地流转。

(3)确保农民主体地位,健全村集体参与机制。

(4)培育合作组织和经营大户,促进土地适度规模经营。

(5)鼓励和引导粮食种植,加强耕地保护。

6.3.5 城乡统筹下的土地生态环境保护与改善

城乡统筹发展背景下的土地生态环境保护与改善和城乡土地的可持续利用,需要将城乡土地生态规划纳入到城乡统一的土地利用规划中来。土地生态规划是利用生态学理论而制定的符合生态学要求的土地利用规划;是应用景观生态学原理方法配置具体土地利用类型在相应地域空间上,表现为空间格局合理的具体土地利用景观。[1] 是以协调人—自然—土地为核心,按照土地资源可持续利用的要求,对一定区域的土地生态系统进行开发、利用、整治和保护所制定的时间安排和空间部署。[2] 土地生

---

① 尹君,姚会武等.土地生态规划与设计.河北农业大学学报,2004(5):71—76
② 吴次芳,徐保根.土地生态学.北京:中国大地出版社,2003 年

态规划属于土地利用规划范畴中的专项规划范畴,城乡土地生态规划在遵循生态学基本原理的同时,也要遵循城乡土地利用规划及区域发展战略等全局性规划战略与目标,并综合考虑城乡土地利用规划对经济、社会、政策、交通、设施等的规划。

城乡土地生态规划的体系按等级层次分为三个层次:(1)城乡土地生态总体规划。它是对一定区域范围内全部土地的开发与利用,在生态学原理指导下所做的战略用地配置,主要解决跨部门、跨行业的土地生态问题。(2)城乡土地生态专项规划。它是为解决某个特定的土地生态问题而编制的规划,如土地污染防治规划、公园及绿化用地规划、居住区用地规划、开发区用地规划等。(3)城乡土地生态设计。它是微观的土地生态规划,是总体规划和专项规划的深化,也可称为土地生态详细规划,例如对住宅用地、工业用地、绿化用地等的界线和适用范围,提出人口密度、土地覆盖率等控制指标。

城乡土地生态规划的内容包括:(1)土地生态调查。包括以地质、地形、水文、气候、植被等的自然因素调查和人口、劳动力(劳动力的数量及其素质、教育水平),交通状况及区位,基础设施、能源、工农业产值及产业结构,国内生产总值,工农业主导产业及市场等的社会经济条件调查。(2)土地生态评价。土地生态评价是生态规划的核心,其目标是根据区域自然资源与环境性能,按土地利用类型,根据发展要求与资源利用要求,对其生态系统的结构、功能和生态价值做出评价,划分资源与环境的适宜性等级。包括土地生态适宜性评价和土地生态潜力评价。(3)土地生态分区。土地生态分区是在城乡整体区域内按照土地基本用途及其生态功能不同所划分的区域,亦即以土地所能提供利用的适宜性为基础,结合国民经济和社会发展的需要,确定土地生态结构和功能基本相似的区域。(4)土地生态规划方案的编制。土地生态规划编制的基本内容和主要任务可包括以下四个方面:①在对规划区域土地生态条件、土地生态适宜性、土地利用现状、开发利用潜力和各业用地需求量进行综合分析的基础上,确定规划期内土地利用的方针和目标(包括总体战略目标和分阶段的具体目标)。②制定土地利用结构调整与布局方案,协调各部门用地,统筹安排各类用地,这是规划的核心环节。它具体包括二种平衡:一是以土地生态评价和土地利用现状分析得出的各类用地供给量与各业发展对土地的需求量为依据,进行各类用地数量的综合平衡;一是以土地生态适宜性评价图和土地利用现状图为依据,审查各部门、各行业发展要求的用地位置、范围是否存在矛盾,进行各类用地空间布局的综合平衡。③划分土地生态功能区,亦即土地用途区,并制定各区土地用途管制的主要规则、土地合理利用和生态建设及保护的主要措施。用地分区(或土地生态功能分区)是土地利用空间布局的基本方法和手段,是协调各部门各行业间用地矛盾、限制不适当开发利用行为、控制各类用地布局、实施土地用途管制和进行各类土地生态建设的基本依据,因而是整个规划的重要环节。规划的基本图件——土地生态规划图的主体内容就是在图上具体落实和划定各类土地生态功能区(或土地用途区)。④规划方案可行性与效益论证,在编制规划过程中,通常应拟定若干个供选方案,每个供选方案均需保证规划主要目标的实现,对每个供选方案要进行实施的可行性(或可操作性)和效益(包括经济、社会和生态三大效益)论证。(5)制定土地生态规划实施的措施。具体包括政策措施、法规措施、经济措施、工程技术措施、行政管理和监督措施,确保规划方案的顺利实施。①

6.3.6　城乡统筹下的土地征收征用制度变革

1. 我国农地征用中的城市偏向

我国《宪法》第 10 条规定:"城市的土地属于国家所有。农村和城市郊区的土地,除由法律规定属于国家所有的以外,属于集体所有;宅基地和自留地、自留山,也属于集体所有。"由于我国城市土地实行国家所有,农村土地实行集体所有,因此,城市化过程中对土地的需求必然要通过行政上对农村土地的征用来满足。我国《宪法》规定,国家为了公共利益的需要,可以依照法律规定对农民集体所有的土地实行征收或征用,并给予补偿。计划经济时期的这种以城市为中心的价值理念至今仍然还影响甚至支配着我国现行的土地征收补偿制度。具体来看,我国城市化进程中

---

①　白洪.城市土地生态规划研究——以贵阳市为例.天津大学硕士学位论文,2006 年 6 月

农地征用的城市偏向主要表现在以下几个方面：

（1）农地征用制度规定上的城市偏向。我国现行土地制度有两种所有制形式，即国家所有和集体所有。《宪法》规定，城市土地属于国家所有，农村和城市郊区的土地除由法律规定属于国家所有的以外，属于集体所有；国家为了公共利益的需要，可以依照法律规定对土地实行征收或者征用并给予补偿。显然，国家征地的标的只能是集体土地，只有农民才负有因"公共利益"而被强制征用土地的义务，城市居民则无此义务，这是一种明显的城市偏向。而且，现实中农民集体所有的土地并未体现出其本应包含的使用、交易、处置和收益等权利，农民只有使用权。《土地管理法》第五章第 63 条规定：农民集体所有土地的使用权不得出让、转让或者出租用于非农业建设；第五章第 47 条还规定：征用土地按照被征用土地的原用途给予补偿，但土地补偿费和安置补助费的总和不得超过土地被征用前三年平均年产值的 30 倍。有了这些规定，无论是耕地还是集体建设用地，都必须被征为国有后才能出让，农民只能得到最高不超过农地常年产值 30 倍的补偿。对照农村集体土地，我国城市建设用地虽然本质上也是借助国家行政权力对公民土地财产权利的强制取得，但并未归入征用范畴，而是由"拆迁法"加以调整。2001 年我国新修订的搬迁条例，重点转向保护搬迁户的利益，提出"公平、公开、等价"原则。与城市居民相比，农民对土地的依赖性更强，但在土地征用中农民却无法享受到与城市居民同等的待遇。随着国有土地使用制度改革的深入，城市非农建设用地已从行政划拨全面转向市场化的招拍挂，出让价格大幅飚升；但征用农民集体土地的补偿办法和补偿标准仍停留在行政划拨年代，对农民的补偿远低于土地出让价格。这是新时期出现的"以乡养城"的一种新形式，是政府筹集城市建设资金的主要途径，也是当前农民利益流失最严重的一条渠道。

（2）对失地农民的安置及保障上存在着城市偏向。我国城乡二元社会结构以严格限制农业人口向非农业人口转变的户籍制度为突出特点，在劳动就业、社会保障、义务教育、户籍管理等方面构筑起城乡之间难以逾越的屏障。农村土地承载着农民的社会保障功能，为农民提供基本的生活保障、就业机会、土地继承权等。由于不能得到合理的征地补偿,安置办法比较单一,针对失地农民的社会保障制度尚未建立,农民一旦失去了土地,就丧失了拥有土地所带来的社会保障权利。目前,我国已基本建立起针对城市居民的失业、医疗和养老保险等社会保障制度,失地农民在就业、住房、医疗、子女受教育等方面却享受不到与市民同等的待遇。政府对农民的技术、资金等方面的支持都以土地为基础,农民失去土地,就失去了获得支持的机会。农民在失地后意味着失去了农民身份和土地的绩效福利,又未同时获得市民的社会保障待遇,变得既不是农民,也不是一般的市民,更不同于失业工人。在城市,国有企业的改革也产生了大量下岗失业职工,但国家针对他们建立起了相对比较完善的城市社会保障体系。失地农民失去土地这一基本生活资料后,本应与城市居民一样享受上述社会保障,但多数地区的失地农民并不被纳入城市社会保障体系,存在明显的城市偏向性。

(3)农地征用收益的使用也存在着城市偏向。农地转为建设用地的增值收益即为土地出让金,土地出让金不上缴中央财政,全部归地方财政,再加上土地征用后的出让收入是政府预算外收入,地方政府有着强烈的欲望征用更多农地,以获取更多的出让利润。地方政府通过建立新区、开发区和工业园区,加大土地征用和供给规模,以低于市场价格征用土地,再以市场价格转手,获得巨大的级差地租。按照"取之于土、用之于土"的原则,政府征地卖地的差价收益本应用于农村建设和农民增收,但实际上却多被用于城市建设,变为"取之于农,用之于城"。城市建设日益富丽堂皇,农村却破败凋敝,农民非但没有成为城市化过程中的受益者,反而遭受严重损失。①

2.农地征用中城市偏向政策的影响

农地征用过程中的城市偏向政策,不仅使大量失地农民未能得到妥善安置,出现生计不可持续的问题,而且导致城乡差距进一步扩大,国内需求难以启动,甚至引发一些群体性事件,影响社会稳定。

---

① 程开明.城市偏向视角下的农地征用.农村经济,2006(12):37—40

（1）低补偿标准导致耕地减少，影响国家粮食安全。由于对农地征用的补偿标准偏低，地方政府受利益驱使，容易产生过度征收、征用农村集体土地的冲动，必将导致农地特别是耕地面积快速减少，土地资源浪费严重，加深人口与耕地的矛盾，影响到一个 13 亿多人口大国的粮食安全保障。

（2）补偿安置不到位，造成生计不可持续。农民失去土地，无田可种，必须另谋生路。政府和土地开发商本应承担起相应的责任，为失地农民提供就业和培训机会，但实际操作中却经常不到位。大多采取货币补偿安置，货币补偿标准低，只有短期效应，不能解决失地农民的长远生计。再加上失地农民普遍文化程度不高、技能偏低，不可能在短时间内顺利转换身份角色，难以找到新的就业机会；即使短期内找到新职业，观念上也往往难以立即转变，时常处于怕失业、怕生病、怕孩子失学等惴惴不安的心态之中。生活于城市的失地农民在生活来源、就业安置、子女入学等方面不能享受与城市居民同等的社会保障，就业能力又影响子女的教育投资，反过来影响今后的家庭养老能力，如此恶性循环，出现可持续生计问题。

（3）导致城乡差距扩大，国内消费启而不动。农村土地转为建设用地的过程，本是农民分享城市化和工业化成果的过程，应当有利于农民富裕、缩小城乡差距。但低标准的货币补偿，不到位的就业安置，实际上是让失地农民去承担城市经济发展的成本，拉大了城乡差距。中国科学院2005 年的一份报告指出，1979 年以来共征用农村耕地 1 亿亩左右，每亩按照 10 万元计，相当于农民给工业化和城市化提供了 10 万亿元的土地资产。国家垄断一级土地市场，通过土地市场价格与征用补偿费之差额，从农村汲取大量资金。而这部分资金的使用却存在明显的城市偏向，受益的主要是城市居民，直接扩大了城乡差距。失地农民失去收入来源，又缺少相应的社会保障，消费底气当然不足，一定程度上抑制了国内总体消费的增长，成为内需不足的一个重要因素。

（4）引发集体性事件，影响社会安定。农地征用过程中的城市偏向政策极大地损害了失地农民的利益，处理不好，极易引发群体性事件和产生社会纠纷,对社会稳定造成影响。近年来,征地拆迁问题已成为群众信访的新热点,频发的由征地纠纷引发的"群体对抗事件"已成为社会安定的隐患。

(5)土地征用和出让成为滋生腐败行为的温床之一。随着各项生产资料的市场化,各级政府能够直接控制的资源就只有土地了。但开发土地的程序极为复杂,开发商要想在土地资源炙手可热的大背景下得到一块地,必须一一打通规划、审批、国土等环节。一块土地要审批下来,需要由区上报到市、市上报到省、省上报到国土资源部,审批手续十分繁杂。正是由于土地征用和分配领域行政权力占据主导地位,同时征地成本与土地出让特别是土地划拨与土地招标之间巨大的价差,使设租寻租成为可能。这些年以来,涉及土地领域的腐败现象呈现高发态势,从各省市区县的某些领导到从国土资源部部长的位子上倒下的田凤山,所查到的十个贪官当中也许有八个是跟土地有关系的,土地的征用和出让,已经成为和重大建设工程、国企改制相并列的三大腐败温床之一。

3.统筹城乡的土地征收征用制度变革

(1)改革土地产权制度。按照现代产权制度的要求,改革和完善土地产权制度。在坚持公有制的基本前提下,明确土地所有权主体和所有权实现方式,将国家土地所有权和集体土地所有权归属落到实处。对于农村集体土地,探索其具体实现形式;对于城市国有土地,探索建立中央和地方在土地管理和权益分配上的委托—代理关系或土地权益分级占有和管理的可能性。按照权利平等的原则,公平对待国家土地所有权和集体土地所有权,有条件地允许集体建设用地使用权进入市场流转。

(2)完善土地征用的补偿机制。明确界定政府土地征用权和征用范围,把征地范围严格界定在公益性用地之内,控制征地规模。适度提高征地补偿标准,除土地补偿费、劳动力安置补助费、地上附着物和青苗补偿费外,还应对被征地农民就业转移、生活条件改变等造成的间接成本进行补偿。从土地对于农民具有生产资料和社会保障双重功能的角度对农民进行经济补偿,考虑农民失去土地的经济损失和失地后需重新就业的社会保障损失。

（3）健全失地农民的安置机制。多渠道为失地农民提供再就业岗位，让更多的失地农民进城进厂、转岗创业，成为在工作岗位上创造社会财富、获得生活来源、拥有生存保障的劳动者。坚持把增强农民再就业能力作为保护失地农民发展权的重要内容，加强失地农民的教育和培训，建立培训体系，健全培训网络，提高培训实效，制定培训激励政策。大力拓宽失地农民就业渠道的同时，加强对失地农民的创业指导，做好失地农民的创业服务工作，鼓励失地农民兴办个体、私营企业。

（4）健全失地农民的社会保障体系。建立全面、稳定的失地农民社会保障网络，包括养老、医疗、失业保险及最低生活保障，让失地农民与城市居民一样享有"三条保障线"；设立失地农民社会保障专项基金，可通过政府一定比例的财政拨款、土地出让金净收益中提取部分资金、提取少量征地补偿金等渠道筹集。建立合理的社会保障制度，增强失地农民基本生活保障，维护社会稳定。

第7章 城乡统筹下土地利用规划制度创新机制分析

土地利用规划在土地资源管理中"龙头"作用发挥的关键在于土地利用规划制度创新。当前,我国正处在经济快速发展、城市化进程不断推进以及统筹城乡发展的新阶段,这些将强烈地改变着土地利用规划的制度环境,不断影响规划的价值偏好和目标界定,也对规划的行动模式、角色认知和作用机制赋予了新的内涵,进而推动规划制度创新机制的发展。

7.1 土地利用规划制度及其功能

7.1.1 土地利用规划制度

土地利用规划制度是指土地利用规划过程中所有规则的集合,即对土地利用规划过程中各参与者所形成相互作用的约束,既包括对土地使用者的约束,也包括对规划编制者、决策者与实施管理者的约束,同时包括实施特性。进一步讲,土地利用规划制度是指在土地利用规划过程中所形成或涉及的一系列法规、政策、办法等规则或规范的集合,这些规则对各参与者形成了相互约束与激励的作用,从而制约着不同利益主体在规划过程中的行为。

由于土地资源配置过程中存在巨大利益矛盾与冲突,为了实现土地利用过程中的公共利益,作为土地资源配置重要手段的土地利用规划是以维护公共利益为宗旨的,而规划制度则是通过一系列规则的制定与实施为这一目标的实现提供保障。从理论上说,由于制度本身所有的多维度和复杂性特点,作为制度理论分支,土地利用规划制度应属于一种契约制度,是在特定社会经济条件下,土地利用规划过程中不同利益集团的博弈规则,其实施过程受到市场经济和政治目标影响。这意味着土地利用规划制度的构建受到特定政治、社会和经济条件的制约。具体表现为:(1)政治因素方面,规划制度受到国家的政治体制、政治价值、行政组织和行为等方面的决定作用;(2)社会因素方面,社会组织、社会需求、社会文化等对规划制度也存在重要影响;(3)经济因素方面,土地利用规划制度形成和演变受到国家经济体制、经济组织和经济行为等决定或影响。

由此可见,土地利用规划制度是特定政治、经济和社会发展的产物,在不同制度环境和不同历史时期是不一样的,有时政治力量占据主导地位,并起主要作用;有时经济力量发挥主导作用,控制着土地利用的方向;在特定时期,社会力量的作用也是不可忽视的,因为社会需求是土地利用规划制度的根本动力。

7.1.2　土地利用规划制度的功能

土地利用规划与社会经济发展规划、国土规划、城市规划等一样,是人类有目的地改造和利用自然、规范人们的行为、创建土地利用环境的一项具体社会行为,是对未来各种土地利用活动的控制和引导。进一步说,土地利用规划制度是土地利用规划过程中一系列规则的总称,其实质是对规划过程实行控制和引导,以实现规划本质与目标。因此,从理论上来说,土地利用规划制度应具有降低交易成本、提供激励和约束机制、创造合作条件三方面的主要功能。

1.降低交易成本

在制度经济学家看来,人类的经济活动大致可分为两类,一是生产性活动,即人与自然界发生关系的活动,如土地资源的开发利用等;二是交易活动,即人与人之间发生经济关系的活动,也就是不以改变自然为目标的经济活动,如由土地资源利用而形成的人与人之间的利益关系等。同时,进行交易需要花费相应的费用,如寻找合作伙伴的费用、交易进行中的摩擦费用等。因此,将为达成或实现交易所需要的费用包括时间、精力等可以费用度量的消耗统称为交易成本。从绝对意义上而言,交易成本是不可避免的,而其高低又是相对于交易的目标而言的。新制度经济学理论认为制度的基本功能是降低交易成本,即在决策效果设定的前提下,制度有助于减少交易成本,其成本的高低取决于两个因素,即交易因素和人的因素,交易因素指交易活动愈复杂,其不确定性愈大,交易成本则愈高。人的理性程度是有限的,同时具有投机取巧的机会主义倾向,为了对付这种有可能损害自己利益的行为,交易各方必须花费成本来加以预防和消除。

随着现代社会的多元化和分层化,在多个不同生活空间和社会层次上,必然导致人们互动增强。交往频度加大、范围扩展、中介增多、时间拉长,则表现在土地利用过程中具有不确定性,即不同主体对自身利益的预期不确定。可见,在土地利用过程中,政府与企业之间、政府与公众之间、政府中的"条条"和"块块"之间为达成共识必然会涉及不同利益主体的协商、谈判、讨价还价,这均属于交易行为。同时,由于土地利用过程涉及的利益复杂,人们对于土地利用规划所对应的各种土地利用问题的认识远远不够,在巨大利益诱惑或驱使下更容易表现出机会主义倾向。因此,土地利用过程通常是一种高成本的交易过程。

土地利用规划制度的重要功能就是通过建立土地利用的预期机制,从而降低土地利用过程中的交易成本。具体表现为:①通过土地利用规划制度使人们可以根据过去的经验对未来做出可靠的推断,一方面可以从这种预期获得对不确定未来的基本安全感;另一方面可以保障其所期望的利益;②通过土地利用规划制度可以合理配置规划决策权力资源、设置决策程序、明确决策责任、构建决策合作框架来减少土地利用的不确定性,拓展其决策者的理性空间和能力范围,降低决策的机会成本,从而使得土地利用规划决策更具有正确性,最终降低土地资源配置中的交易成本。因此,土地利用规划制度实质上是建立一套对土地资源配置有效干预的预期机制,维护不同利益主体之间的互动,实现土地资源的可持续利用。

2.构建激励和约束机制

新制度经济学重新阐释了最早由福利经济学家庇古提出的"外部性"

问题,认为现代制度不是单纯地挤压和收缩利益主体的自由活动空间,而是通过建立稳定而有效的激励与约束机制,使不同利益主体可以通过相互竞争的方式来消除或限制外部效应,使之不至于影响社会总体收益的扩展,同时还能促进社会的进步和发展。从这种意义上讲,现代制度所建立的自由秩序,既是以个人自由为基础的秩序,又是一种以社会发展为基本取向的秩序。

由于土地利用外部性的广泛存在,规划的作用之一就是解决土地利用的外部性问题,实现土地资源优化配置目标。然而,这一目标本身不仅是激励机制,也是约束机制。例如,随着工业增长对区域形态影响加重,规划要通过土地利用配置来吸引这些工业和商业的集聚,并把重新激活因企业倒闭或破产而经济社会萧条地区作为规划重要任务。同时,随着生态环境保护要求日益增长,规划应关注日益严重的生态环境问题,并应对耕地、草地、林地等具有生态环境功能的用地,以及具有自然遗产特色和历史文化遗产的地区加以保护。可见,通过规划制度建立、构建合理有效的激励和约束机制,是解决土地利用外部性,促进土地资源合理配置,实现其持续利用的重要方式。

另外,土地利用规划过程一般包括规划的社会经济环境分析、规划方案编制、规划方案实施,以及规划方案的调整等阶段。许多规划技术内容被制度化和规范化,由于社会制度环境会影响规划的价值选择,也会使实际所追求的规划目标偏离被期望的规划所应具有的综合、长远、价值中立等理性规范的范畴。因此,解决这一难题的关键就是建立有效的规划制度以控制与引导土地利用过程。然而,规划控制也不是单纯地限制利益主体的建设活动,更不是单纯地挤压其活动空间,而是通过合理而有效的激励和约束机制的建立,消除或限制"外部负效应",并增强"外部正效应"。同时利用活动提供奖励,可以发挥利益主体的积极性,从而形成稳定有效的土地利用秩序。

3.创造合作条件

现代社会不仅是高度竞争的社会,也是需要广泛合作的社会。合作需要一定的条件,最重要的条件就是合作的各方可以预知合作的成果并防范合作不成功的风险。制度恰恰能够提供合作的标准,包括合作的期限和各方的权利与义务,提供违约的防范措施等。

随着多元主体社会互动的增强,生产和消费之间的中介环节不断增加,中间链条日益拉长,客观上使得土地资源配置中的利益矛盾冲突更加复杂。土地利用规划作为人类研究自然与社会经济,有目的地制定土地利用方案,创建人与自然协调发展环境的具体行动,面临着土地利用过程中的重重障碍和信任风险。因此,土地利用规划制度成为协调不同主体的利益矛盾,建立信任以便形成必要的土地利用秩序的一种重要工具。同时,通过规划制度可以提供决策合作的框架,明确决策者之间,决策者与执行者之间,政府官员、企业家、专家、公众之间的分工,并在不同利益集团之间起到交换中介的作用,在共享与分享稀缺土地利用价值的过程中达到相互依存。

究其原因,主要表现为利益主体之间的关系是平等的、相互的、竞争性的关系,处于这种关系之下的主体要实现对土地价值的共享与分享,必须进行相互的妥协和让步。市场经济社会是一个竞争性交换社会,人们对土地资源的所有权和使用权只能以付出代价的交换方式来获取,而交换通过主体竞争取得均衡,其实质是相互妥协和共同分享。可见,土地利用规划制度提供了一种相互妥协的机制以形成不同利益主体之间的交换,并实现土地利用中公共利益的共享与分享。

综上所述,在现代社会不断分化的情况下,面对多元主体利益争夺,土地资源配置过程中的矛盾冲突更加激烈,土地利用规划制度是对土地资源利用进行统筹安排,协调多元主体矛盾,实现公共利益的重要制度。通过土地利用规划制度的建立,不仅可以降低土地利用中的交易成本,提供适当的土地利用激励和约束机制,而且可以创造合作条件,形成相互妥协的机制以促使不同利益主体获得和平共处、分享土地资源的基础,从而达到实现公共价值和公共利益的目的。然而,在不同的经济社会发展阶段不同利益主体相互妥协的机制应是不同的。例如,政府、开发商、农民对土地利用规划的要求是不一样的,在经济萧条时,政府给予开发商更多优惠,鼓励投资,带动区域经济发展,农民群众也从中受益。在经济繁荣时期,政府可能对土地开发行为实行严格管理,甚至适当控制城市建设速度,更多顾及公众利益。因此,社会和经济力量是形成规划制度的重要因素,随着社会分化,共识的达成显得越来越困难,这就更需要土地利用规划制度的改进和创新,通过促成多元主体之间的有效妥协以实现土地资源的可持续利用及经济社会的持续发展与和平稳定。[①]

7.2　基于利益相关者理论的土地利用规划制度

20 世纪 80 年代以来,我国为了加强土地资源的有效管理,有效调控土地资源的利用与配置,先后在全国范围内开展了两轮土地利用总体规划的编制和实施。两轮规划在耕地保护和控制建设用地盲目扩展等方面发挥了积极作用,但是未达到预期效果,违规现象仍然十分普遍。我们知道,土地利用规划不仅是技术性活动,而且是社会公共决策过程,涉及很多的利益主体,其本质活动就是在技术条件允许下,对涉及不同主体的利益关系的协调及配置的过程。现阶段,土地利用规划在很多情况下,没有充分考虑对各个主体的利益进行有效的配置和协调,只是一味地追求在技术层次上的可行性,最终出现规划与实际需要不符或规划跟不上变化等情况,而导致规划频繁调整或修改,不能体现规划的严肃性,在规划实施中规划目标也不断被突破,耕地保护压力越来越大,违法建设屡禁不止,土地利用规划常常遭到一些诟病。因此,研究和探索一种在促进土地资源有效利用的同时,实现社会公共目标和多主体利益的土地利用规划制度已成我国土地利用规划界研究的重要课题。

7.2.1　利益相关者理论及其协调机制

1.利益相关者理论

利益相关者理论源于国外,是在对传统股东中心理论的质疑和挑战的基础上产生的。1927 年,通用电气公司的一位经理在其就职演说中最早提出为公司利益相关者服务思想。1984 年,Freeman 率先把该理论运

---

① 陈丽.我国转型时期土地利用规划的制度均衡分析.南京农业大学博士学位论文,2007 年

用于实践,并认为:"一个组织的利益相关者是指任何可以影响组织目标的或被组织目标影响的群体或个人",该定义得到众多学者的一致认可和推广。[①] 随后,在 Blair、Donaldson、Mitchell 等学者共同努力下,完善了整体理论框架,取得了丰硕的实践成果。该理论的核心思想是:一方面,在经营管理等活动中要考虑和体现各个利益相关者的利益;另一方面,通过协调和整合利益相关者的利益关系,达到整体效益最优化。[②,③,④]

土地利用规划不仅是技术性活动,而且是社会公共决策过程,涉及很多的利益主体,其本质活动就是在技术条件允许下,对涉及不同主体的利益关系的协调及配置的过程。只要能够影响规划目标的或被规划目标影响的群体或个人都可以被视为利益相关者。按组织形式分,市级土地利用总体规划利益相关者包括政府部门(G)、个人及团体(P)、外部环境(E)。见表7-1。

表7-1 市级土地利用总体规划利益相关者

组织类型		具体细分
政府部门(G)	土地管理部门(G1)	乡(镇)级土地管理部门(G11)县级土地管理部门(G12)市级土地管理部门(G13)省级土地管理部门(G14)国土资源部(G15)
	各级政府部门(G2)	乡(镇)级人民政府(G21)县级人民政府(G22)市级人民政府(G23)省级人民政府(G24)国务院(G25)
	县级其他行政部门(G3)	城建部门(G31)环保部门(G32)交通部门(G33)水利部门(G34)农业相关部门(G35)
个人及团体(P)		规划团队(P1)规划区居民(包括其后代)(P2)用地企业(P3)社会公益团体及协会(P4)
外部环境(E)		自然环境(E1)经济环境(E2)社会环境(E3)文化环境(E4)

---

① Freeman,R. E. 1984,Strategic Management:A Stakeholder Approach,Boston:Pitman

② Blair,M. M. & Stout,L. A. 1999,"A Team Production Theory of Corporate Law",Virginia Law Review 85:247-290

③ Donaldson,T. and Preston,L. E. 1995,"The Stakeholder Theory of the Corporation:Concepts,Evidence,and Implications",Academy of Management Review 20 (1) : 65- 91

④ Mitchell,R. K. and Wood,D. J. 1997,"Toward a Theory of Stakeholder Identification and Salience:Defining the Principle of Who and What Really Counts",The Academy of Management Review 22(4) :853- 886

政府部门(G):G1 和 G2 是规划的制定者、监督者、执行者、审批者,主要负责制定和实施相关法律法规,颁布技术规程,落实相关控制指标。它们更多地考虑和注重规划对管辖区的经济发展速度、GDP 相关指标、生态保护度、耕地保护率、基本农田保护率等指标影响,其目的在很大层面上是为了提高自己政绩和行政能力。

个人及团体(P):P1 是受委托于相关政府部门的独立法人代表或科研机构,从事规划设计工作,主要活动是提供专题技术研究和科学论证。通过一个好的规划编制和实施,可以提高规划团队的科研水平、知名度、经济效益。P2 是受规划影响最大的主体,希望能够通过规划改善生活环境、生活质量,提高经济水平。规划编制或调整的驱动力很大部分是为了促进当地经济发展而满足企业建设用地的需要。因此,P3 最关心的利益就是通过规划的调整和修编能够满足自己的用地需要,以提供企业更多的生产场地和活动空间。P4 是出于共同兴趣爱好或目的而自发组织的社会团体或协会,包括商务咨询类、社会公益类、行业协会等,土地利用规划可以一定程度上影响其爱好或目的的实现。

外部环境(E):包括自然环境、经济环境、社会环境、文化环境,是相对于规划系统而言的外部承受因子。土地利用规划对 E1 影响是通过改变规划区的土地利用/覆被变化、土地用途、用地格局;对 E2 影响是通过改变规划区的各项区位因子。土地利用规划是对未来一定区域土地的规划和安排,经过一定时期可以通过改变其他要素而间接影响到规划区 E3 和 E4。

土地利用规划涉及规划区土地资源在各部门的宏观配置和空间布局,关系到国家粮食安全及战略安全。利益相关者理论只是从利益角度分析和解决问题,为了能把利益相关者理论成功运用到土地利用规划制度的构建中,必须遵守以下前提原则:

(1)先"自然",后"人文"。土地利用规划决定着规划区土地在将来一定时期内的用途和空间布局。土地是自然环境的一个重要因子,在整个自然环境中扮演着重要角色。因此,土地利用规划对规划区的自然环境起着重要作用。但是人类在利益的驱使下,往往忽视自然的内在规律,结果受到自然的相应惩罚。因此,人类应从长远利益考虑,以尊重自然需求和规律为前提,然后才在土地上赋予以人类为目的的"人文"特色规划。

(2)先"国家",后"地方"。依据利益相关者理论,土地利用规划利益相关者本质目的就是表达和实现各自利益。虽然政府部门名义上代表国家利益,但它们出于"经济人"理性的考虑,很有可能优先考虑各自地方利益,从而无形中忽视国家整体利益。因此,土地利用规划应首先大致确定和实现国家的长远和宏观利益安排,然后对地方和个人利益进行再分配。

(3)先"吃饭",后"建设"。土地资源是人类赖以生存和发展的基础。我国是人口大国,"吃饭问题"一直是战略问题。土地利用规划应本着一要吃饭、二要建设的原则,在既定生产力水平下应保证所需农业用地规模,重点在于控制建设占用的土地。经济建设不能只以经济效益最大化为中心,而忽视国家战略问题的解决。

2.利益相关者各方协调机制

各国的国情不同,土地利用存在的问题和规划目标不一样,但如何协调社会经济活动中各土地利用主体在土地资源利用中的利益关系,却是每个国家土地利用规划中的一个基本内涵,而社会经济活动中的各利益集团或个体之间的协调,在土地利用规划编制中又主要集中体现为三对矛盾的协调:一是市场调节与宏观调控的关系;二是不同行政级别之间的关系;三是私有财产权(发展权)与公共利益的关系。

(1)市场调节与宏观调控。土地资源配置的政府管制与市场调节的矛盾,一直是土地利用规划中讨论的热点,土地利用规划并不意味着对市场机制的全盘否定,鉴于市场规律在土地资源配置中的重要作用,应正确处理好市场调节与宏观调控的关系,呼吁推行基于市场的土地利用规划。从理论上分析,二者关系的协调取决于规划区域市场经济的发育程度和政府的宏观调控能力。一般认为,区域市场经济越发育,其自我调节能力越强,在土地资源配置中的协调潜在能力也就越大,在土地利用规划中要考虑市场机制的影响也就越大。一个区域的市场经济发育程度,主要表现在对经济活动的自我调节和自组织功能实现能力上,而这种能力又取决于市场的组成和结构的完善程度,具体表现为各个市场参与主体市场

行为的自由度,市场交易物品产权界定的清晰度,以及市场上的交易物品
和参与主体组成上的完备度。衡量区域市场经济发育程度,可通过其各
种机制的表现能力来体现。土地资源作为一种特别的商品,产权是否完
整和能否自由流转是衡量市场发育程度的主要因素。而政府对土地利用
规划的调控能力,主要取决于政府具有的制定规划能力、长期决策能力和
实现规划的财政能力。从政府对土地资源宏观调控能力的大小,可分为
五种宏观调控与市场调节关系的土地利用规划类型:新北欧型、Thatcher
型、美国类型、Coasian 型和全球化类型。新北欧型,人们通常也称为项
目导向性规划;Thatcher 型,基本上完全由市场来配置,地方政府能力很
弱;美国类型是指现在经济利益集团主导着规划方案的编制,旨在强化当
前不动产的价值;Coasian 型则假设产权完善和明晰,信息完全和交易成
本为零,此时企业界可以不需要公共的土地利用规划;全球化类型是指随
着经济全球化,土地利用应考虑区域间合作,从而提高竞争力。[①]

　　(2)不同行政级别之间关系的协调。在讨论土地利用规划编制模式
时,其焦点往往会集中在是"自上而下"还是"自下而上"。其实质就是土
地利用规划在不同级别行政区划的协调问题。这在行政能力越强大的国
家,相互影响就越大。一般认为,"自上而下"的模式有利于强化宏观调
控,而"自下而上"有利于发挥各地的地域特点。在技术上,土地利用规划
的简单分区(SPZ)的提出,较好地处理了一直存在的中央与地方、宏观与
微观之间的关系,即上下规划之间的冲突,使以往上级是下级规划的"提
供者",变成了"战略指导者"。顾名思义,SPZ 是指只规定简单的用途管
制条例,较为宏观。规定特别要强调的用途,为基层的土地利用规划提供
了较大的空间,是突出了上一层对下一层规划的宏观指导性,既保证了规
划质量,也节省了不少相互之间的谈判成本。

　　(3)土地发展权与公共利益关系的协调。早在 19 世纪中期,英国在
因工业化带动的城镇化发展时期,考虑到公众健康和利益,政府就提出对

---

　　① Lind,H. 2002,"Market—oriented Land—use Planning: A Conceptual Note",Planning
and Markets 5 (1):42—50

私有土地使用的控制和监督,首次提出了土地利用规划的思想,随即出现了政府对土地公共利益调控与土地私有权力保护之间的冲突。为了更好处理土地利用公共利益与私有财产权保护的问题,公共参与应运而生,且成为了一条最基本的土地利用规划原则,使规划不只是公务员的事,平衡了公众利益与私有财产权益的关系,且让规划在实施中有了良好的基础。

7.2.2 利益平衡观视角的土地利用规划制度

1.利益平衡观主要观点

土地规划是全世界范围内的政府行为,它的推行与土地本身的性质以及政府和社会对土地的观念变迁密不可分。就土地本身而言,它不仅是极其重要的不动产,更是不可再生的自然资源,还是生态环境的基础构成;就观念变迁而言,政府和社会都认识到,土地不只是负载个体利益,它更体现了社会公共利益甚至国家利益,具体包括资源安全、生态平衡、社会经济可持续发展等利益考量。正是如此,土地上的开发利用活动才超越个体行为而成为公共行为和社会行为,政府进行土地规划就理所当然并因而具有正当性。

然而同样必须看到,作为一种政府行为,土地规划既可以保护和增进国家利益和社会公共利益,但也有可能严重损害私人利益,或者成为私人"公权私用"谋取私利的工具。比如我国为规划土地而实施的土地征用,征地的补偿标准除了法律规定了大致范围以及一个上限外,具体内容基本上由地方政府单方面自由裁量,完全剥夺了土地所有人(集体经济组织)和使用权人(农民或其他组织)在此问题上的协商机会和参与机会,从而使征用变成了一个强制交易行为。

国家利益、社会公共利益和私人利益都是受宪法和法律所保护的对象。正是基于这些利益均具正当性,我们在看到私人行为对土地带来的某些负面影响时,也应该防范政府土地规划所产生的某些问题,追问其正当性和合理性,以期达到利益平衡,实现社会正义。

2.土地利用规划制度创新分析

在倡导社会、经济和环境可持续发展的今天,政府土地规划行为是不可或缺的宏观调控工具。但是基于公权力自我膨胀的天性及其对私权的潜在威胁,合理设计土地规划制度是必要的。

在程序上,必须适应决策多元化要求,促进土地规划制定程序的民主化。民主化不仅要求主管部门以外的其他相关部门参与,更要求社会公众特别是被规划土地的权利人的有效参与。当前,深圳、上海、天津等地通过地方立法明确由社会各界人士组成的"城市规划委员会"作为城市规划决策主体就是很好的尝试。在规划土地的征用程序方面,应最大限度地满足公众提前信息知情权以及征用过程的有效参与权。这样可以保证土地规划的执行效果,增强其干预私权的合法性和社会可接受程度。

土地利用规划制度创新的根本目标在于国家利益、社会利益与私人利益的合理平衡。它要求土地规划不能只是满足国家、社会利益的政策工具,也要尽可能保证私人土地权益,并为私法自治留下合理空间。如在立法中规定国家利益和公共利益的具体含义;完善被规划土地的征用程序和标准以及补偿争议的司法可诉性;在城市改造规划中赋予被拆迁者与拆迁单位(都是私法主体)平等谈判和协商的权利等。只有满足实体正义和程序正义的要求,才能实现土地规划的法治化,保证国家利益、社会利益与私人利益的合理平衡。

7.2.3　博弈论视角的土地利用规划制度

1.土地利用规划制度的博弈分析

博弈论是研究决策主体的行为发生直接相互作用时的决策以及这种决策的均衡问题,其基本观点是一个决策主体的选择受到其他决策主体选择的影响,反过来也影响到其他决策主体的选择,即个人集体选择的效用函数不仅依赖于自己的选择,而且依赖于他人的选择,个人集体的最优选择是其他人其他集体选择的函数。

从博弈论视角看,制度是人博弈的均衡解,其形成过程是一个人进行多次博弈的过程,制度需求的重要原因是解决多个利益主体之间利益冲突问题。可见,在土地利用规划制度中,不同利益集团对其变迁的预期收益不同,导致规划制度需求的动因明显不同。因此,均衡的规划制度是各利益主体博弈的结果,而在非均衡的制度下,不同利益集团则采用相应的博弈策略以实现其利益最大化。

土地利用规划制度是一种有限理性的博弈过程。这意味着博弈方往往不会一开始就能找到最优策略,会在博弈过程中学习博弈,通过试错找到较好的策略,也意味着至少部分博弈方不会采用完全理性博弈的均衡策略,意味着均衡策略是不断调整和改进而不是一次性选择的结果,且即使达到了均衡也有可能再次偏离;这说明作为均衡的策略(也就是通常意义上规划制度组成的一个部分)必须具有稳定性,不然则会因为博弈双方中某一方策略改变而改变。相反,均衡的策略能够对某个个体的策略偏离进行纠偏,通常假设博弈方具有一定统计分析能力和对不同策略效果的事后判断能力,但没有事前的预见和预测能力。显然,这种分析问题的框架与规划在现实中的经济活动模式非常接近,从而可为规划的制度博弈分析提供理论基础。

2. 土地利用规划制度创新分析

土地利用规划制度的创立是由中央政府提出的,但其后的制度创新基本都是地方政府提出的需求诱致型制度创新,这一方面是由于中央政府存在维持最大化垄断租金的可能,另一方面地方政府直接接触当地的个人和团体,能够及时了解来自个人和团体对创新的态度及预期收益,其创新具有现实的合理性。需求诱致型制度变迁无法避免制度创新的外部效应和"搭便车"现象,当地方政府提出一项制度创新时,如果其提出的方案为中央政府所同意,则中央政府会将此项创新全面推广,所有地方政府均能够从此项创新中获得收益。如果没有得到中央政府的认可,则可能将创新列为违反现有制度和政策的行为,该政府受到一定程度的惩罚。这种制度设计限制了地方政府对制度创新的积极性,导致需求诱致型制度变迁将少于社会的最优需求量,大部分政府将自己的行为控制在中央政府所定义的制度中。因此,土地利用规划制度和政策的创新主要从地方政府趋利避害的行为中产生,而且多半产生于经济发展较快、人地矛盾激烈的地区。

我国土地利用规划制度正是在这种"博弈失衡——创新平衡"的过程中发展起来的,地方政府对经济总量的追求虽然有一定的局限性,但是总体上是有利于社会经济发展的,其对土地利用规划制度的要求在一定程度上是合理的；土地利用规划制度的核心目标是保护耕地和限制建设用地，但这不应当成为限制经济发展的理由。通过制度创新改变两者的关系才是土地利用规划制度今后发展的方向，比如开展农村建设用地入市、对建设用地集约度进行强制性约束等试点，都是对现有土地利用规划制度创新的表现。

7.2.4　多中心治理理论视角的土地利用规划制度

1. 多中心治理理论主要观点

埃莉诺·奥斯特罗姆（Elinor Ostrom）在 2009 年被授予诺贝尔经济学奖，其获奖的主要贡献就是对"经济的治理研究做出了卓越分析"。多中心治理理论在奥斯特罗姆提出的治理理论体系中处于最重要的位置，其核心思想是，公共物品和公共资源所有权的模式不应只有私有化和国有化两个极端，而应在二者之间存在多种可能并且高效运行的治理方式——资源使用者在相互信任的基础上通过设计持续性的合作机制来自主治理。在 20 世纪六七十年代，奥斯特罗姆就在通过分析地方公共治理有效性的基础上提出了多中心治理的概念，即建立交叠管辖机构（多中心秩序）的治理。同时，她也指出多中心治理的秩序并不低效，甚至比单一秩序更有效率，地方社区可以独自更好地管理森林、湖泊和渔场等公共资源。一群相互依赖的个体有可能将自己组织起来，进行自主治理，从而能在所有人都面对"搭便车"、规避责任或其他机会主义行为诱惑的情况下，取得持续的共同收益。

多中心治理中"多中心"的含义主要有以下几点：①首先，多中心公共事务的多个处理主体之间存在着合作、信任、共同组织和竞争的关系；②多中心治理意味着政府、市场的共同参与和多种治理手段的应用，这些应用能发挥更为有效的对公共资源的配置作用；③多中心治理要求政府转变自身的角色与任务，更多地扮演中介和调控者的角色；④通过统一的司法体系来解决区域中不同治理主体间的冲突与矛盾。"多中心"一词现已成为一种思维方式和理论框架，更成为公共物品的生产和公共事务管理中十分重要的治理模式之一。①

2. 土地利用规划制度创新分析

我国土地利用规划制度可以分为规划目标的确定和规划决策两部分。其中在我国土地利用总体规划的五级编制体制中,规划目标的确定主体只有一个,即上级人民政府,这也体现了土地利用规划自上而下的指令特性;规划决策则是在规划编制中落实上级人民政府目标的过程。从现有的土地利用规划编制体制来看,参与规划决策的主体主要是本级地方政府,决策的过程体现在对本区域内土地资源在数量规模和空间布局上的综合协调安排。

与多中心治理理论倡导的区域事务的多个参与治理的中心不同,我国土地利用规划制度还停留在土地资源利用的单一治理主体阶段,土地利用规划形成的对区域土地资源的计划和安排在数量规模上主要体现了上级政府的意志(管制与保护),在空间布局和时序安排上则主要实现本级地方政府的意图(开发与建设)。区域土地利用中的其他利益主体(开发商、农民集体、农民)在土地利用规划的编制中几乎没有参与和影响规划决策的制度渠道,从而其利益诉求也必然会在规划的实施中以违反规划的形式表现出来。

首先考虑土地利用规划方案的多中心供给情况。作为一种治理思路,多中心治理意味着有多个公共事务的处理主体,在土地利用规划的编制中,规划决策的结果可以视作是一种提供给社会的公共物品。如果按照目前规划决策的过程来分析,现在对"土地利用规划"这一公共产品的供给者只有一个,即编制本级规划的地方政府,这是一种单一部门垄断的公共事务治理模式。而依据多中心治理的理论,在公共物品生产、公共服务提供和公共事务处理方面如果存在着多个供给主体,则各个公共事务治理主体间的关系就相应地变成一种竞争或准竞争机制。通过这些主体之间的竞争,来迫使各供给者自我约束,降低公共物品的供给成本,提高

---

① Ostrom, E. 1990, Governing the Commons: The Evolution of Institutions for Collective Action, Cambridge: Cambridge University Press

质量和增强回应性。公民还可根据各供给者的相对优势,按照自己的意愿,在各个供给者之间进行选择,在土地利用规划中,这种选择可以体现在对不同规划方案的喜好和赞同上。

其次考虑土地利用规划中多方利益的博弈情况。多中心治理意味着政府、市场的共同参与和多种治理手段的应用。目前土地利用规划指标的确定过程,是一个典型的垄断供给行为,即指标的确定是以指令性的形式自上而下地分解,是一种单中心的治理思路。政府垄断公共事务会造成公共物品提供的单一,无法满足多种偏好,而且会导致政府扩大、效率丧失以及寻租腐败等一系列问题,造成目前土地利用规划中存在的诸多困境。而且,规划作出的决策往往是从地方政府的"成本-收益"角度出发,集中体现了地方政府和中央政府的部分意愿。参与土地资源开发和利用的其他主体(如企业、农民集体、公民个人等)的利益难以在规划中得到反映,这些参与主体往往会为了争取更多的利益而不惜违反土地利用规划,因为不依据规划而利用土地所能带来的利益超过了违反规划的成本。在多中心治理下的土地利用规划则可以消除上述问题,作为各个土地资源利用参与主体间的博弈的过程和结果,多方协调下的土地利用规划大大降低了各主体违反规划所能带来的收益,同时增加了各方监督规划实施的积极性,进而可以较好地保证规划的严肃性。

最后,考虑土地利用规划编制和决策中政府自身角色与任务的转变。多中心治理中政府不再是单一主体,而只是土地利用规划供给和管理中的一个主体。政府在规划管理方面也应从以往的直接管理变为间接管理,从现在的直接参与者的角色逐步转变为一个中介者的角色,即制定多中心治理下土地利用规划制度的宏观框架和参与者的行为规则,同时运用经济、法律、政策等多种手段为土地利用规划的编制和实施提供依据和便利。

7.3　土地利用规划制度的历史发展

土地作为民法上的不动产,曾经是个人财产的最主要形式,土地权利的确认是法律上所有权制度的起源,长期以来一直受到私法(主要是民法)的有力保护。政府的基本职能是保护私人财产,包括私人拥有的土地,因此政府对土地的使用不加限制。即使有对个人土地所有权或其他土地上权利的限制,也纯粹是出于私法上的权利相互性要求,因为权利从来就不是绝对的。这让人们相信私法对土地权利的限制是正当而合法的,而政府则不得限制私人土地权利。但自19世纪末以来,公法不断侵入传统的私法领域,几个世纪以来法律确认的不受公法干涉的私人权利无一例外地都受到公法上的限制,尤以财产权最为显著。反映到立法上的变迁是土地法从民法中独立出来成为公私交融的特别法。此时,施于土地上的限制不再只是为了其他私人利益,而且还包括国家为了社会公共利益甚至国家利益。通过权力的强行介入和干预来限制土地权利,土地规划就是这种国家权力干预土地私权的体现。从此,国家干预私人土地权利的行为获得法律依据。一个人实际上绝对地随心所欲地使用土地的权利,正在让位于根据有关当局规定合理地使用土地的首要原则。那时,由于土地使用主要是城市土地的使用问题,因此,各国相应制定了其城市规划法来管理和规范私人对城市土地的开发利用行为。如美国在20世纪20年代制定了第一部《城市规划法》。

20世纪60年代,情况又发生了变化。接二连三的大规模的公害事件在许多国家发生,环境保护运动开始风起云涌。人们开始认识到土地不仅仅是财产,更是人类赖以生存和发展的自然资源和环境要素,并且是不可再生的。为了保护环境和自然资源,政府开始对土地开发利用活动实施进一步规范和控制,土地规划已经具有新的政策目标:保护有限的土地资源特别是耕地资源,保护生态环境;80年代以来又注入了"可持续发展"的理念,从而成为实现社会、经济和环境协调发展的政策工具。

由于世界上许多国家实行土地私有制,故其土地规划是以土地私有制的社会背景为前提的。而在我国,土地实行国家所有和集体所有两种所有制形式,并且都是公有制。历史表明,我国的土地规划最初是为控制城市扩张、保护耕地而设计,而并不是或并不主要是为限制私人土地开发行为而设计,因为在社会主义改造完成后的相当长时期内,我国并不存在私人的土地权利,更没有私人土地所有权。我国实行土地公有制是社会主义革命发展的逻辑结果,是由社会制度所决定的。国家实行土地规划的真正动因源于 80 年代开始的城市化浪潮。我国第一部《土地管理法》于 1986 年制定,但是当时它有关"土地规划"的条文仅有两条,对土地规划制度的真正立法起于 1989 年《城市规划法》的制定。由此也可以看出,我国的土地规划制度主要是侧重于城市土地规划,具有明显的城市本位色彩。随着《土地管理法》在 1998 年的修订,其中专章规定了"土地利用总体规划",共计有 14 条之多,我国的土地规划制度才真正建立起来。①

7.4　我国土地利用规划的制度框架及其分析

我国是统一的、多民族的、单一制的社会主义国家。为维护国家法制统一,体现全体人民的共同意志和整体利益,我国实行统一而又分层次的立法体制。但我国幅员辽阔,情况复杂,各地发展不平衡。为维护国家法制统一,同时又适应各地不同情况,《宪法》和《立法法》规定,除全国人民代表大会及其常务委员会制定法律外,国务院根据《宪法》和法律,可以制定行政法规;省、自治区、直辖市的人民代表大会及其常务委员会在不同宪法和法律、行政法规相抵触的前提下,可以制定地方性法规,批准较大的市的人民代表大会及其常务委员会制定的地方性法规;民族自治地方的人民代表大会有权依照当地民族的政治、经济和文化的特点,制定自治条例和单行条例。此外,国务院各部门和具有行政管理职能的直属机构根据法律和行政法规,可以在其职权范围内制定部门规章;省、自治区、直辖市和较大的市的人民政府,根据法律、行政法规和本省、自治区、直辖市的地方性法规,可以依法制定规章。

截至 2009 年 8 月底,全国人大及其常委会共制定了现行有效的法律229 件,涵盖宪法及宪法相关法、民商法、行政法、经济法、社会法、刑法、

① 唐忠辉.我国土地规划制度的反思:一种利益衡平观.甘肃政法成人教育学院学报,2005,3(1):66—68

诉讼及非诉讼程序法等七个法律部门;国务院共制定了现行有效的行政法规 682 件;地方人大及其常委会共制定了现行有效的地方性法规 7000 余件;民族自治地方人大共制定了现行有效的自治条例和单行条例 600 余件;5 个经济特区共制定了现行有效的法规 200 余件;国务院部门和有立法权的地方政府共制定规章 2 万余件。

7.4.1 与土地利用规划相关的法律及条款

1. 与土地利用规划相关的法律

(1)属于行政法的法律:《中华人民共和国城乡规划法》(2007 年)、《中华人民共和国城市房地产管理法》(1994 年,2007 年修正);

(2)属于经济法的法律:《中华人民共和国土地管理法》(1986 年,1988 年修正、1998 年修订、2004 年修正);

(3)属于民法商法的法律:《中华人民共和国物权法》(2007 年)。

2. 与土地利用规划相关的其他法律

(1)属于行政法的法律:《中华人民共和国文物保护法》(1982 年,1991 年修正、2002 年修订、2007 年修正)、《中华人民共和国环境保护法》(1989 年)、《中华人民共和国建筑法》(1997 年)、《中华人民共和国行政许可法》(2003 年)、《中华人民共和国道路交通安全法》(2003 年,2007 年修正);

(2)属于经济法的法律:《中华人民共和国公路法》(1997 年,1999 年修正、2004 年修正)、《中华人民共和国节约能源法》(1997 年,2007 年修订);

(3)属于民法商法的法律:《中华人民共和国农村土地承包法》(2002 年)。

3. 法律中涉及土地利用规划的条款

(1)《中华人民共和国宪法》(1982 年 12 月 4 日由中华人民共和国第五届全国人民代表大会第五次会议通过,1982 年 12 月 4 日全国人民代表大会公告公布施行;1988 年、1993 年、1999 年和 2004 年修正。)第十条"城市的土地属于国家所有"

①农村和城市郊区的土地,除由法律规定属于国家所有的以外,属于

集体所有;宅基地和自留地、自留山,也属于集体所有。

②国家为了公共利益的需要,可以依照法律规定对土地实行征收或者征用并给予补偿。

③任何组织或者个人不得侵占、买卖或者以其他形式非法转让土地。土地的使用权可以依照法律的规定转让。

④一切使用土地的组织和个人必须合理地利用土地。

(2)《中华人民共和国城乡规划法》(由中华人民共和国第十届全国人民代表大会常务委员会第三十次会议于 2007 年 10 月 28 日通过,自 2008 年 1 月 1 日起施行。)

目　录

第一章　总则

第二章　城乡规划的制定

第三章　城乡规划的实施

第四章　城乡规划的修改

第五章　监督检查

第六章　法律责任

第七章　附则

……

第二条　制定和实施城乡规划,在规划区内进行建设活动,必须遵守本法。

①本法所称城乡规划,包括城镇体系规划、城市规划、镇规划、乡规划和村庄规划。城市规划、镇规划分为总体规划和详细规划。详细规划分为控制性详细规划和修建性详细规划。

②本法所称规划区,是指城市、镇和村庄的建成区以及因城乡建设和发展需要,必须实行规划控制的区域。规划区的具体范围由有关人民政府在组织编制的城市总体规划、镇总体规划、乡规划和村庄规划中,根据城乡经济社会发展水平和统筹城乡发展的需要划定。

……

第十七条　城市总体规划、镇总体规划的内容应当包括:城市、镇的发展布局,功能分区,用地布局,综合交通体系,禁止、限制和适宜建设的地域范围,各类专项规划等。

①规划区范围、规划区内建设用地规模、基础设施和公共服务设施用地、水源地和水系、基本农田和绿化用地、环境保护、自然与历史文化遗产保护以及防灾减灾等内容,应当作为城市总体规划、镇总体规划的强制性内容。

②城市总体规划、镇总体规划的规划期限一般为二十年。城市总体规划还应当对城市更长远的发展作出预测性安排。

③中国的城乡居民点系列为:村—乡镇—建制镇—市。村和乡镇是乡村型居民点,统称乡村;建制镇和市是城市型居民点,统称城镇或城市。①

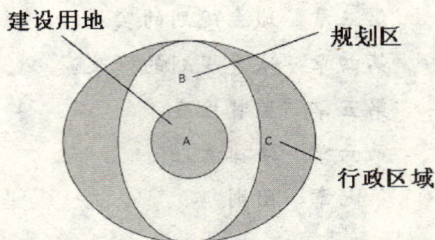

图 7—1 与城乡规划主管部门空间责任范围有关的三个空间范畴

其中:A 建设用地 B 规划区 C 行政区域

(3)《中华人民共和国土地管理法》(第二次修正,由中华人民共和国第十届全国人民代表大会常务委员会第十一次会议于 2004 年 8 月 28 日通过,自公布之日起施行。)

目录

第一章 总则

第二章 土地的所有权和使用权

第三章 土地利用总体规划

---

① 《中华人民共和国城乡规划法》.2007 年 10 月 28 日第十届全国人民代表大会常务委员会第三十次会议通过

……

第二条　中华人民共和国实行土地的社会主义公有制,即全民所有制和劳动群众集体所有制。

①全民所有,即国家所有土地的所有权由国务院代表国家行使。

②任何单位和个人不得侵占、买卖或者以其他形式非法转让土地。

③土地使用权可以依法转让。

④国家为了公共利益的需要,可以依法对土地实行征收或者征用并给予补偿。

⑤国家依法实行国有土地有偿使用制度。但是,国家在法律规定的范围内划拨国有土地使用权的除外。

……

第四条　国家实行土地用途管制制度。

①国家编制土地利用总体规划,规定土地用途,将土地分为农用地、建设用地和未利用地。严格限制农用地转为建设用地,控制建设用地总量,对耕地实行特殊保护。

②前款所称农用地是指直接用于农业生产的土地,包括耕地、林地、草地、农田水利用地、养殖水面等;建设用地是指建造建筑物、构筑物的土地,包括城乡住宅和公共设施用地、工矿用地、交通水利设施用地、旅游用地、军事设施用地等;未利用地是指农用地和建设用地以外的土地。使用土地的单位和个人必须严格按照土地利用总体规划确定的用途使用土地。

……

第十九条　土地利用总体规划按照下列原则编制:

①严格保护基本农田,控制非农业建设占用农用地;

②提高土地利用率;

③统筹安排各类、各区域用地;

④保护和改善生态环境,保障土地的可持续利用;

⑤占用耕地与开发复垦耕地相平衡。[①]

(4)《中华人民共和国物权法》(由中华人民共和国第十届全国人民代表大会第五次会议于 2007 年 3 月 16 日通过,自 2007 年 10 月 1 日起施行。)

目录

[①] 《中华人民共和国土地管理法》. 2004 年 8 月 28 日第十届全国人民代表大会常务委员会第十一次会议通过(第二次修正)

……

第四十五条　法律规定属于国家所有的财产,属于国家所有即全民所有。国有财产由国务院代表国家行使所有权;法律另有规定的,依照其规定。

第四十六条　矿藏、水流、海域属于国家所有。

第四十七条　城市的土地,属于国家所有。法律规定属于国家所有的农村和城市郊区的土地,属于国家所有。

第四十八条　森林、山岭、草原、荒地、滩涂等自然资源,属于国家所有,但法律规定属于集体所有的除外。

第四十九条　法律规定属于国家所有的野生动植物资源,属于国家所有。

第五十一条　法律规定属于国家所有的文物,属于国家所有。

……

第六十条　对于集体所有的土地和森林、山岭、草原、荒地、滩涂等,依照下列规定行使所有权:

①属于村农民集体所有的,由村集体经济组织或者村民委员会代表集体行使所有权;

②分别属于村内两个以上农民集体所有的,由村内各该集体经济组织或者村民小组代表集体行使所有权;

③属于乡镇农民集体所有的,由乡镇集体经济组织代表集体行使所有权。

……

第六十一条 城镇集体所有的不动产和动产,依照法律、行政法规的规定由本集体享有占有、使用、收益和处分的权利。[①]

7.4.2 我国土地利用规划管理体制的城乡比较

1.土地利用规划管理体制基本框架

土地管理体制是指国家土地管理机构的设置及其职责的划分所形成的体系和制度的总称。土地利用规划管理体制是土地管理体制的重要组成部分,在土地利用规划管理中起主导作用。我国实行城乡土地集中统一管理与分级管理相结合的规划管理体制,自 2004 年起,实行省级以下垂直管理。各级土地行政主管部门自上而下设立专门的土地利用规划管理机构,负责土地利用规划管理工作,如图 7—2 所示。国土资源部设规划司,省级国土管理部门设规划处,地级设规划科,县级设国土勘测规划

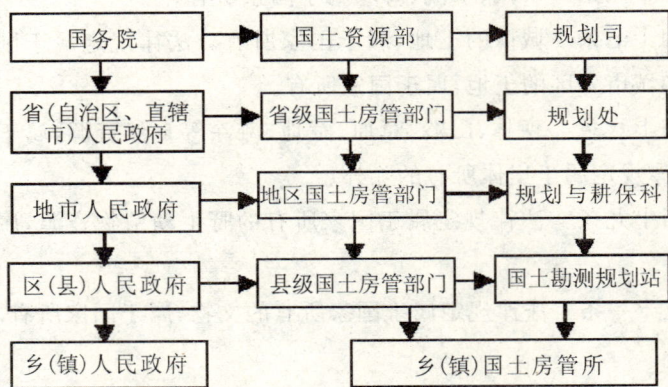

图 7—2 现行国土行政管理总体框架图

站。在农村土地规划管理上,乡(镇)国土所作为县级国土部门的派出机构,没有单独设立规划管理机构,而是由县级部门统一管理。规划部门在土地管理中的主要职责是组织编制相应级别的国土规划、土地利用总体规划以及其他专项规划和年度计划,并依法实施监督、指导、审核下一级土地利用总体规划;组织实施国家、省审批的建设项目用地预审;负责新

---

① 《中华人民共和国物权法》.2007 年 3 月 16 日第十届全国人民代表大会第五次会议通过

技术、新知识的推广运用等。

我国目前的土地利用规划体系主要包括总体规划、专项规划和详细规划。土地利用总体规划分为全国、省、市、县、乡（镇）五级，专项规划包括基本农田保护区规划、土地开发复垦规划、土地整治规划和土地整理规划等，详细规划包括耕地规划、交通用地规划、水利工程用地规划等。总体规划对详细规划、专项规划进行控制，各规划之间形成了一种相互联系、相互制约的关系，从而构成了土地利用规划体系。土地利用规划管理各项制度逐渐完善。1998 年 8 月 29 日，新的《中华人民共和国土地管理法》颁布（2004 年修正），对土地利用总体规划作了专章规定。国土资源部也发出了《关于加强土地利用总体规划工作的通知》，把土地利用规划修编作为实施《土地管理法》的重要措施来抓。之后国土资源部相继出台了《省级土地利用总体规划审查办法》、《建设用地审查报批管理办法》、《土地利用年度计划管理办法》以及国务院《关于深化改革严格土地管理的决定》等政策措施，以加强土地管理，强化总体规划的实施，控制建设用地的增加面积，提高土地利用集约化程度，切实保护耕地。

2.我国土地利用规划管理体制城乡差异

在城乡分治的总体框架下，我国的土地存在国有土地和集体土地之别。经过几十年的发展，逐步固化为"城乡分治，一国两策"，"两个经济单元，两种发展水平"的格局，城乡差距进一步扩大。在土地利用规划管理体制上，城乡差异主要表现为以下三个方面：

其一，从国家宏观调控的角度看，我国土地管理政策取向是重城轻乡，重国有轻集体，以牺牲农业和农民的利益来促进城市发展，推进工业化进程。中国法律政策向来以面向国有土地为主，严格限制农村集体土地的使用和流转，实质上是对农村集体土地待遇的歧视。

其二，从市场配置资源的角度看，城市国有土地的市场化配置程度远远高于农村集体土地，城市土地市场规范有序。与此相对应的农村土地市场尤其是农村集体建设用地市场由于法律法规的不健全，市场秩序十分混乱，成为地方官员滥用职权、贪污受贿的温床。

其三，从土地利用规划管理体制建设看，农村土地利用规划管理体制建设滞后,难以满足不断增长的新农村建设的需要。据调查,目前农村集体建设用地存量大、闲置多、流转难、利用粗放、价值低估,不利于农民财富的增长和农村集体经济效益的实现。①

7.4.3 农村土地利用规划和管理制度建设的矛盾与冲突

1.土地用途管制与增加农民收入相冲突

统筹城乡发展客观上要求农民收入大幅提高,在农村,剩余劳动力大量外出务工,部分在家务农的农民想通过牧、渔、林等方式提高生活条件,部分外出务工人员则想通过流转承包地和宅基地的使用权来提高收入,而这一措施的实施,直接导致部分农民为经济利益而违法占地。现行基本农田保护制度、农村土地产权制度等在一定程度制约了我国农民务农的积极性,影响了农民收入,农村土地利用规划和计划管理制度的完善已成为影响当前发展农村、建设新农村的重大问题之一。

2.土地用途管制与市场供求机制相冲突

在现行农村土地利用规划和管理法律法规中,中央政府进行高度集中的基本农田保护和建设用地指标供给,并严格管制土地征用、土地用途改变等土地资源配置。然而,城市化和市场经济对土地资源配置和高效率流动却有着内在强劲的要求,表现为集体土地联建、化整为零审批、私下出租和交易房地、私自改变土地用途等。与农村土地市场机制冲突主要具体表现为:①随着城市化和工业化进程加快,出现了土地资源由农业大量转向非农利用,同时,土地被用作城市建设和企业场地受到严格控制,现有农地转用指标很难满足实际的用地需求;②随着城镇化的进程,农村耕地向规模、专业化家庭农场集中受到限制,耕地撂荒和空巢住宅现象越来越多,同时现代化农场发展也受到最高土地面积规定限制;③随着市场经济体制改革深化,城镇土地流动和再配置现象越来越多,但现行规划对其利用进行了严格的管制,加大了交易成本。同时,一些土地开发商则利用土地差价倒卖土地,谋取暴利,导致部分土地撂荒。可见,我国农

---

① 陈斌,廖和平,王玲燕,邱磊.土地利用规划管理体制建设的城乡比较——以重庆市为例.华中农业大学学报(社会科学版),2009(6):61—66

村土地利用规划和计划管理制度与当前市场机制存在着冲突。

3.农村建设用地管制与节约利用土地相冲突

耕地保护、规划指标控制、农村宅基地管理等方面的土地管理工作在保护土地资源的同时也抑制了农民多渠道发展,与当前节约集约土地资源的要求相冲突,尤其表现在农民宅基地使用上。目前农民的宅基地使用权只能在住房发生转让时,才可以随之一并转让。受农村劳动力转移及现行农村宅基地管理制度的约束,原有的宅基地不允许流转,导致许多宅基地实际上处于闲置状态。在这种情况下,如果仍坚持禁止宅基地的流转,将会导致土地的实际利用效率大大降低,不利于有效控制新增建设用地。因此,从节约集约利用土地资源,提高土地利用率的角度出发,不应当继续对农村宅基地的流转予以禁止。

4.高度集中与合理分配管理权限相冲突

目前,我国农村土地利用规划和管理是通过政府机构自上而下的制定形成的,这使得其在制定过程中表现为三方面:第一,这些准管制部门管制权限模糊,可能导致管制权力的滥用;第二,我国决策权和裁决权高度集中,导致农村土地利用规划决策在利益分配上的失灵;第三,法律缺位,权力滥用和缺位。尤其是市(县)级政府在农村土地利用规划过程中,既是实际决策者,同时又是实际承担者和监督者,仍没有明确确立管制的

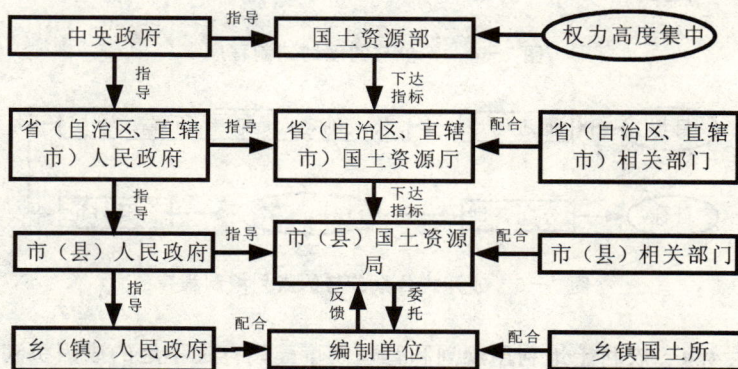

图7—3 县(区)级农村土地利用规划编制情况

公共目标、权限、程序等这些具体的规划制度。在这种纵横结构中,职能交叉、模糊与混乱的规划管制权限不仅使得农村土地利用规划和管理制度的激励和约束失衡,而且也导致企业在许多部门的干预中,忙于应付、损失效率,从而使土地市场秩序更加混乱。因此,建立一套科学的管理体系是当前我国农村土地利用规划和管理的当务之急。

5.封闭运行与公众参与制度建设相冲突

虽然农村土地利用规划由政府编制并组织实施,但规划更应是一种公众行为,公众自始自终都应是规划主体。公众参与制度要求公众参与到规划中来,而长期以来,我国的农村土地利用规划仅仅是由土地规划部门根据各部门的用地需要,以及社会经济发展计划,采取指标分解的方法确定规划目标,所有利益相关者只有在规划审批后的公示中才能了解到规划情况。因此,由于缺乏针对性的调查分析,规划成果往往流于程序化和片面性,执行力度低,不利于土地资源的持续高效利用(图 7—4、图 7—5)。近年来,随着制度的规范化,虽然农村土地利用规划局部调整方案举办听证会,部分农民能够参与相关方案的制定,但总体上公众参与制度落后,公众参与制度建设成为亟待解决的问题之一。

图 7—4 无参与的规划编制程序

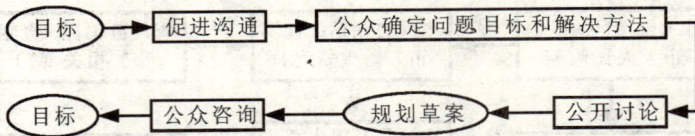

图 7—5 公开式公众参与的规划编制程序

7.4.4 农村土地利用规划和管理制度建设存在不足的成因机制分析

1.政治因素

当前城市化与工业化进程加快,农用地尤其是耕地的保护形势更加严峻,但是针对农村土地利用规划的法律制度不完善,新修订的《土地管理法》对于农村土地利用规划的内容只涉及其中的一部分,导致农村土地利用规划法律依据不足,不能有效保护农用地资源。由于国家层面的法律法规不完善,地方政府在制定政策规定时,没有完善的法律法规作保障,束缚了地方农村经济社会的发展,同时法律法规的不完善,为违法违规用地现象的产生提供了土壤,导致农村土地利用规划管理工作难以做到有法可依、违法必究。目前,我国现行农村土地利用规划和管理制度的决策权集中在政府,规划中核心的三大指标分配是在政府内部进行由上而下层层分解的。主要表现为两个方面:在垂直管理上,中央政府制定相关决策,赋予地方政府实施,而基层组织只是配合编制单位来实施农村土地利用规划,这种自上而下的方式在一定程度上便于土地的用途管制,却忽略了用地主体(如企业、农民)的意愿,造成规划与实际脱节,使得规划刚编制就不适应当地发展;在水平管理上,政府各部门出于自身考虑,对用地需求估计不足或过分夸大,报送国土部门时尽量多争土地指标,在编制过程中又经常左右国土部门和编制单位,造成规划管理十分混乱。可见,现行的农村土地管理受我国行政管理体制影响,规划决策的集中化、单一化和中心化现象突出,这也使我国农村土地利用规划和管理制度弱化,影响了农村的发展。

　　2.经济因素

　　经济的发展特别是产业结构的调整与升级将会给土地利用带来深刻的影响,它既引导着土地资源开发利用的方向也影响着土地利用方向和效益的变化。土地的持续利用与经济结构合理化在一定程度上存在着对应关系,要使经济结构处于最佳状态,达到经济效益最大化,重要的前提条件就是土地的可持续利用和土地利用结构的合理化,经济结构在很大程度上是土地利用的映射。近年来,随着市场经济的不断发展及土地使用制度的改革,政府通过土地使用权的出让,已筹集了大量建设资金,为经济发展注入了新的活力。也正是这种经济利益的驱动,一些中小企业在搞基本建设、申报建设项目时,若在财务设置或资本金方面难以符合规划而得不到批准,或者即使符合标准但现实中合法审批希望渺茫,往往为了生存而适应潜规则去强行违章;而土地管理部门或政府其他部门,为了地方经济、部门单位或个人利益,经常在明知违法情况下进行土地出租或者转让。特别是在农村,一些干部法律意识淡薄,对"合理利用土地,切实保护耕地"基本国策的重要性认识不足,为提高业绩,置农村土地利用规划和管理制度于不顾而纵容一些企事业单位违法占用农用地。由此可见,过去农村土地利用规划制度在保护土地资源起到巨大作用的同时,某些规范制度已经不适应当前的经济发展,已经不适应国家发展农村,进行农村改革的方针政策。

3. 社会因素

(1)政府角度。中央政府拥有绝对控制权,它通过颁布法律、法规、政策直接或间接地影响农村土地利用规划的制度。从管理组织方式来看,中央政府依靠国土资源管理部门行使土地资源配置权。地方政府处于国家宏观管理职能的中观层次的特殊地位,分权过程不仅局限于以往的行政性分权,而且实现了经济性分权,地方政府在经济活动中的主动性大大增强,这就赋予了地方政府千方百计谋求地方利益的机会。据调查,近年来围绕城市建设而开展的圈地运动,地方政府借用国家赋予的土地征用权,将集体土地转变为国有土地,再出让或招拍挂土地的使用权吸引投资,获得财税、土地收益收入,也正是由于这种因素的存在,少数政府官员不惜违反法律法规,以优惠价格出让土地,博得经济快速增长,提高自身政绩。政府对土地权力的高度集中,在客观上脱离了基层农民,某种程度上影响了农村土地的市场化,为此建立一套完善的农村土地利用规划和管理制度必不可少。

(2)用地企业角度。我国近年来工业化、城市化快速推进,使开发商和投资商对土地市场产生了浓厚兴趣。而用地企业的首要目标是提高经济效率使自身利益最大化。用地企业密切关注农村土地利用规划,特别是关注自身建设项目在规划层面的可行性、效益性和重要性等问题,在建设用地审批、项目选址、开发强度等方面的参与意识与愿望日趋强烈,希望通过与政府合作,参与规划制度的构建实现利益的最大化。而我国现行的土地利用规划和计划管理制度实行最严格的用途管制,一些企业的发展需求通过正当审批程序得不到土地,而一些企业却可以通过不正当关系获得土地使用权但不能充分发挥土地效益。从用地企业角度来看,经济利益的驱动使得企业铤而走险造成制度弱化,造成土地市场的混乱。

(3)农民角度。农村土地利用规划和管理制度是规范土地利用主体行为的工具,不论是耕地保护还是非农建设用地,以及土地征收等土地利用问题,在很大程度上都与农民有直接的关系,都关系到农民的切身利益。由于当前在土地征用、基本农田保护制度中存在问题,致使农民的利益普遍受到侵害,而现实中由于存在"搭便车"、信息不完全、组织分散等客观原因,农民对农村土地利用规划和管理制度关心较差。目前,农民对规划的了解主要来源于基本农田保护和土地征用制度。不难看出,从农民的角度来看,缺乏土地利用的知情权是造成土地利用不规范的主要因素。

(4)监管因素。目前,监管因素成为我国农村土地利用规划和管理制度弱化的原因之一。由于基层设备落后,队伍水平总体较低,一些小企业到偏远的乡镇违规租地办厂,且隐蔽性较强,给土地执法监察工作增加了相当大的难度。土地管理相关政策法律法规只赋予了土地行政主管部门对土地违法违规行为的行政处罚职能,而没有赋予其强制执行的行政职能。因此,在处理土地违法违规案件时,土地管理部门只能对其违法行为作行政处罚,而强制拆除恢复土地原貌等行政行为只能申请人民法院来强制执行,但人民法院的受理执行期限较长,给执法监察工作顺利开展带来了相当大的难度。因此,不难看出监管体制的改善是当前制度建设关注的主要问题之一。①

7.5　城乡统筹下土地利用规划制度创新机制分析

土地利用是一个动态过程,一个较优的土地利用结构,需要强效的制

---

① 王平,邱道持.浅析农村土地利用规划和管理制度建设.广东土地科学,2009,8(5):23—28

度、机制和法律法规作为保障。事物是发展变化的,土地利用制度也不可能一成不变,时势变化了,制度也要跟进,既注重制度和机制的构建,又需要法律手段助以实施,突出法治,减少土地利用中的随意性和不规范操作。同时,建立完善的制度和机制,并严格贯彻执行。

土地利用规划的制度创新目标应是面向市场经济体制和现代化土地资源管理要求,建立符合我国国情的,功能齐全、结构合理、运转协调、灵活高效的土地利用规划的制度体系。在规划的制度创新过程中,应从实际出发,不断尝试改革,使土地利用规划与市场经济体制逐步相适应,并与规划在国民经济发展中应有的地位相适应。规划制度创新的着眼点应以其行政管理机制、决策机制、利益均衡机制、法律体系等方面为核心。

1. 加快农村土地制度改革,为土地利用规划制度创新奠定基础

中共十七届三中全会《决定》提出,重点从五个方面推动我国农村土地制度改革:一是坚决落实最严格的耕地保护制度和最严格的节约用地制度;二是推进农村土地确权、登记、颁证;三是规范农村土地流转和管理,建设城乡统一的土地市场;四是大力推进农村土地整治,搭建新农村建设和城乡统筹发展的新平台;五是推进征地制度改革,逐步缩小征地范围,完善征地补偿机制,统筹解决被征地农民的就业、住房和社保等问题。

农村土地制度改革与农村土地管理是土地利用总体规划编制与实施的重要基础,温家宝总理明确指出新一轮土地利用总体规划要从保障粮食安全、经济安全和社会稳定出发,落实耕地保护目标,同时,明确要"加强农村土地制度改革"、"强化土地利用总体规划的整体控制作用"。土地利用总体规划与农村土地制度改革的侧重点不同,但两者却存在着密切联系:农村土地制度改革的物质载体——土地,是土地利用总体规划的重要内容;农村土地制度改革与农村土地管理是土地利用总体规划编制与实施的重要基础;两者同是有效解决"三农问题"、繁荣农村经济、实现全国可持续发展的重要保障。土地利用规划制度创新应从各方面体现、渗透土地制度改革的相关内容,以实现耕地保护,节约集约用地,更好地发挥土地利用总体规划龙头作用,推进城乡统筹发展。

2. 在共同责任推动下,形成土地利用规划管理体制健康发展机制

完善城乡土地利用规划管理体制,必须以共同责任为驱动,强调全社会各阶层全流程参与规划。在规划编制阶段,建立公众参与平台,健全和完善公众参与的法律法规,赋予公民相应的权利和义务,完善公众参与机制。在规划实施监督阶段,加大宣传力度,建立阳光监督机制。建立由社会知名人士、专家、媒体记者和农民代表等组成的城乡土地利用规划管理监督委员会,以独立形式对规划的实施进展状况进行监督。另外在组织机制上,改革政府机构,尤其要加强基层组织的建设和改革。很多的政策,需要基层组织来落实,如果基层组织没有了,那么任何政策也难以落实。转变政府职能,实现市场在土地资源配置中的基础作用,尤其在农村集体土地使用权流转中,更应引入市场机制,规范土地流转程序,建立严格规范竞争有序的城乡一体化土地流转市场。

3. 明确土地利用规划的制度主体自律边界

土地利用规划的制度要充分体现对土地利用控制、协调、引导和监督,明确对土地利用控制的目标,应做到宏观控制、微观放活,将规划与市场两种土地资源配置手段有机地结合起来。规划制度控制的重点应放在以下三个方面:①明确土地使用者的土地利用边界,在其内的土地利用给予放活,使其有稳定的预期利益,但对于关系到国计民生的基本农田、生态建设用地加以严格的保护;②作为一种制度安排,土地利用规划的制度供给、实施和监督三者之间的制衡关系决定着规划的制度效率,应改善规划权力结构的安排;③建立规划的程序控制过程,土地利用规划制定、审核、公告与评论、生效与执行、修正与废除,都应遵循既定的规范的合法程序进行,并尽力保证能随市场经济的发展而深化;④建立土地市场与土地利用规划的协调发展机制,并能在这一互动的过程中,使不同利益主体(立法者、监管者、土地使用者)之间的利益关系得以界定,从而得以规范其行为。尤其需要强调是,作为制度主体之一的农民靠的就是土地,土地是农民赖以生存的物质资料,应切实让农民参与到土地规划中来,保护农民自身的合法权益。

4. 构建格局均衡化的规划决策制度

构建格局均衡化的规划决策制度是指建立各制度之间相互协调的作用机制以形成系列完整的规划制度体系,从而可达到规划的制度均衡。它是土地利用规划决策的关键制度保障,且建立平等型的和相对分散的网络结构决策制度,是实现决策分权与制衡的关键途径。目前,我国现行规划中形成的开发区热、城市用地盲目等问题的重要原因在于土地利用规划决策机制的功能缺失,缺乏实现规划决策格局均衡化的具体措施。借鉴国际经验,规划决策制度建立的具体措施应为:①建立土地利用规划委员会制度,其应是由政府、专家和公众代表组成的法定、常设的土地利用规划决策机构,政府、专家和公众代表的比例各占 1/3 左右;②建立土地利用规划师制度,这是基于行政和专家各自的信息优势而设置的,形成行政首长负责价值判断,规划师负责事实的既分工又合作的局面,可提高规划决策的公平性和有效性;③建立土地利用规划诉讼委员会制度,这是由另外一些专家、公众组成的法定、常设的土地利用规划监督机构。可见,土地利用规划委员会、规划师和上诉委员会将分别在土地行政体系框架内形成土地利用规划编制—实施—监督决策的分离均衡格局,同时联动运作,从而在权力配置和运行程序上保证规划决策的高效,并防止规划权力的滥用。

5. 加快制定《土地利用规划法》

制定《土地利用规划法》是土地管理部门依法行政的需要。《土地利用规划法》是土地利用管理部门对土地开发、利用、保护的法定依据。明确赋予土地管理部门在编制、审批、实施、管理土地利用规划中的职权和职责,可以保障土地管理部门的职权能够依法行使,职责能依法履行,从而提高土地利用规划的实效。制定《土地利用规划法》是提高土地利用规划效力的需要。《土地利用规划法》具有法律的强制执行效力,能够提高规划的权威性,有效协调与其他部门的关系;能够把城市建设用地纳入土地利用规划的约束控制下,合理确定城市规划的法定界限;能够有效制止违反规划、擅自修改规划的行为发生,从而保障规划的目标得以实现,作用得以发挥。

第8章 城乡统筹下天津市土地利用规划制度创新实践

本轮天津市土地利用总体规划修编启动于 2004 年,按照国家统一部署,历经前期研究、规划大纲、规划方案三个阶段完成,于 2009 年得到国务院批复,2010 年区县和乡镇级规划完成编制和审批。本轮土地利用总体规划修编的这段时间正处于天津市快速发展的黄金时期,滨海新区开发开放纳入国家发展战略,全市经济社会结构正处于上升的转型期,政府部门高度重视此次规划修编工作。通过开展规划修编中土地利用相关问题研究,节约和集约用地、严格保护耕地、实现五个统筹思想深入人心。总体规划以科学发展观为指导,坚持经济、社会、人口、环境和资源相协调的可持续发展战略,落实最严格的耕地保护制度和最严格的节约用地制度,统筹城乡土地利用,强化规划的整体控制作用。天津市在本轮土地利用总体规划修编和实施中,对规划理念、规划体系、规划管理机制和体制、实施制度等方面进行了多方探索实践,为建设符合我国国情的现代土地利用规划制度积累了不少可资借鉴的经验。

8.1 天津市本轮土地利用规划背景

8.1.1 1996 年版天津市土地利用总体规划

《天津市土地利用总体规划(1996—2010 年)》1999 年 7 月经国务院批准实施,从实施情况来看,提高了全社会按规划用地、管地的意识,有效地保护了耕地,在推进土地整理和村庄改造,提高土地质量,促进土地集约利用,改善生态环境等方面,取得了较为显著的成效,土地利用规划在土地管理中的龙头地位得以确立,对于天津市社会经济发展和人地关系的相互统筹起到了十分积极的作用。但由于规划观念、规划依据、规划方法等尚不成熟,仍然存在很多问题,如指导思想、编制方法偏离实际,指标的硬性规定太多,对人口城镇化的预测过于保守,规划实施的弹性不足等。随着天津市经济社会持续快速发展,滨海新区开发开放纳入国家发展战略,城市的不断拓展,对土地资源的需求日益增加,《天津市土地利用总体规划(1996-2010 年)》确定的用地规模、布局、结构已不适应天津市经济社会发展的客观形势。为保障天津市经济社会科学发展、和谐发展、率先发展,推进滨海新区开发开放,土地利用总体规划亟需进行修编。[①]

8.1.2 天津市地域特征、面临的机遇与挑战

1.地域特征

天津市是我国四大直辖市之一,是我国北方最大的沿海开放城市,位于环渤海经济圈的中心位置,区位条件十分优越。土地利用的主要特征表现为:耕地比重高,总体质量差,改良任务艰巨;耕地后备资源匮乏,补充耕地能力不足;城乡建设用地比例较低,工矿及农村居民点用地分布较为分散,土地利用结构和布局有待调整优化;土地利用较为粗放,集约化水平有待提升;湿地资源丰富,生态建设潜力较大。

2.面临的机遇与挑战

(1)滨海新区开发开放纳入国家发展战略为天津市经济社会发展提供了重大战略机遇,国务院对天津市的城市定位明确了天津市的发展方向,有利于更好地发挥天津市在环渤海区域经济发展中的辐射带动作用,更广泛地参与国际国内经贸合作。

(2)环渤海地区是国家级优化开发区域,是我国北方人口集聚多、创新能力高、综合实力强的区域。京津冀地区位于环渤海地区的中心,是带动华北、东北、西北地区发展的龙头。京津冀都市圈的形成和环渤海区域经济一体化发展进一步强化了天津市北方经济中心的地位。

---

① 天津市人民政府编制.天津市土地利用总体规划(1996-2010 年),2000 年

（3）天津市已进入经济社会发展的重大战略机遇期，人口增加、经济增长及快速城镇化对耕地和基本农田保护，建设用地节约集约利用，统筹中心城区、滨海新区和区县经济社会联动发展，生态环境保护与改善等都提出了新的要求，面临着既要满足经济建设必需的用地需求，又要落实耕地保护责任，同时兼顾环境保护和生态建设，实现经济社会科学发展、和谐发展、率先发展的新挑战，统筹土地利用的任务十分艰巨。

8.2　天津市本轮土地利用规划修编理念、原则及目标

8.2.1　规划理念

新型的土地利用规划理念应该以整体性和动态性为特征，应用系统分析理论，充分重视经济、社会、文化、生态多元复合因素，注重可持续发展和集约化经营，充分体现生态保护、伦理思想、协调发展的规划思想。

天津市上一轮土地利用总体规划的编制，在规划理念上过分强调对农用地，特别是耕地和基本农田的保护，以"严格限制农用地转为建设用地，控制建设用地总量"、"确保耕地总量不减少"为目标，对国民经济发展必需的建设用地的需求保障不够，对生态环境变化的影响和需求研究不多，使得规划在实际操作的过程中缺乏一定的科学性、合理性和可行性，使得土地利用规划并没有真正发挥出"龙头"作用。通过对上轮土地利用规划的编制和实施情况的总结，针对当前新的土地利用形势，本轮土地利用规划编制的理念创新主要体现在以下几个方面：

1. 跳出"重城轻乡"思想羁绊，树立城乡统筹兼顾的土地利用规划理念

长期以来，我国的规划法律制度和规划管理体系实行的是城乡分离的二元体制，"城市中心主义"思想浓厚，土地利用规划重城市、轻农村现象也十分严重。为此，天津市本轮土地利用规划着眼"全局与统筹"，兼顾"公平与效率"，突出"长远与动态"，回归"多元与多样"，加速了从"一隅"到"全域"、从"重城市"到"重均等"、从"关注市民利益"到"关注全民利益"等的转变。

2. 融入"反规划"理念

天津市本轮土地利用规划一定程度上借鉴了"反规划"的理念,强调在规划中,要前瞻性地进行生态环境的建设。"反规划"理念创新体现在以下两个方面:(1)土地利用规划的价值取向的变化。"反规划"理论是在日益严重的生态和人文危机的背景下提出的,要求关注土地开发的外部性影响,要求重视和尊重区域的生态环境和人文精神,重新审视现有土地利用价值标准与判断问题,重构土地资源利用价值体系,尤其是土地的社会价值和生态偷值。(2)土地利用规划的思维方式的变化。"反规划"思路提倡的规划程序"以生命土地的健康和安全的名义和以持久的公共利益的名义,而不是从眼前城市土地开发的需要出发来做规划",将规划主体的偏向由重建设用地、轻非建设用地转变为建设用地与非建设用地均视,首先确定强制性的非建设用地范围域(即先构建生态基础设施),初步定义未来城市空间形态,然后在此基础上落实城市建设用地布局。"反规划"不是不规划,也不是反对规划,"反规划"强调的是一种逆向规划过程,负的规划成果是对传统规划的一种校正,而不是反对传统规划,其规划的思维是辩证的思维,是反思的思维,是可逆的思维。"反规划"强调城市发展必须以生态基础设施(Ecological Infrastructure,EI)为基础,即是指将区域和城市水源保护、旱涝调节、维护生物多样性、乡土文化保护、游憩与审美体验等整合在一起的关键性的网络状土地空间格局。

3. 以节约集约用地的理念来合理安排好耕地及基本农田保护与非农建设用地的配置

我国人多地少,土地资源严重不足。人口扩张、工业化和城镇化三个高峰期的到来,更加剧了土地供需的矛盾。一方面,要发展就不可能不用地;另一方面,要吃饭就必须保证耕地不再减少。这就要靠土地管理的"龙头"——土地利用规划来协调和控制,走资源利用节约集约型道路,转变原有粗放的经济增长方式和土地利用模式。

随着天津市经济社会持续快速发展,滨海新区开发开放纳入国家发展战略,经济社会各项事业发展迅速,对土地资源的需求日益增加,面对机遇与挑战,一方面要依法保护耕地、保障基本农田、保护农民合法权益;

另一方面还要千方百计地保障经济社会发展对建设用地的合理需求。因此,如何在节约集约用地的模式下既满足市场各方的用地需求又能保证必要的耕地数量和质量,成为本轮规划的核心问题。

3. 从单一模式目标向多样性目标转变,实现更为综合、多样的目标

天津市上轮土地利用规划,其首要目标是保护耕地,再有就是促进经济发展。而这次规划追求的是综合、多样的目标,即要达到可持续发展、生态合理性、经济有效性和社会可承受性的多重要求。

4. 从刚性有余弹性不足向更加开放、富有动态弹性转变

天津市本轮土地利用规划在保持必要的刚性之余,还拥有足够的弹性,以适应市场经济条件下多方面的变革和用地需求。以行政手段为主的计划型规划转成以行政手段和市场手段并用的市场型规划,蓝图式规划转变为绿图式规划,使原来过于具体的刚性规划转变为应变能力较强的弹性规划。

综上,天津市本轮土地利用规划树立了"统筹兼顾"、"以人为本"、"理性增长"、"弹性规划"、"动态规划"、"绿色规划"等理念,从多目标、多视角、多方案的角度出发,采取了综合方法和手段,力求在有限的资源条件下配置出最优方案,最大限度地促进区域经济发展,保护当地生态环境,促进社会和谐发展,取得经济效益、社会效益和生态效益的统一。

8.2.2　规划原则

(1)严格保护耕地。全面落实国家下达的耕地和基本农田保护责任,加大土地整理复垦开发补充耕地力度,推进中低产田改造和基本农田标准化建设,提高耕地质量。

(2)节约集约利用土地。以供给引导需求,合理调控建设用地规模,积极拓展建设用地新空间,提高土地利用强度和效率,充分挖掘存量建设用地潜力,有效保障科学发展用地需求。

(3)统筹城乡和区域发展。落实区域发展总体战略,立足土地利用空间格局优化和分区引导,协调各行各业的用地需求,引导人口、产业和生产要素合理流动,促进经济社会协调发展。

(4)保护和改善生态环境。加强基础性生态建设用地保护,加大土地

生态建设和环境整治力度。以建设生态城市为目标,改善环境质量,实现人口、资源、环境的可持续发展。

(5)加强土地利用宏观调控。立足构建保障科学发展、和谐发展、率先发展新机制,加强和改进规划实施保障措施,充分发挥土地利用总体规划的宏观调控作用。

8.2.3 规划目标

1.土地利用总体目标

根据天津市全面建设小康社会的总体要求和经济社会发展的总体目标,努力实现耕地和基本农田严格保护,建设用地集约高效利用,土地利用结构和布局优化完善,土地生态保护积极有效,土地管理效率和水平明显提高的土地利用总体目标。

2.土地利用规划目标

天津市本轮土地利用总体规划设定了包括耕地保护目标,园地、林地、牧草地利用目标,建设用地调控目标,土地集约利用目标,生态建设和环境保护目标等五方面的具体目标。

8.3 天津市土地利用总体规划修编实践

8.3.1 土地利用总体规划修编过程

天津市本轮土地利用总体规划修编按照国家统一部署,分为前期研究、规划大纲、规划方案三个阶段。

1.前期研究阶段(2004 年 4 月至 2006 年 12 月)

按照国土资源部《关于开展土地利用总体规划实施评价和修编前期调研工作的通知》(国土资发〔2004〕133 号)和《国务院办公厅转发国土资源部关于做好土地利用总体规划修编前期工作意见的通知》(国办发〔2005〕32 号)的要求,成立土地利用总体规划修编领导小组,先后完成现行规划实施评价、节约集约用地分析及主要指标测算等修编前期工作,形成规划修编前期工作成果,2006 年 1 月上报国土资源部并获审查通过。

2.规划大纲阶段(2007 年 1 月至 2009 年 1 月)

按照"政府组织、专家领衔、部门合作、公众参与、科学决策"的工作思路,编制完成《天津市土地利用总体规划大纲(2006－2020 年)》初稿。2008 年初至 3 月底,书面征求了规划修编领导小组各成员单位意见,并经委局联席会议审议,达成共识,同时开展了专家论证,获原则通过。2008 年 4 月至 9 月,《规划大纲》与《天津市空间发展战略研究》和滨海新区发展进一步协调、衔接。2008 年 10 月 29 日,市政府第十七次常务会议审议并原则通过《规划大纲》。2008 年 11 月《规划大纲》呈报国土资源部。2009 年 1 月,国土资源部审查并原则通过《规划大纲》。

3.规划方案阶段(2009 年 1 月至 9 月)

按照国土资源部要求,对《规划大纲》进行深化提升,形成了《天津市土地利用总体规划(2006－2020 年)》,以下简称《土地规划》,主要内容与《规划大纲》完全一致。征求了市各委办局和区县政府意见,达成共识。2009 年 4 月 17 日,国土资源部初步审查了《土地规划》,给予较高的评价。4 月 27 日至 5 月 1 日,在天津国际展览中心开展了《土地规划》公开展示工作,广泛征求社会公众意见。2009 年 9 月《土地规划》成果修订完成。

8.3.2　土地利用总体规划解决的主要问题及主要内容

1.规划解决的主要问题

(1)保红线——严格落实耕地和基本农田保护责任

国家下达的基本农田保护指标是一条不可逾越的红线。根据《全国土地利用总体规划纲要(2006－2020 年)》,《土地规划》中确定天津市基本农田保护面积为 3567 平方公里(535 万亩),比上轮规划核减 692 平方公里(104 万亩),并将基本农田保护面积指标分解到各区县。结合天津市正在进行的第二次土地调查,按照"集中连片、空间避让"的原则,将基本农田保护面积指标全部落实到图斑和地块,既落实了基本农田保护责任,又避让了城镇的主要发展方向,保障了天津滨海新区、城市发展主轴等重点区域的发展,也为将来争取更多的建设用地规模预留了空间。

(2)保发展——保障经济社会发展用地需求

2006 年,国务院批复的《天津市城市总体规划(2006—2020 年)》确定天津市规划至 2020 年城镇建设用地规模控制在 1450 平方公里以内,随着天津滨海新区开发开放不断推进和全市经济社会快速发展,已难以满足天津市发展的需要。为破解城镇建设用地规模不足问题,《土地规划》从以下两个方面设法增加建设用地规模。一方面,在天津市城镇建设用地规模已定的情况下,《土地规划》争取到工矿用地 300 平方公里,与城镇建设用地统筹使用,使用于城镇建设的用地规模达到 1750 平方公里。另一方面,争取保留较大规模的农村居民点用地,做大城乡建设用地总规模。按照国家规定,城乡建设用地总规模是约束性指标,不得突破。但在城乡建设用地总规模内,城、乡用地可以统筹使用。按照城市总体规划到 2020 年市域 1350 万人口、城市化率 90％的目标,农村人口只有 135 万,按照现有标准保留农村居民点用地 300 平方公里左右。《土地规划》以现状农村居民点用地为基数,向国家争取到农村居民点用地为 750 平方公里,使城乡建设用地达到 2500 平方公里。规划期内,通过农村居民点用地减少和城镇建设用地增加相挂钩,实现城镇建设用地和农村居民点用地的统筹,扩大城镇建设用地面积。

(3)留空间——预留城镇建设用地发展空间

结合城镇主要发展方向,在规划确定的城乡建设用地外划定扩展边界,预留了 307 平方公里的规划一般耕地作为扩展用地。划定扩展边界,一方面在目前城乡建设用地总规模不突破的前提下,城镇建设用地可以在扩展边界内进行布局调整,简化用地审批手续;另一方面,可以在扩展边界内进行城乡建设用地增减挂钩,适当增加城镇建设用地规模,为城镇建设预留发展空间。[①]

2.土地利用规划的主要内容

《天津市土地利用总体规划》期限为 2006～2020 年,基期年为 2005

---

① 吴延龙.关于编制完成《天津市土地利用总体规划(2006—2020 年)》的报告.天津市人民代表大会常务委员会公报,2009(6)

年,近期目标年为 2010 年,规划目标年为 2020 年。在修编内容上,突出了"两城优化调整,滨海重点发展,西部协同发展,南北适度拓展,北端生态保育"的空间发展战略。"两城"指中心城区和滨海新区核心区,要引导用地结构和布局优化,进行存量土地挖潜,完善城市的综合功能;"滨海"指津滨走廊带及整个滨海新区,保障各级城镇建设用地需求,促进产业发展,提升城市的综合保障能力;"西部"指中心城区西部,沿京津走廊的狭长区域及其扩展区域,保障交通等基础设施建设用地,发挥京津之间桥梁和纽带作用;"南北"指市域中北部及南部,重点保障新城用地,严格控制新增建设用地占用耕地规模,严格保护基本农田;"北端"指蓟县北部山地丘陵地带,积极支持新城建设,保障旅游业发展用地需求,严格控制对生态环境造成破坏的工业用地,积极恢复自然景观,加大环境保护力度。[①]

《天津市土地利用总体规划(2006－2020 年)》依据天津市土地利用的特点和发展趋势,综合分析天津市自然状况、经济社会结构及经济发展战略布局等因素,按照区内相似性最大、区外差异性最大及保持行政区划相对完整性的分区原则,将天津市划分为六个土地利用综合区:都市核心功能区,滨海城市重点发展区,都市功能扩展区,西部京津协同发展区,南北城乡协调发展区,北端生态涵养发展区。并且按照各分区发展定位,确定各分区土地利用主要方向,合理安排各分区土地利用主要调控指标,制定针对性的土地利用政策,引导人口、产业、生产要素合理流动,促进各分区间的统筹协调发展。

8.3.3　土地利用规划编制机制和管理体制之变

1.土地利用规划编制机制之变

编制机制的核心是建立"一种工作方式"和"一个工作平台"。本轮规划采取的是"政府组织、专家领衔、部门合作、公众参与、科学决策"的工作方式,并将这种方式贯彻到整个编制过程中。在工作中,建立了一个多方合作的工作平台,如与规划局搭建技术工作平台,与各部门搭建专业协作平台,与信息中心搭建资料平台等。实践证明,建立起一种多方互动的工

---

① 天津市人民政府编制.天津市土地利用总体规划(2006－2020 年),2010 年

作方式和一个信息、资源、部门整合的工作平台,对城乡统筹规划编制的开展具有决定性意义。

2.土地利用规划管理体制之变

以城乡统筹为契机,推进土地利用规划管理体制在城乡之间协调发展,按照"产权清晰、用途管制、节约集约、严格管理"的原则,加强区县土地管理机构的建设和改革,充实乡镇基层土地利用规划管理机构,在农村土地利用规划和管理中从保护农民权益入手,尝试建立农村土地利用规划和管理委员会,协调基层各部门用地需求,切实让农民参与到土地规划中来,保护农民自身的合法权益,进而推进城乡之间土地利用规划管理体制协调发展。

8.4 天津市土地利用规划制度创新实践

从 2004 年起,天津市国土房管局陆续组织开展了以土地利用重大问题研究为主要内容的规划前期研究基础性工作,围绕耕地保护、节约集约用地、拓展建设用地空间等重大问题,提出了推进土地利用总体规划纲要修编的工作思路。在土地利用规划修编过程中,科学组织,注重创新,大胆探索,锐意改革,实现了天津市土地利用规划的"制度改革、机制创新以及措施保障"。

8.4.1 耕地与基本农田保护

1.改革耕地保护制度,建立促进耕地保护的激励机制

实行以提高耕地质量为核心的耕地保护制度,实施耕地保护的质量——产量综合平衡。开展农用地分类分级保护和耕地有偿保护试点,从土地出让收益和财政收入中拿出一定比例的资金建立耕地保护基金,通过直接补贴、完善农田基础设施等方式,使耕地承包权人的收入水平至少达到当地城市居民的平均收入水平,形成耕地保护的经济激励机制。试行耕地占用跨市域的易地开垦补偿,落实耕地占补平衡,对基本农田实行严格的保护管制,将耕地保护与生态环境保护有机结合。

下面就天津滨海新区的具体做法总结如下:

（1）实行以提高耕地质量为核心的耕地保护制度。以本次土地利用总体规划修编基期前三年滨海新区耕地总产量的平均值，计算滨海新区耕地保护的"标准亩"。作为耕地保护的考核指标，实施耕地保护的质量——产量综合平衡，对于通过提高耕地产量后节约出的土地可以折抵耕地占补指标。将新增建设用地土地有偿使用费、农业土地开发资金等纳入统一管理，建立耕地保护专项资金，专用于支持和补贴地方政府和农民进行耕地保护。通过直接补贴、完善农田基础设施等方式，使耕地承包权人的收入水平至少达到当地城市居民的平均收入水平，形成耕地保护的经济激励机制。

（2）试行耕地占用的易地开垦补偿。以优先保障滨海新区发展为原则，确定耕地保有量和基本农田保护面积，按照先行先试的原则，试行以跨省（区、市）易地开垦或以缴纳耕地开垦费的方式落实耕地占补平衡。在全市范围对基本农田实行统一布局，基本农田保护专项规划确定的土地用途要落实到宗地和土地权属证书上，基本农田实行严格的保护管制。在规划的基本农田保护区内，积极展开土地整理，发展生态功能和农业功能兼具的现代都市型农业，不断提高土地利用的资金、技术集约程度。

（3）将耕地保护与生态环境保护有机结合。将生态建设和耕地保护有机协调，通过改变耕作方式、种植业结构等方式来达到改善生态环境的目的，充分发挥耕地的生产、生态双重效益。严格执行土地利用总体规划，通过加大土地开发整理力度，实行耕地数量、质量和生态环境的保护目标。

（4）对围海造地给予政策引导。在保护海洋生态和自然资源的前提下，开展围海造地，开发利用滩涂资源，减少建设占用耕地的数量。围海造地用于建设的不计入土地利用总体规划的建设用地总量规模，并给予税费减免等政策优惠。

2.基本农田保护与建设

基本农田作为耕地的精华，是耕地保护的主要内容和手段。为此，要特殊保护一级基本农田，要改进基本农田损失补偿制度，加强基本农田保护区信息系统建设，提高保护的技术支撑能力。

(1)高标准划定基本农田保护区。确保基本农田数量,提高基本农田质量。根据天津市耕地空间布局特点和农用地分等定级成果,按照"全面规划、应保尽保、结合实际、集中建设"的原则,优先将集中连片、排灌条件良好、农业生产配套设施完善的蔬菜和粮油生产基地划为基本农田。结合土地利用综合分区与管制要求,设立十五片基本农田重点保护区域,重点分布在宝坻区、武清区、宁河县、静海县和蓟县京哈公路以南地区。

(2)严格实施基本农田保护。落实国家下达的基本农田保护面积指标,将基本农田落实到地块和农户,明确"四至"范围,并标注到农村土地承包经营权证书上。对划定的基本农田保护区予以公告,与区县政府、乡镇政府及农户签订基本《农田保护责任书》,落实基本农田保护责任。除法律规定的情形外,其他各类建设严禁占用基本农田;确需占用的,须经国务院批准,并按照"先补后占"的原则,补划数量、质量相当的基本农田,确保基本农田数量不减少、用途不改变、质量有提高、布局总体稳定。

(3)推进基本农田建设。建立基本农田建设集中投入和养护机制,综合运用经济、行政等手段,积极推进基本农田保护示范区建设,改善生产条件,不断提高基本农田质量和综合生产能力。

8.4.2 建设用地节约集约利用

鉴于土地资源利用面临的严峻形势以及天津市上轮土地利用规划的实践,在本轮规划中,统筹安排好建设用地和耕地等地类的核心就是节约集约用地。按照国办发 32 号文的要求,天津市国土房管局以严格保护耕地为前提,以严格控制建设用地为重点,以节约和集约利用土地为核心,扎实做好本轮土地利用总体规划修编工作,以改变当前粗放的土地利用模式,妥善处理好经济、社会发展与资源保护之间的矛盾,促进人与自然和谐发展。

1. 城镇工矿用地理性增长

(1)城镇用地合理布局。构建由"两城—新城—中心镇——一般镇"组成的城镇体系,优化用地布局,实现城镇用地的理性增长与高效集约利用。合理调整城镇用地供应结构,优先保障基础设施、公共服务设施、保障性住房建设用地,切实保障民生用地,严格限制不符合国家产业政策的行业和项目用地。

（2）两城用地优化调整。严格控制两城用地规模和边界,加大存量建设用地挖潜,提高土地利用强度和集约利用水平,优化产业用地结构,完善基础设施,提升城市综合服务功能。合理划定中心城区规划控制范围,建设外围绿化隔离带,防止城区无序蔓延。规划期内,中心城区规划控制范围 795 平方公里,建设用地总规模控制在 591 平方公里以内。

（3）新城用地优先安排。新增城镇用地规模向新城倾斜。对全市规划的蓟县新城、宝坻新城、武清新城、宁河新城、汉沽新城、西青新城、津南新城、静海新城、大港新城、京津新城和团泊新城等 11 个新城,优先安排用地,合理确定规模,科学划定扩展边界。重点保障新城基础设施、公益事业等用地需求,完善新城城市功能;适度安排与新城功能相适应的产业用地,引导人口和产业逐步向新城集聚;逐步加大存量建设用地挖潜力度,提高用地强度和集约用地水平。

（4）中心镇用地规划引导。根据不同条件,逐步建设商贸型、交通型、旅游型等职能特色突出的新型城镇,引导其用地需求。保障基础设施和公共设施建设用地,大力推进土地集约、产业集聚、人口集中。

（5）一般镇用地适度安排。根据自然基础条件和资源状况,发展为大城市服务的劳动密集型工业和第三产业。土地利用注重城乡统筹、节约集约,探索实施城镇建设用地增加和农村建设用地减少相挂钩的政策,引导农村人口逐步向小城镇转移,加快小城镇建设。

（6）开发区用地整合。开发区是产业发展的重要载体,土地利用强调开发区的高投入和高产出,高效、节约集约建设开发区,进一步有机整合各类开发区空间资源。①按照分工明确、运行高效、节约资源、集约用地的要求,严格划定国家审核保留的各级开发区规模边界。各级开发区用地纳入滨海新区、新城和邻近城镇的规划城镇建设用地范围,统一规划,有序发展。开发区内各项建设活动,应严格执行国家和天津市相关规定,符合节约集约用地的要求。②合理规划开发区产业用地,进一步提高用地强度。合理安排配套基础设施用地,严格控制工业用地中的非产业用地比例。加快天津经济技术开发区等国家级开发区建设,新增建设用地项目符合国家和天津市相关技术标准,逐步提高土地集约利用水平;积极推进市级开发区建设,提高新增建设用地项目用地标准,强化节约集约用地。区县工业集中区要加强对已有项目的改造,提高项目的单位用地投资规模、用地容积率,逐步引导其向开发区集中。

(7)工矿用地整合利用。将不符合产业政策、布局相对零散、用地较为粗放的工矿用地逐步整合。结合产业结构调整,合理安排工矿用地。

2.农村居民点用地整理与新农村建设

(1)农村居民点用地整合。积极有序地推进农村居民点用地整理复垦和新农村建设。结合城镇用地布局,合理改造利用现状农村居民点用地;结合城乡建设用地增减挂钩,实施农村居民点用地整理复垦;引导新农村建设优先利用村内空闲地、闲置宅基地和未利用地,尽量避免占用优质耕地。

(2)农村居民点用地引导。实施不同区县农村居民点用地针对性引导调控。塘沽区、汉沽区、东丽区依托重点项目建设和实施城镇建设用地增加和农村建设用地减少相挂钩,逐步实施整体撤村,规划期末不再保留农村居民点用地。现有村庄范围内,停止审批新建、重建、改建农民住宅;津南区、北辰区、西青区、大港区依托城乡建设用地增减挂钩政策,大力发展小城镇,全面实施迁村并点,逐步整理复垦农村居民点用地,规划期末农民逐步迁入小城镇和中心村;蓟县、宝坻区、武清区、宁河县、静海县五个远郊区县,引导农民适度向新城、小城镇和中心村集聚。

3.交通水利及其他建设用地合理布局

(1)对外交通设施用地统筹安排。适应建设国际港口城市、北方经济中心和生态城市的要求,依托海空两港,强化交通枢纽功能,以公路、铁路、快速路、轨道交通为骨架,构建各种交通方式紧密衔接、转换便捷的现代综合交通体系。保障重大交通基础设施建设用地需求,加强对交通建设利用土地的节约集约管控。机场、港口、公路、铁路等各项新增建设项目用地要经过严格论证,用地规模应严格执行国家有关规定,避让基本农田,压缩占用耕地规模。

(2)水利设施用地优化布局。围绕"建设节水型城市,发展大都市水利"的治水思路,坚持开源节流与防洪抗旱并举,水生态修复与水生态保护并重,着力解决水资源短缺、水生态环境恶化、防洪设施和洪水管理薄弱等影响经济社会发展的重大问题。水利设施用地重点用于满足重大水利工程及加强蓄滞洪区工程建设。积极进行海水淡化、再生水、微咸水等非常规水源工程建设,实现水资源合理配置,有效提高防洪抗旱能力。

(3)盐田的综合利用。合理安排盐田用地规模和布局。注重保持盐田生态功能,切实提高盐田生产效率,结合建设海水淡化示范城市,进行盐田综合开发利用。

4.建设用地空间管制

(1)合理划定城乡建设用地扩展边界。统筹各分区发展定位和土地利用管控,按照城乡建设用地控制指标,严格划定城乡建设用地的扩展边界,控制城乡建设用地盲目无序扩张。

(2)落实城乡建设用地空间管制制度。依据《土地管理法》和《城乡规划法》规定的程序,城乡建设用地扩展边界内的农用地转用,简化用地许可程序,完善备案制度,强化跟踪监管。在不突破规划城乡建设用地总规模前提下,经批准,规划建设用地布局可在扩展边界内进行调整。城乡建设用地扩展边界外的农用地转用,只安排能源、交通、水利、军事等单独选址建设项目,确保科学选址和合理用地。

特别需要强调的是,在天津滨海新区建设用地节约集约利用试点中,特别强调了通过市场机制的作用促进建设用地的节约集约利用,即通过改革不动产税制促进城乡建设用地节约集约利用:逐步合并土地使用税和房产税,从价开征不动产税,对闲置土地逐步从征收土地闲置费改为附加征收不动产保有税,加大建设用地保有成本,抑制建设用地的奢侈使用和闲置浪费。在存量土地和集体土地开发地区对特定受益主体征收不动产增值收益税。在集体建设用地使用权流转中,逐步开征契税、印花税、营业税和土地增值税等。通过正税减费,实现土地税和房产税的并轨,统一城乡不动产税制,完善土地利用的税收调节机制,促进建设用地节约集约利用和土地资源的有效配置。

8.4.3 土地生态环境保护与改善

天津市本轮土地利用总体规划一个显著的特点便是引入了"反规划"理念。"反规划"理念为土地利用规划提供了一种新的思路、新的理念,它强调在规划中,要前瞻性地进行生态环境的建设。"反规划"理念主张以土地健康和安全的名义和以持久的公共利益的名义出发来做规划,在提供给决策者的规划成果上体现的是强制性的不发展区域及其类型和控制的强度,构成城市的"底"和限制性格局,以此定义可建设用地的空间。这种理念为天津市本轮土地利用总体规划提供了新的思路,也为从空间战略上解决社会发展、资源利用和生态保护之间的矛盾提供了可参考的规划途径。

1. 土地生态环境保护

(1)生态建设和环境保护用地格局。坚持可持续与节约集约利用土地资源的原则,保护自然生态,维护生物多样性。形成以"三区、九廊道"为主体的生态建设和环境保护用地格局,以具有生态功能的耕地、园地、林地和水域等用地有效隔离城镇组团,实现城乡空间结构山水化和田园化,建立人居环境优美的土地利用新格局。

(2)土地生态安全维护。①蓟县北部山地生态功能区。加强对现有林地的保护,积极研究林业资源可持续利用与经营的新途径;严禁破坏地表植被,禁止开山采石,对破坏严重的山体采取封山育林措施尽快恢复植被;合理利用物种资源,保障自然资源和自然物种资源的可持续利用;加强八仙山国家级自然保护区的建设和管理。②中部"七里海—大黄堡洼"湿地、南部"团泊洼水库—北大港水库"湿地生态功能区。加强湿地环境监测和污染治理力度,注重水资源涵养,适度发展生态养殖和旅游业,禁止违法开发和其他人为破坏湿地资源的行为。③蓟运河、潮白新河、独流减河、海河—北运河、子牙新河五条河流生态廊道和滨海生态廊道、唐津高速生态廊道、引滦明渠—贝壳堤生态廊道和西部防风固沙生态廊道。注重耕地生态功能发挥,充分利用边角地、荒地、废弃地进行沿岸防护林和水源涵养林建设,严禁占用生态廊道内土地作为建设用地。沿道路分布的河湖水系,要与道路的绿色廊道整合。

2.生态建设和环境保护用地分类管控

（1）环境友好型土地利用模式。加强天津市土地利用由单纯注重经济增长向强调经济社会与生态协调发展的方向转变，优先考虑战略性生态空间保护。在生态建设和环境保护用地总量约束的前提下，通过建立山、城、田、河、滩、湾、海等协调的生态环境友好型土地利用模式，优化生态建设和环境保护用地内部结构和空间布局，提升农用地生态服务功能，实现土地生态系统最优。在土地开发和调整中，注意保护天津近代文化遗存用地。

（2）生态建设和环境保护用地的引导与管制。①禁止开发型生态建设和环境保护用地。禁止开发型生态建设和环境保护用地包括自然保护区核心区和缓冲区、一级水源保护区、重要湿地、水土保持区、土地沙化区、主要河流及行洪通道、风景区核心景区、绿化隔离带等。严禁各类与保护无关的开发活动；逐步将不符合保护要求的项目迁出。②控制开发型生态建设和环境保护用地。控制开发型生态建设和环境保护用地包括自然保护区实验区、风景区核心区以外的部分、蓄滞洪区、主要河流两侧防护用地、林地、基本农田保护区等。严格控制这类用地内的各项建设，鼓励植树造林。现有的成片建设用地区严禁继续扩大，并在有条件的地段，鼓励将建设用地逐步改变为林地、草地；鼓励将本区内影响生态环境和水源的其他建筑和经济活动调整到适宜的地区。③适度开发型生态建设和环境保护用地。适度开发型生态建设和环境保护用地包括示范性农业用地、绿色果蔬基地和生态农业观光园地等。实行产业关联发展政策，在不改变农业生产功能的基础上，规划和建设与生态型、观光型、科普型和示范型农业新技术相关联的产业项目，控制与保护无关的项目建设。

8.4.4　规划实施保障

《全国土地利用总体规划纲要（2006—2020 年）》第七章"规划实施保障措施"中明确指出"加强规划对土地利用的整体控制，健全规划实施管理制度，强化经济激励约束措施，完善规划基础建设，确保规划目标的实现"，并分五个小节给出了更为详细的相关指导性意见。土地利用规划实施是土地利用规划的"灵魂"和最终目标，结合土地利用规划的理论与实践,在对土地利用规划实施的制约因素充分分析的基础上,天津市提出了本轮土地利用规划的实施保障。

1.加强规划实施管控

(1)加强规划对土地利用的整体控制。《天津市土地利用总体规划(2006—2020年)》批准后,纳入国民经济和社会发展计划,各部门必须严格执行。制定《天津市土地利用总体规划实施办法》、《天津市土地整理复垦开发管理办法》等土地利用总体规划实施的配套管理规章,建立健全规划实施制度。严格依据土地利用总体规划实施土地用途管制。坚持依法行政,加大执法力度,强化违反规划用地的惩治措施。

(2)深化规划实施的公众参与和民主决策。建立土地利用总体规划公告公示制度,积极拓宽和加大规划成果宣传渠道和力度,加强土地法规政策的宣传和解释工作,扩大公众参与和舆论监督;建立公众参与制度,明晰规划实施过程中公众的职责与权益、参与的渠道与途径、参与的激励机制等;推行规划管理公开制度,提高规划实施管理的透明度。建立行政信息公开制度、行政行为说明理由制度等行政程序制度,进一步优化管理程序,确保规划的有效实施。

(3)完善规划实施的制度建设。①建立和推行政府领导目标责任制。把落实土地利用总体规划列入各级政府土地管理目标责任考核,将耕地保护、节地挖潜、防止违法违规用地等情况作为考核政府工作和干部政绩的重要内容。②建立"规划—计划—项目"管理制度。依据本规划制定土地利用年度计划,下达计划指标并监督土地利用年度计划的实施。建设项目用地必须纳入土地利用年度计划。未纳入土地利用年度计划的,不得批准用地,不得开工建设。年度建设用地规模不得突破土地利用年度计划控制指标。③建立新增建设用地指标预留机制。综合考虑数量上与空间上的不确定性,预留一定数量的新增建设用地指标作为机动指标,用于安排规划预期以外的重大基础设施建设项目用地。④强化建设项目用地预审制度。严格按照《建设项目用地预审管理办法》规定,完善和规范建设项目用地预审制度。对不符合国家有关法律、法规、土地利用总体规划和国家产业政策的建设项目,一律不得通过建设项目用地预审。⑤完善新增建设用地征地制度。进一步完善征地补偿办法,健全征地程序,加强对征地实施过程的监管。制定并公布征地的统一年产值标准或区片综合地价,征地补偿做到同地同价,完善征地补偿安置争议的协调和裁决机制,征地补偿安置不落实的,不得强行使用被征土地,切实维护被征地农民和用地者的合法权益。

(4)落实规划实施的经济手段。①完善土地利用税收调节体系。在加强耕地占用税、城镇土地使用税、土地增值税征收管理的同时,加大对建设用地取得和保有环节的税收调节力度。适当提高土地税费对房产税负的结构比例,建立有利于节约和集约利用的土地税收调节机制。②规范财政转移支付方式。加大对农用地的建设力度,提高土地使用者保护耕地的积极性;依法探索建立耕地、基本农田保护的经济激励机制,将耕地保有量和基本农田保护面积作为一般性财政转移支付规模的重要依据,实行保护责任与财政补贴相挂钩,充分调动基层政府保护耕地的积极性和主动性,扶持耕地、基本农田建设,协调开发与保护之间的利益。③落实农村居民点整理的资金投入。加强对农村居民点土地整理复垦的扶持和管理,建立多元化的投资机构,形成以政府为主导,社会各方面广泛参与的农村居民点改造投入机制;制定优惠政策,坚持"谁投入谁受益"的原则,有序引导农村居民点改造。④探索设立建设用地调控平台。规划实施中探索建立用地指标调整制度,根据建设开发与资源环境条件差异,在区县之间适度引入建设用地指标的调配机制,并注重监控和引导。

2.落实规划实施具体工作

(1)建立包括耕地总量动态平衡、耕地占用、补充耕地、非农建设规模、年度用地计划预警等在内的土地利用预警机制,落实规划确定的目标和任务。应用 3S 技术,对全市重点地区的土地利用变化情况,特别是城镇建设用地扩展情况和耕地变化情况进行定期网络监测,做到用地变化的网络定位和及时报警,及时了解全市的土地利用态势,保障土地资源的可持续利用。

(2)利用土地规划管理信息系统强化动态监管。建立土地利用现状变更、规划管理、用地审批和土地登记等多位一体的土地规划管理信息系统。加强对土地利用规划实施的动态监测,特别是对耕地的保护、开发、占用及整理等情况进行全面监测,及时掌握土地利用现状信息,做到"地动人知"。改善规划管理的技术手段,实现土地利用总体规划成果管理和日常管理、实施工作的计算机化和信息化,提高土地规划管理科技水平,保障土地规划的有效实施。

(3)推进建设用地节约集约动态评价与引导。以土地利用变化监控技术系统为基础,结合天津市区县功能定位和土地利用分区要求,制定各类建设项目用地控制指标,分类设立区县土地集约利用与保护考核体系和标准,明确土地承载的就业、投资和产出等准入门槛,促进土地利用效率的不断提高。

(4)开展规划实施评价和决策分析辅助工作。适时开展土地利用规划实施评估,主要包括规划的执行情况和规划实施的效率和效果。在评价中采用规划控制指标执行因素和规划布局空间落实因素反映规划的执行情况;采用行政管理效率因素和规划实施效果因素反映规划实施的效率和效果。针对不同的评价结果,分析规划实施质量优劣原因,提出改进规划实施建议。

8.4.5 土地利用计划的项目管理及动态管理模式

1.天津市土地利用计划的项目管理模式

天津市改变了过去按属地分配土地指标的做法,对计划指标实行额度管理,保障各类用地需求。按地域平均分配土地计划指标,指标使用不集约。由于各区县间发展的不均衡,造成部分地区用地指标紧张,项目难以落实。有的项目少的地区,用地指标剩余,宽打宽用,造成指标浪费。天津市近两年积极探索土地计划管理模式的创新,通过对土地计划指标实行"额度管理",把制约经济社会发展的土地瓶颈变成促进发展的平台。即在全市范围内土地计划指标统筹管理,确保好项目全部落地。实行计划指标额度管理后,首先把握好项目的标准,符合国家的产业和供地政策,土地利用上符合国家公布的建设用地控制指标,即各类项目的投资强度、容积率、建筑系数、行政办公及生活服务设施用地所占比重、绿地率等必须符合国家规定,对于不符合控制指标的不予供地或核减用地规模。

2.天津市滨海新区土地利用规划和土地利用计划动态管理模式

随着规划理论和技术的逐渐成熟,规划的理念也由传统的静态规划逐步演变为动态规划,这就对规划的编制与实施提出了新的要求。土地监控系统的建立将有助于动态规划的实现。首先,有助于解决信息不对称问题。土地监控系统可以反馈更多、更新的信息,使规划人员及时掌握土地市场的运行状况,并使信息的及时发布成为可能,有助于缓解信息不对称的矛盾,减少政府官员的寻租机会。其次,土地监控系统反馈的信息将是调整规划的重要依据。由于土地规划是模拟未来、不断逼近现实的过程,具有一定的动态性,而土地监控系统恰好能及时反馈规划实施情况以及与现实的差距,这些信息将有助于指导规划修编和土地存量管理,使规划更具实用性,但前提是必须按照法定程序进行。建立包括耕地总量动态平衡、耕地占用、补充耕地、非农建设规模、年度用地计划预警等在内的土地利用预警机制,落实规划确定的目标和任务。应用 3S 技术,对全市重点地区的土地利用变化情况,特别是城镇建设用地扩展情况和耕地变化情况进行定期网络监测,做到用地变化的网络定位和及时报警,及时了解全市的土地利用态势,保障土地资源的可持续利用。

为保障滨海新区开发开放用地的需要,天津市依据《国务院关于天津滨海新区综合配套改革试验总体方案的批复》(国函〔2008〕26 号)和《天津市土地管理条例》,结合滨海新区实际情况,于 2009 年 4 月制定和印发了《滨海新区土地利用规划计划管理办法》(以下简称《办法》),既体现了滨海新区土地管理制度改革和创新的重点内容,也为土地利用规划计划规范化管理和在规范中进行管理模式创新提供了保障。

建立土地利用总体规划和计划动态管理是天津市滨海新区土地管理模式的又一创新。《办法》明确规定,每年年初对上一年度土地规划执行情况进行专项评估,重点对土地利用计划执行情况、节约集约用地情况、各类用地规模、结构、布局变化情况以及土地投入与经济社会发展情况进行分析;根据滨海新区发展的用地需求,以两年为周期对新区土地利用总体规划进行一次评估调整;根据国民经济社会发展规划,对滨海新区土地利用总体规划,每五年进行一次滚动调整,以充分保证总体规划与经济社会发展相适应,实现规划的动态管理。与审批级次相配套的规划修编制度,统筹安排与滨海新区发展相协调的各类用地规模和布局,本着节约集约用地的原则,新增建设用地规模在市总体规划规模内进行控制。此外,《办法》还规定了滨海新区土地利用总体规划编制的主要内容,尤其强调根据滨海新区开发开放的总体战略布局以及土地适宜性状和利用现状,编制基本农田保护专项规划和土地开发整理复垦专项规划,强化各类专项规划对土地开发利用分区管理,作为土地利用总体规划分级控制的主要手段。天津市滨海新区各项指标的考核以"一次审批、规划期内平衡"为原则,即滨海新区依据国家授权天津市政府批准的滨海新区土地利用总体规划,对下达给滨海新区的城镇建设用地、耕地保有量、基本农田保护面积、建设占用耕地面积等各类指标,根据不同发展阶段的需要,在整个规划期内自行对各类用地进行动态管理。同时强化土地利用年度计划对农用地转用进行控制和引导,结合指标下达时序列,调控农用地转为建设用地的总量和速度,保证建设需要。在土地利用计划管理方面,试行土地利用计划指标"近期用地总量一次核定,用地指标额度集中下达,供地时序阶段调整"的制度。在全市年度计划指标安排上,为适应滨海新区开发初期用地需求量大的特点,《办法》明确提出,根据滨海新区近期建设计划,按照"前期适当集中,后期相应调减"的方式,对滨海新区年度计划指标予以倾斜并单列。全国土地利用计划未下达之前,市国土资源管理部门在预计国家下达本市计划量的范围内,根据滨海新区项目建设时序,对重点急需项目提出预安排意见,经市人民政府批准后,下发计划预安排,做到了重点项目用地应保尽保,及时落地。

8.4.6 城乡建设用地增减挂钩改革实践模式

1. 天津市华明镇"宅基地换房"实践:政府主导模式

政府主导模式指由政府来组织和管理城乡建设用地系统的协调运行,从规划执行到验收都由政府来组织控制,政府作为组织策划者,负责项目选址立项、编制规划设计方案、筹措资金、监督工程执行情况,承担项目运行风险;企业是政府意志的具体执行者,负责安置公寓的建设和原农村居民点的复垦整理工程的实施,保障项目的最终竣工验收。

(1)华明镇城乡建设用地增减挂钩实践及运作程序

从 2005 年下半年开始,天津市围绕破解土地和资金双重约束的难题,在广泛征求农民意愿和大量调研基础上,推出以"宅基地换房"加快小城镇建设的办法。天津市东丽区华明镇成为天津市第一个实施宅基地换房的试点小城镇。华明示范镇建设涉及 12 个村,共有宅基地 12071 亩,新建小城镇用于农民住宅建设和服务设施配套 3476 亩,可腾出建设用地 8595 亩,其中 4000 亩用于产业发展,4000 亩用于挂牌出让,土地增值收益用于农民还迁住房建设及社区整体配套建设。示范镇规划共分为农民安置区、新市民安置区、商业商务区三个功能区,总建筑面积 410 万平方米,规划人口达 8 万人。2006 年 4 月规划实施华明示范小城镇建设,历时一年半,完成了 5.618 平方公里范围的基础设施工程,建成农民还迁住宅 162.54 万平方米,公建房屋 20 多万平方米。2007 年 9 月启动村民搬迁,目前胡张庄、永和等 12 个自然村的 1.2 万户、4.2 万人已入住华明示范镇。已平整土地 493.3 公顷,连片复耕 446.6 公顷,超额完成426.3公顷周转指标的复耕任务。

华明镇新市镇规划以"以宅基地换房"为核心内容,统筹城乡经济社会发展,遵循城乡建设用地增减挂钩原则,以农村土地综合整治为平台,推动城镇化和城乡一体化进程的一系列工程和一整套理论、制度和政策体系的综合表达。模式运作的程序具体分为 8 个步骤:

①东丽区政府编制华明镇新市镇总体规划报天津市政府审批,保证示范小城镇建设的合法合规性;

②组建投融资机构——滨丽公司,负责项目建设、资金管理和债务偿还,实现政府主导下的市场化运作,解决示范小城镇建设的资金问题;

③天津市国土房管局下达土地挂钩周转指标,解决示范小城镇建设用地指标;

④村民提出宅基地换房申请并与村民委员会签订宅基地换房协议,明确农民与集体经济组织的权责利关系;

⑤村民委员会与镇人民政府签订宅基地换房协议,明确集体经济组织与政府的权责利关系;

⑥镇人民政府与小城镇投融资建设公司签订总体村民安置协议,明确政府与投融资机构在安置农民中的权责利关系;

⑦小城镇农民住宅建成后由村民委员会按照全体村民通过的分房办法进行分配和还迁,明确农民入城的具体办法;

⑧农民搬迁后统一组织对原宅基地整理复耕,复耕出的土地用于归还小城镇建设占用的土地挂钩周转指标,解决耕地占补平衡问题。

(2)华明镇新镇规划及"宅基地换房"的经验总结

华明镇新市镇规划不是农村人口简单地向城镇迁居,而是由农业型社会向城市型社会的转变,需要大力推进制度和政策创新。华明示范镇三年多的建设成就表明,以宅基地换房为核心的"华明模式"是推进农村改革发展的成功实践,是加快形成城乡经济社会一体化新格局的成功探索,是大城市近郊区统筹城乡发展和新农村建设的发展方向。

①宅基地统一整理,实现耕地占补平衡。华明示范镇宅基地换房在国家现行政策框架内,在不增加建设用地指标的前提下,先由市土地行政部门供给小城镇建设用地周转指标,在一定时间内以农民原有宅基地统一组织整理复耕,实现耕地占补平衡,耕地不减。新市镇建设除了农民住宅区外,还规划出供市场开发出让的土地,用土地出让收入来平衡示范镇建设资金。即通过农村土地综合整治、建设用地的空间置换和建设用地利用结构调整,保证了建设用地不增加,耕地不减少的国家政策刚性要求。同时,增加了农民的财产性收入,改善了农民的居住环境,提高了农民的生活质量。通过"宅基地置换住房"的土地制度改革,华明镇将农村平面的宅基地换成小城镇立体的住房,增加了小城镇建设用地的新空间,不仅打破了农村村社整体搬迁改造的建设用地指标制约,而且为资本进入小城镇对土地进行集中利用、规模开发提供了土地资源要素。华明示范镇建设涉及原农村建制 12 个村,共有宅基地 12071 亩,1.3 万多户,总人口 41063 人。华明镇把布局分散的农民宅基地集中起来,统一整理复耕,不仅实现了耕地占补平衡,而且在满足小城镇建设占用的耕地后还节余 3644 亩的建设用地指标。

②集中规划新市镇,提高土地利用效率。在"华明模式"中,分散的村

庄换成了集中的新市镇,将分散的建设用地集中规划建设新市镇,平面的宅基地换成了立体的居住空间,明显放大了城镇发展空间。按照"浓缩的都市"优化建设用地结构与布局,除了建设新市民居住区外,规划出经营性用地出让供市场化开发,即增加了经济功能区用地发展工业和现代服务业,土地的产出提高,土地资产价值增加。华明示范镇建设坚持农民居住社区、工业园区、设施农业园区三个功能区统筹联动发展,提高了土地利用的效益和效率。

农地整治复耕,为农业规模经营和现代农业园区建设提供了良好的用地基础。按照都市农业园建设标准,推进设施农业园、天津滨海都市现代农业示范基地和天津北方生态园林产业园区等项目建设,做强做优特色农业、效益农业和观光休闲农业。6700 亩宅基地全部复耕,兴建了2126.7亩的设施农业园,实现了农业高效集约化生产。

工业园区集聚效应明显。借助紧邻滨海新区空港物流加工区等主要经济功能区,大力发展配套产业,园区一期工程基础设施已经完工,二期已经具备供地标准,众多知名大企业入驻园区,工业园区已成为高端高质高新产业的集聚区。

现代服务业发展迅速。星港国际嘉华经济总部、华明招商大厦等项目正在加快建设,吸引了楼宇总部经济企业进驻。

③以人为本,农民变身新市民。"华明模式"的人本目标是实现新市民"安居、乐业、有保障"。通过宅基地换房,让农民进入新市镇,才有可能改变传统的农村生产生活方式,享受到市民化、现代化的公共服务;居住空间由农村到城镇,新市镇管理与农村社区管理不同,需要有专人服务,即新市镇建设增加了就业岗位,并通过农村土地整治节约的建设用地指标在新市镇进行市场化开发,发展二、三产业,实现新市民就业途径的多元化,提高收入,改善生活质量。

④华明镇新市镇建设的其他保障机制。华明示范镇建设,以国家现行的稳定农村土地承包经营制度、坚持最严格的耕地保护制度和最严格的节约用地制度以及城乡建设用地增减挂钩等政策框架为基础,天津市、东丽区和华明镇制定了一系列政策和办法,规范宅基地换房的各项内容

和各个环节。2006 年天津市财政局、天津市发改委下发了《关于新建示范小城镇财政扶持政策问题的通知》,2009 年天津市出台了《天津市以宅基地换房建设示范小城镇管理办法》,东丽区人大常委会作出了《关于在华明镇实施以"宅基地换房"推进小城镇建设的决议》,华明镇制定了农村《房屋界定办法》、《关于确定村民享有宅基地资格的办法》、《拆迁还迁办法》等。

特别值得一提的是天津市围绕示范镇建设试点下发了十多个配套文件,除了解决土地、资金等问题方面的制度创新外,还就进入规划区的新建企业税费、降低农民居住成本等方面的财政扶持政策进行了详细规定和说明。

2.天津市滨海新区城乡建设用地增减挂钩实践:市场化导向下的政府主导模式

天津市滨海新区城乡建设用地增减挂钩主要采取市场化导向的政府主导模式,即挂钩试点区县人民政府组织有关部门依据土地利用总体规划、城乡规划等,组织开展专项调查,结合当地市场发展状况,组织编制项目区实施规划,市国土房管局通过建立项目区备选库,报国土资源部申请挂钩周围指标后,由区县人民政府组织项目管理机构执行项目,并由政府来组织控制监督工程执行情况,保障项目的最终竣工验收。

(1)市场化主导的项目区选址方式。挂钩试点区县人民政府在专项调查中应查清项目区土地利用现状、权属,分析农村建设用地整理的潜力和城镇建设用地需求,了解当地群众的生产生活条件和建新拆旧意愿,初步确定项目区位置和规模,并依据国土资源部听证管理规定的法定程序,就项目区选点布局、迁村并点安置政策等组织听证,充分吸收当地农民和公众意见,组织编制项目区实施规划,统筹确定城镇建设用地增加和农村建设用地撤并的规模、范围和布局。挂钩试点涉及的土地调整、互换、使用,必须统一纳入项目区,按项目区整体申报审批。项目区内,鼓励土地权属单位在"依法、自愿、有偿、规范"的前提下,遵循同类土地等价交换的原则,依照法定程序和土地变更登记有关规定,合理进行土地调整、互换和补偿。

(2)项目区设置和挂钩周转指标管理。挂钩试点工作实行行政区域和项目区双层管理,以项目区为主体组织实施,项目区应在挂钩试点区、县行政辖区内设置,项目区内建新地块总面积必须小于拆旧地块总面积,拆旧地块整理复垦耕地的数量、质量,应比建新占用耕地的数量有增加、质量有提高。项目区内拆旧地块整理的耕地面积,大于建新占用的耕地的,可用于建设占用耕地占补平衡。挂钩试点通过下达挂钩周转指标进行。挂钩周转指标专项用于控制项目区内建新地块的规模,同时作为拆旧地块整理复垦耕地面积的标准。挂钩周转指标实行"总量控制、封闭运行、定期考核、到期归还"。区县国土资源管理部门应建立周转指标使用管理台账,登记周转指标形成来源和使用的地点、面积、地类等,对挂钩周转指标的使用和归还进行全程监管。建新地块实行有偿供地所得收益,主要用于项目区内农村和基础设施建设,并按照城市反哺农村、工业反哺农业的要求,优先用于支持农村集体发展生产和农民改善生活条件。市国土房管局定期对全市挂钩试点工作进行检查指导,并于每年年底组织开展年度考核,考核情况报国土资源部备案。

(3)挂钩试点工作监督检查机制。区县国土资源管理部门负责对挂钩试点项目区按季度定期考核,并将考核结果报市国土房管局备查,以切实加强对项目实施情况的检查和监督。市发改委、市国土房管局和市规划局不定期组织对挂钩试点工作进行检查。对于未按批准的实施规划开展工作的,或检查不合格的,限期整改;连续两次检查不合格的,予以全市通报,相应限制下一期周转指标的使用。对于未按批准的实施规划完成挂钩试点工作的区县,取消挂钩试点资格,今后不再批准新的试点单位。对于擅自扩大挂钩试点项目区范围,突破下达周转指标规模的区县,停止该区县的挂钩试点工作,并相应扣减土地利用年度计划指标。对于被取消挂钩试点单位已占用的农用地和未利用地,由市国土房管局在该区县当年或下一年的土地利用计划指标中予以核减;并根据占用农用地和未利用地的数量,由相应的区县人民政府缴纳新增建设用地土地有偿使用费,垫付耕地开垦费,并督办建设单位按规定补缴相关税费。

3.现行城乡建设用地增减挂钩管理办法的局限

2008年6月27日,国土资源部印发《城乡建设用地增减挂钩试点管理办法》,明确挂钩内涵:"本办法所称城乡建设用地增减挂钩(以下简称挂钩)是指依据土地利用总体规划,将若干拟整理复垦为耕地的农村建设用地地块(即拆旧地块)和拟用于城镇建设的地块(即建新地块)等面积共同组成建新拆旧项目区(以下简称项目区),通过建新拆旧和土地整理复垦等措施,在保证项目区内各类土地面积平衡的基础上,最终实现增加耕地有效面积,提高耕地质量,节约集约利用建设用地,城乡用地布局更合理的目标。"

在实践中,该办法的区域局限性和市场局限性表现为:

(1)区域局限性。城乡建设用地增减挂钩的内涵中提到,通过建新拆旧和土地整理复垦等措施,在保证项目区内各类土地面积平衡的基础上,最终实现增加耕地有效面积、提高耕地质量、节约集约利用建设用地、城乡用地布局更合理的目标。即拆旧地块和建新地块提前捆绑在一起且在同区域要求面积相等,不利于跨行政区的操作,在空间上存在一定的局限性。

(2)市场局限性。目前,增减挂钩试点的实施均以建新拆旧项目形式开展,即拆旧地块和建新地块一对一固定,反映不出拆旧地块的潜在价值,也剥夺了农村建设用地进入城乡统一市场的权利,不利于农民增加集体建设用地的收入,限制了市场机制运行范围。

4.城乡统筹下城乡建设用地增减挂钩内涵创新

从统筹城乡建设用地空间布局和统一城乡建设用地市场两个角度,我们可以重新界定城乡建设用地增减挂钩的内涵:"依据土地利用总体规划,将若干拟复垦为耕地的农村建设用地地块(即拆旧地块)和拟用于城镇建设的地块(即建新地块)共同组成建新拆旧项目区(以下简称项目区),或将若干拟复垦为耕地的农村建设用地地块(即拆旧地块)扣除安置村民用地后的指标,通过城乡建设用地统一市场交易,用于城镇建设的地块(即建新地块),通过建新拆旧和土地整理复垦等措施,在保证项目区内各类土地面积平衡的基础上,最终实现增加耕地有效面积、提高耕地质量、节约集约利用建设用地、城乡用地布局更合理的目标。"因此,从形式上可以通过项目区进行同一地区内挂钩,也可以通过指标交易进行远距离、大范围的城乡建设用地增减挂钩。一是可以在保证农用地特别是耕地不减少、甚至增加的前提下,增加城镇建设用地;二是在城乡建设用地总面积不增加的前提下,实现城乡建设用地的布局优化;三是将分散的农村集体建设用地相对集中利用,在提高土地利用效率的同时,提高农村基础设施、公益设施利用效率;四是通过交易所内市场化的流转,体现指标货币化的价值,增加农民收入,具有创新意义和指引作用。

8.4.7　土地征用征收制度改革实践

农地征用过程中的城市偏向政策,不仅使大量失地农民未能得到妥善安置,出现生计不可持续的问题,而且导致城乡差距进一步扩大,甚至引发一些群体性事件,影响社会稳定。针对这一问题,天津滨海新区探索采取相应城乡统筹措施,力图改变农地征收征用中的城市偏向,保护失地农民的利益,具体措施如下:

1.改革征地补偿和安置制度,建立适合被征地农民需求的保障机制

完善土地价格形成和收益分配机制,将保障农民"生活水平不因征地而降低"和"长远生计有保障"纳入土地价格形成因素,制定和规范征地补偿标准,完善征地补偿费在农村集体经济组织内部的分配办法。开展多种征地安置模式试点,实行多种方式妥善安置被征地农民。从土地收益中建立被征地农民保障基金,用于补贴被征地农民社会保障支出,将失地农民纳入城镇就业体系,建立社会保障机制。

(1)完善土地价格形成和收益分配机制。制定和公布区片综合地价,实现先行定价、同地同价,规范征地补偿标准,将保障农民"生活水平不因征地而降低"和"长远生计有保障"纳入土地价格形成因素。调整土地收益分配,有偿使用新增建设用地的,从出让金政府收益中拿出20%建立被征地农民保障基金,专门用于补贴被征地农民社会保障支出。按照土地补偿费主要用于被征地农户的原则,制定和完善征地补偿费在农村集体经济组织内部的分配办法。

(2)建立农村或城镇社保系统和就业体系。在滨海新区规划的拓展

建设区,结合产业结构调整、工业发展、新农村建设、现代都市型农业建设和生态环境整治,实施城乡一体化建设。开展留地安置、集体建设用地土地使用权入股、土地股份合作等形式的安置模式试点,将无地农民纳入城镇就业体系,并建立社会保障制度,实行多种方式妥善安置被征地农民。形成适合被征地农民特点和需求的就业安置、岗前培训和社会保障体系,探索建立有效转移农民和保障被征地农民可持续就业的长效机制。

(3)加强对征地实施过程的监管。在征地过程中,要维护农民集体土地所有权和农民土地承包经营权的权益。进一步完善征收土地公告和征地补偿、安置方案公告以及听证制度。进一步配套完善征地程序、征地法律诉讼机制和裁决机制。同时,结合实际需要,探索建立征地补偿安置争议的协调、裁决机制。

2.改革集体建设用地使用制度,建立与社会主义市场经济体制相适应的土地市场体系

明晰集体建设用地土地使用权,改革集体建设用地取得制度。开展农村集体建设用地流转,实行"转权让利",形成"同种产权、一个市场"的统一管理模式。对农民宅基地实行换地权益书制度,推进迁村并点建设。实行集体建设用地流转交易许可管制,规范市场管理。建立健全流转中的土地收益分配机制,保障集体土地的合法合理收益权。

(1)改革和完善集体建设用地取得制度。对于村组织兴办的公益性事业用地,在农用地转用审批后直接无偿划拨供应,也可考虑纳入土地征收渠道,通过土地征收取得后再以划拨方式供应。对于农民宅基地,严格实行一户只能享受一次带有福利性质宅基地的政策,村民不得出卖和出租宅基地和住房。对于农村民办企业用地等经营性用地,纳入土地出让的统一供应渠道,实行与城市企业同等的待遇。

(2)开展农村集体建设用地使用权流转。实行"转权让利"的管理模式,即集体建设用地流转时,将集体土地所有权转为国有,并补办国有土地出让或租赁手续,土地收益大部分返还集体经济组织,形成"同种产权、统一市场"的模式。在符合土地利用总体规划和城市规划的前提下,集体建设用地使用者或受让者在向集体和国家缴纳一定标准的土地增值收益

后,取得国有出让土地使用权。对于农民无偿取得的宅基地,设立集体划拨土地使用权或宅基地使用权,在交易许可管制下进行市场准入管理。对农民宅基地实行换地权益书制度,用于推进迁村并点建设,通过迁村并点,加快小城镇和中心村建设,实行楼房化,逐步消除宅基地。

（3）实行集体建设用地流转交易许可管制。集体建设用地流转一律纳入土地有形市场,严格实行土地交易许可管制。集体建设用地流转必须符合国家产业政策、土地利用总体规划、城市规划或村镇规划。有土地权属争议的集体建设用地不得流转,司法机关和行政机关依法裁定、决定查封或以其他形式限制土地权利的集体建设用地不得流转。转让、出租和抵押集体建设用地使用权,须经本集体经济组织成员的村民会议 2/3 以上成员或者 2/3 以上村民代表的同意。通过出让、转让和出租方式取得的原集体建设用地不得用于商品房开发建设。

（4）建立健全流转中的土地收益分配机制。对规划为建设用地的集体土地,按规划前的土地状况进行评估,将集体土地的价值量化,以此作为集体土地流转和收益分配的基础,按照集体土地所占股份分享土地增值收益。制定集体建设用地土地使用权流转收益分配方法,强化集体建设用地流转收益的分配和管理,通过土地增值税或级差地租政策合理调节集体建设用地流转中的土地收益,保障集体土地的合法合理收益权。集体建设用地使用权流转发生增值的,应当参照国有土地增值税征收标准,向市、县人民政府缴纳有关土地增值收益。

3.改革城乡土地分割管理模式,建立城乡统一的土地管理制度

实行城乡统一规划,开展城镇建设用地规模扩大与农村建设用地减少相挂钩。建立统一的土地收购整理机制,实行土地征收和农用地转用相对分离,先行征收集体土地,形成政府土地储备,并按建设需要和农用地转用计划指标,适时实施农用地转用,实现城市土地整理、农村建设用地整理、农用地整理和耕地保护的统筹。建立城乡统一的产权产籍管理制度,对城乡土地实行统一的调查、登记、统计、产籍和权属管理。建立城乡建设用地统一市场,形成城乡一体的土地有形市场和土地市场监管体系。

(1)实行城乡统一规划和城镇建设用地规模扩大与农村建设用地减少相挂钩。结合小城镇建设、村庄整治、迁村并点和农村建设,积极探索城镇建设用地规模扩大与农村建设用地减少相挂钩的实施机制和管理制度,在开发整理中调整和优化建设用地结构和空间布局,提高土地利用效率。在滨海新区范围内根据规划要求和滨海新区土地资源现状,按照土地利用总体规划调整各类土地的用途,建立城乡统一的规划体系,对城乡土地实行统一的调控和管理,实现符合滨海新区发展要求的土地功能分区。

(2)建立统一的土地收购整理储备机制。滨海新区的土地征收和农用地转用实行相对分离,可先行征收集体土地,形成政府土地储备,并按建设需要和农用地转用计划指标,适时实施农用地转用。实现城市土地整理、农村建设用地整理、农用地整理和耕地保护的统筹,有计划、有步骤地保障滨海新区规划的实施,根据土地功能分区,相应地进行人地关系的调整,实现城乡土地的统一整理,保证规划的实施。同时以此为基础,通过采取土地预期收益质押贷款方式扩大融资,促进土地开发和基础设施建设。

(3)建立城乡统一的产权产籍管理制度。对农民土地承包经营权的管理,从合同管理逐步向登记管理转变,完善土地承包经营权确权发证和土地承包经营权流转登记管理制度,完善农村集体建设用地使用权流转登记制度,逐步统一城乡土地登记管理体制,形成城乡一体的土地登记体系。

(4)形成城乡一体的土地有形市场和土地市场监管体系。逐步将城镇国有土地出让和转让、城镇划拨土地入市、农村集体建设用地流转、农村土地承包经营权流转纳入城乡一体的土地有形市场,在土地交易许可管制下严格规范土地市场秩序,强化对城乡土地市场的统一监管。积极实行经营性基础设施用地有偿使用,稳步推进有竞争需求的工业用地招标、拍卖、挂牌供应,促进滨海新区的产业升级。加强土地、规划和城建的联合执法督察,强化以土地用途管制为核心的城乡土地统一管理。建立城镇土地价格形成和动态监测制度,调控好房地产市场。

8.4.8　城乡统筹下村镇土地整治:示范小城镇和中心村建设实践

统筹城乡发展需要土地、劳动力和资金等要素在城乡之间的高效互动。其中,统筹城乡土地利用,构建城乡一体化的用地格局是统筹城乡发展的必然要求;在社会主义新农村建设的带动下,可尝试把村镇土地整治建设作为统筹城乡的重要环节和突破口,通过村庄整治建设优化配置农村土地资源,挖掘农村用地潜力,促进城乡(区域)用地挂钩,推动土地要素在城乡(区域)之间高效配置。通过村镇整治建设及其后续的土地整理构建城乡一体化的土地利用格局是统筹城乡发展的重要途径。

天津市的村镇土地整治建设立足于城乡统筹发展视角,以示范小城镇及中心村建设为中心和切入点,以村镇产业发展和土地资产价值显化为抓手,通过优化配置城乡建设用地、大力培育小城镇特色产业、强化耕地和基本农田保护、促进农民就业增收等措施,完善村镇在生活居住、产业支撑、生态保护、景观优化、文化传承和行政管理等方面的复合功能,实现村镇布局合理、规模适中、结构优化、生态友好和文明和谐目标,促进城乡生产要素合理流动,改善村镇人居环境,推动实现社会主义新农村建设和城乡一体化发展。

2005 年底,天津市政府批准在东丽区华明镇、津南区小站镇和武清区大良镇、南北辛庄村、后蒲棒村开展第一批农村示范小城镇建设(土地整治)试点工作。基本思路是,在国家现行政策框架内,坚持承包责任制不变、可耕种土地不减、尊重农民自愿的原则,高水平规划、设计和建设有特色、适于产业聚集的生态宜居新型小城镇。农民以宅基地,按照规定的置换标准换取小城镇的住宅,迁入小城镇居住。农民原有宅基地统一组织整理复耕,实现耕地占补平衡。新的小城镇除了农民住宅区外,还规划出可供市场开发出让的土地,用土地出让收入来平衡小城镇建设资金。作为第一批试点的华明示范镇的 12 个村庄共有宅基地 12071 亩,新建小城镇占地 8427 亩,宅基地复耕后不仅可以实现耕地占补平衡,还可腾出土地 3644 亩。华明示范镇达到了六个效果:节约和集约利用土地,节约能源和资源,增加就业岗位和农民收入,使农民共享城市生活方式,逐步缩小了城乡差别。同时,华明示范镇在农村土地流转制度、小城镇社会管理体制、新市镇环境管理方式、社区成员股份合作制度、综合执法体制、社会保障制度、投融资方式、政策等八个方面进行了创新,这些都为全市示范镇建设提供了有益的借鉴。

在充分总结第一批示范镇建设经验和教训的基础上,天津市推出了第二批示范小城镇,包括西青区张家窝镇、北辰区双街镇、津南区八里台镇、葛沽镇等"九镇三村"。示范小城镇建设得到了市委、市政府的高度重视。2007 年 8 月市委、市政府下发的《关于推进城乡一体化发展战略加快社会主义新农村建设实施意见》提出,推广示范小城镇建设试点的经验,按照统一规划、政策引导、尊重群众、市场运作的原则,采取以宅基地换房等多种形式,分层次地稳步推进,引导农民向新城、中心镇、一般镇和中心村集中。之后,第三、第四批示范小城镇建设陆续启动,天津市政府要求按照生态镇标准搞好示范小城镇环境建设,高效能搞好小城镇管理,适时启动农改非、村改居、集体经济改股份制经济"三改一化"试点工作("三改一化"指的是村委会改居委会、农村集体经济股份制改革、户籍改革和城镇化建设),积极推进示范工业园区、农业产业园区和农村居住社区"三区"联动建设。

天津市示范小城镇建设实践包括两种模式:一是城镇拓展模式,二是中心村聚集模式。

(1)城镇拓展模式。该模式主要是指新城和中心镇,拓展模式的示范小城镇在区域具有明显的城镇化或半城镇化特征,具体表现在区位优势明显、经济基础较好、农民收入较高、非农产业发达、就业渠道较多、农民思想观念开放,便于接受和适应城镇化的生活方式等方面。城镇化的辐射带动作用是该类村庄整治建设的主导驱动力,区内村庄将借助城镇化进程中的土地征用、非农就业、产业延伸和组织变革等,逐步推动农村用地向城市用地、农民向城市居民、村委会向居委会转变,最终实现城乡全面融合。

(2)中心村聚集模式。天津市在推进拓展型示范小城镇建设的同时,积极推进聚集型中心村建设。中心村集聚模式主要适用于以农业生产为主、远离城镇、村庄布局散乱的农区。这种模式是以中心村的辐射作用带动周边村庄整合建设。选择区位条件优越、经济基础较好、规模较大的自然村作为中心村,优先加强基础设施和公共服务设施建设,增强社区吸引力和经济辐射力,以良好的生产、生活条件引导腹地内散乱居住的农户到中心村集中建房居住。提升中心村集聚功能的具体途径包括:①加大基础设施投资力度,提高设施服务水平和利用效率,改善农村人居环境;②将其建设成为集商业活动、文化教育和社区服务为一体的新型农村社区,充分发挥中心地职能;③规划建设农业生产服务中心,增强对农业生产的服务和支撑功能;④体现村内土地混合功能,合理规划布局非农产业,发挥其在提升农业现代化水平、增加农民收入和促进新农村建设中的引领作用。政府优先保障中心村基础设施配套,新建住房统一在周边集中配置。同时,中心村规划范围内的小村庄铺设环村路划定扩展边界,边界外禁止建设新房,以此限制农村建设的无序扩展,推动村庄用地实现空间整合。

8.4.9　以土地利用规划引导基础设施及产业发展的城乡统筹布局实践

1. 以土地利用规划引导基础设施城乡统筹布局实践

在规划实践中,天津市基于对未来发展的战略需要,在土地利用总体规划中对可以预见的重大基础设施项目进行了安排,涉及交通设施项目、能源设施项目以及水利设施项目。

城乡基础设施建设是改善居住环境、提高居民生活质量的重要内容,也是营造城镇投资环境、提高土地附加值的重要途径。统筹城乡基础设施建设就是要确保在推进城市化进程中农村居民能与城市居民基本同步享受现代文明和社会公共服务。城乡基础设施规划占地规划是土地利用规划不可缺少的一部分,除非提供了交通、住房、水供应、废水排放等基本服务(通常统称为基础设施),否则土地就难以成功地进行城乡统筹发展。城乡基础设施的需求在继续快速增长,这有两个方面的原因,第一,不断的城市发展产生了对更大范围土地服务的需求,特别是在快速发展的地区;第二,日益严格的环境标准要求扩大排除和处理城市废物的能力。这就要求有更多和更好的污水处理厂、垃圾填埋地和暴雨防护能力。

就一些公用基础设施,如道路、通信、水利工程、输电、供热、供气等,都是线状地穿插于各用地区域之间形成网络,连接这些网络的站点是点状分布的,形成不了连续的聚集状态。因此,从理论上讲,应把设施规划从土地利用规划中剥离出去,土地利用规划专门研究了土地的用途、布局、容量、限制条件等,这样更有利于搞好土地利用的规划控制。至于道路从哪里选线,变电站设在哪里,抽水站选址何处等则是设施规划的事,土地利用规划服从于设施规划。如某地区虽规划为农业用地区,但交通规划确定要在此地穿过一条公路或一条渠道时,应顺理成章地允许设计安排,同时也不会影响此地区用地的性质。然而,重大基础设施对有效的土地利用是极为重要的,在土地开发过程中起着关键作用,因此规划的功能分区与重大基础设施的选址是密不可分的。

2. 以土地利用规划引导产业发展布局实践

天津市在土地利用规划引导产业发展布局上进行了探索实践,把土地利用规划与天津市产业发展规划相衔接,本轮土地利用规划的产业用地分布于天津市经济发展的优势产业如先进制造业项目(包括电子信息、化学工业、汽车工业、现代冶金工业、生物技术与现代医药产业、装备制造产业以及新能源与新材料产业等)、现代服务业项目(包括现代物流业、休闲旅游业以及科研服务业等)以及其他重点项目。

天津市的做法显然基于这种假设,即确定产业发展目标是一种有效的经济发展战略,尽管吸引上升产业比吸引衰退产业肯定是更优先的,但明天的快速发展产业可能显著不同于今天的快速发展产业。因此,建立在历史数据基础上的目标功效是非常有疑问的。[1] 进一步地说,规划方法假定,目标工业的土地和服务需求可被预见,然而,同一产业的不同公司可能有不同的地点要求。例如,定向生产的高科技公司可能要求低成本的土地,而定向开发的高科技公司可能要求靠近大学。因此,搞清目标

---

① Vaughn,R. J. and Pollard,R. 1986,"Small Business Economic Development",In N. Walzer and D. L. Chicoine (eds) Financing Economic Development in the 1980s: Issues and Trends,New York: Praeger

产业的局部需求是一件非常困难的事情。最后,天津市战略假定,土地是有吸引力的——即公司和工作可被土地和公共设施服务吸引住。由于在任何特定的时间上,只有相对较少的公司寻求新的创办地点,因此大部分工作都是由本市新成立的公司和已有公司的规模扩大创造的,因此人们十分怀疑,以土地为基础的发展战略在省市级层次上是否会是非常成功的。

土地利用规划与产业布局规划的衔接是推动国民经济健康发展的重要保证。土地是产业的载体,土地空间位置的不可移动性和使用的排他性决定了生产领域存在如何合理分配土地的问题。土地利用状况即是产业结构的空间表现,同时又在很大程度上制约了产业结构的发展变化。产业要发展,相应地,对土地的需求也在随之调整,然而土地的有限性要求对土地必须进行集约性利用,因此,对产业布局应做出合理的规划。但现实中,看到更多的是土地利用规划与产业布局屡屡脱节的情况,规划中缺乏产业间的对接和良性互动,导致土地利用效率低下,土地资源浪费严重。还有,规划布局经常发生变化,规划修改无所不在,这就是对规划的法定效力的挑战。究其原因,不外乎是规划在编制阶段与产业结构布局的衔接性不够,或在实施阶段对产业结构布局的调控性不够的问题。规划政策对区域产业结构、城市用地规模的调控作用,其核心目标是促使区域产业结构的合理化与高级化,控制城市外延式扩张。通过土地利用总体规划及其专项土地利用规划,增强土地利用总体规划的刚性,赋予土地利用专项规划一定的弹性,就可以解决产业结构和城市规划布局变化不断修改调整土地利用总体规划的问题,今后只要适时修改土地利用专项规划即可,土地利用总体规划原则上不进行修改。

参考文献

1. Blair, M. M. & Stout, L. A. 1999, "A Team Production Theory of Corporate Law", Virginia Law Review 85:247—290

2. Corbridge, S. 1982, "Urban bias, rural bias and industrialization: an appraisal of the work of Michael Lipton and Terry Byres", in J. Harriss (ed.) Rural Development, 94—116, London: Hutchinson

3. Douglass, M. 1998, "A regional Network Strategy for Reciprocal Rural - urban Linkages: An Agenda for Policy Research with Reference to Indonesia", Third World Planning Review 20(1): 1—33

4. Donaldson, T. and Preston, L. E. 1995, "The Stakeholder Theory of the Corporation: Concepts, Evidence, and Implications", Academy of Management Review 20 (1) : 65—91

5. Downs, A. 2001, "What Does 'Smart Growth' Really Mean", Planning 4:20—25

6. Freeman, R. E. 1984, Strategic Management: A Stakeholder Approach, Boston: Pitman

7. Gottman, J. 1957, "Megalopolis, or the Urbanization of Northeastern Seaboard", Economic Geography 33(3):189—200

8. Gottman, J. 1961, Megalopolis: the Northeastern Seaboard of the United States, New York: The Twentith Century Fund

9. Hirschman, A. O. 1988, The Strategy of Economic Development,

Boulder：Westview Press

10. Jorgenson，D. W. 1961，"The Development of A Dual Economy"，The Economic Journal 6(71)：309—334

11. Lind，H. 2002，"Market—oriented Land—use Planning：A Conceptual Note"，Planning and Markets 5 (1)：42—50

12. Lipton，M. 1977，Why Poor People Stay Poor：Urban Bias in World Development，Cambridge：Harvard University Press

13. McGee T G. 1989，"Urbanisasi or Kotadesasi ? Evolving Patterns of Urbanization in Asia"，In F. J. Costa et al. (eds) Urbanization in Asia：Spatial Dimensions and Policy Issues，93—108，Honolulu：University of Hawaii Press

14. Mitchell，R. K. and Wood，D. J. 1997，"Toward a Theory of Stakeholder Identification and Salience：Defining the Principle of Who and What Really Counts"，The Academy of Management Review 22(4)：853— 886

15. Myrdal，G. K. 1957，Economic Theory and Under—developed Regions，London：Gerald Duckworth & Co. Ltd

16. Ostrom，E. 1990，Governing the Commons：The Evolution of Institutions for Collective Action，Cambridge：Cambridge University Press

17. Pryor，R. G. 1968，"Defining the Rural—urban Fringe"，Social Forces 47：202—215

18. Unwin，T. 1997，"Agricultural Restructuring and Integrated Rural Development in Estonia"，Journal of Rural Studies 13(1)：93—112

19. Vaughn，R. J. and Pollard，R. 1986，"Small Business Economic Development"，In N. Walzer and D. L. Chicoine (eds) Financing Economic Development in the 1980s：Issues and Trends，New York：Praeger

20. Wehrweir，G. S. 1942，"The Rural—Urban Fringe"，Economic

Geography 18:217—228

21. Wright，F. L. 1935，"Broadacre City：A New Community Plan"，Architectural Record http://www. contemporaryurbananthropology. com/pdfs/Wright，%20Broadacre%20City. pdf

22. 埃比尼泽·霍华德著/金经元译.明日的田园城市.北京:商务印书馆,2000 年

23. 岸根卓郎著/高文琛译.迈向 21 世纪的国土规划:城乡融合设计.北京:中国建筑工业出版社,1990 年

24. 白洪.城市土地生态规划研究——以贵阳市为例.天津大学硕士学位论文,2006 年 6 月

25. 巴洛维(Raleigh Barlowe)著/谷树忠等译.土地资源经济学.北京:北京农业大学出版社,1989 年

26. 蔡成凤,师红琴.创新土地利用规划服务城乡一体化建设.合作经济与科技,2010,394(6):18—20

27. 蔡继明,苏俊霞.中国征地制度改革的三重效应.社会科学,2006(7):133—138

28. 蔡玉梅,张文新,赵言文.中国土地利用规划进展评述.国土资源,2007(5):14—18

29. 曹红蓓.中国农民工子弟:在城市与乡村的夹缝里挣扎.中国新闻周刊,2005—03—23

30. 陈丽.我国转型时期土地利用规划的制度均衡分析.南京农业大学博士学位论文,2007 年

31. 陈眉舞,张京祥,徐逸伦.基于"紧凑城市"探讨中国城市土地可持续利用.江苏城市规划,2008(7):13—16

32. 陈斌,廖和平,王玲燕,邱磊.土地利用规划管理体制建设的城乡比较——以重庆市为例.华中农业大学学报(社会科学版),2009 (6):61—66

33. 程开明.城市偏向视角下的农地征用.农村经济,2006(12):37—40

34. 陈志诚,侯雷,兰贵盛."城乡统筹发展"与小城镇总体规划的应对.规划师,2006(2):69—72

35. 陈锡文.深化对统筹城乡经济社会发展的认识,扎实推进社会主义新农村建设.小城镇建设,2005(11):17—20

36. 迟福林主编.把土地使用权真正交给农民.北京:中国经济出版社.2005年

37. 费景汉,古斯塔夫·拉尼斯著/洪银兴,郑江淮等译.增长和发展:演进观点.北京:商务印书馆,2004年

38. 傅超.统筹城乡发展对土地利用规划思路调整的启示.中国经贸导刊,2010(8):27—28

39. 高明.耕地可持续利用动力与政府激励.北京:经济管理出版社,2006年

40. 郭翔宇,颜华.统筹城乡发展:理论、机制、对策.北京:中国农业出版社,2007年

41. 韩笋生,秦波.借鉴"紧凑城市"理念,实现我国城市的可持续发展.国外城市规划,2004,19(6):23—27

42. 韩仰君.对城乡规划与土地利用规划、国民经济和社会发展规划——"三规"协调关系的思考.城市规划和科学发展——2009中国城市规划年会论文集,2009年

43. 何格.统筹城乡土地利用:模式与绩效.中国农学通报,2009,25(21):367—370

44. 贺艳华,周国华.紧凑城市理论在土地利用总体规划中的应用.国土资源科技管理,2007(3):26—29

45. 黄邦根.我国农民收入增长缓慢的原因与对策分析.农村经济,2010(10):37—40

46. 黄文娟.基于城乡统筹理论下的城乡总体规划研究.重庆大学硕士学位论文,2009年

47. 黄琳,张祚.田园城市理论对我国城乡土地利用问题的启示.安徽农业科学,2006,34(18):4759—4760

48. 胡滨,薛晖,曾九利,何旻.成都城乡统筹规划编制的理念、实践及经验启示.规划师,2009,8(25):26—30

49. 季昆森. 循环经济原理与应用. 合肥:安徽科学技术出版社,2004 年

50. 金相郁. 韩国国土规划的特征及对中国的借鉴意义. 城市规划汇刊,2003(4):66—72

51. Knaap,G. J. and Nelson,A. C. 著/丁晓红,何金祥译. 土地规划管理:美国俄勒冈州土地利用规划的经验教训. 北京:中国大地出版社,2003 年

52. Knaap,G. J. 编/国土资源部信息中心译. 土地市场监控与城市理性发展. 北京:中国大地出版社,2003 年

53. 雷国雄,吴传清. 韩国的国土规划模式探析,世界经济,2004(9):37—40

54. 李成,李开宇. 21 世纪国土规划的理论探讨. 人文地理,2003,18(4):37—41

55. 李稻葵. 转型经济中的模糊产权理论. 经济研究,1995(4):42—50

56. 李景刚,欧名豪,张全景,张效军. 城市理性增长理念对中国土地利用规划的启示. 中国土地科学,2005,19(4):56—60

57. 李琳. 欧盟国家的"紧凑"策略:以英国和荷兰为例. 国际城市规划,2008,23(6):106—116

58. 李茂. 美国土地利用规划特点及其对我国的借鉴意义. 国土资源情报,2009(3):38—42

59. 李培祥. 城乡一体化土地利用机制分析. 南方农村,2009(1):33—36

60. 李迅. 以城乡规划引领城乡统筹发展. 上海城市管理,2010(03):2—3

61. 刘杰,陶军德,曾光建. 统筹城乡协调发展的土地利用模式研究. 广东土地科学 2009,8(3):25—27

62. 刘黎明. 韩国的土地利用规划体系和农村综合开发规划. 经济地理,2004,24(3):383—386

63. 刘维佳. 中国"四农"问题数据解析. 农村工作通讯,2005

(8):24—28

64. 刘向南,曲福田.土地征用制度改革问题综述.南京农业大学学报(社会科学版)2005,5(4):25—32

65. 刘鑫主编.土地市场清查治理整顿及典型案例评析.北京:中国建材工业出版社,2004年

66. 刘旭.美国土地利用规划立法和编制的主要特点及其启示.国土资源导刊,2007(3):68—71

67. 刘易斯·芒福德(Lewis Mumford)/倪文彦等译.城市发展史:起源、演变与前景.北京:中国建筑工业出版社,1989年

68. 李岳云,陈勇,孙林.城乡统筹及其评价方法.农业技术经济,2004(1):24—30

69. 李占通.模糊产权与中国农村土地产权制度创新研究.南开大学博士学位论文,2007年6月

70. 龙开胜,陈利根.土地利用总体规划如何融合"理性增长"理念.中国土地,2005(11):13—14

71. 罗鹏,吴小花.基于循环经济理念的土地利用规划.农业考古,2009(6):327—329

72. 吕洋,周彩.挪威统筹城乡发展:措施、成效与启示.北京理工大学学报(社会科学版),2008,10(3):90—93

73. 迈克尔·P.托达罗著/印金强,赵荣美译.经济发展与第三世界.北京:中国经济出版社,1992年

74. 马克思,恩格斯.马克思恩格斯全集(第1卷).北京:人民出版社,1995年

75. 马毅.英国土地管理制度介绍与借鉴.中国土地,2003(12):38—39

76. 民建成都市委.统筹城乡视野下的农村土地管理制度重构的思考.四川省社会主义学院学报.2010(2):53—54

77. 倪杰.基于循环经济的土地资源可持续利用.农村经济,2006(9):79—81

78. 牛凤瑞,潘家华.中国城市发展报告.北京:社会科学文献出版

社,2009 年

79. 瓯海若,鲍海君.韩国四次国土规划的变迁、评价及其启示.中国土地科学,2002,16(4):39—43

80. 欧阳敏,周维崧.我国城乡统筹发展的主要模式及其对成渝地区的启示.农村经济与科技,2010,21(10):38—40

81. 彭德胜."反规划"理论在城市总体规划中的应用——以沅江市城市总体规划为例.城市研究,2005(1):31—36

82. 乔万尼·波特罗(Ginvanni Botero)著/刘晨光译.论城市伟大至尊之因由.上海:华东师范大学出版社,2006 年

83. 秦明周.美国的土地利用规划与保护的特色.中国农业资源与区划,2001,22(6):36—38

84. 仇保兴.城乡统筹规划的原则、方法和途径——在城乡统筹规划高层论坛上的讲话.城市规划,2005(10):9—13

85. 冉杨.统筹城乡建设用地规划,提高土地资源利用水平.新重庆,2009(12):24—26

86. 束雷.英国土地利用与管理.中国土地,2002(2):42—43

87. 舒沐晖,扈万泰,余颖.基于城乡统筹思想的重庆市规划编制体系构想.城市规划,2010,34(6):31—35

88. Szold,T. S. and Carbonell,A.编/丁成日等译.理性增长:形式与后果.北京:商务印书馆,2007 年

89. 孙弘宇.以产权保护为核心的土地管理模式.同济大学博士学位论文,2006 年 6 月

90. 孙久文著.走向 2020 年的我国城乡协调发展战略.北京:中国人民大学出版社,2010 年

91. 唐红波,唐红超.中英土地利用规划比较.河南国土资源,2004(6):38—39

92. 唐忠辉.我国土地规划制度的反思:一种利益衡平观.甘肃政法成人教育学院学报,2005,3(1):66—68

93. 王家庭,张俊韬.我国城市蔓延测度:基于 35 个大中城市面板数

据的实证研究.经济学家,2010(10):56—63

94. 汪利娜著.中国城市土地产权制度研究.北京:社会科学文献出版社,2006年

95. 王平,邱道持.浅析农村土地利用规划和管理制度建设.广东土地科学,2009,8(5):23—28

96. 王新生,刘纪远,庄大方.中国城市形状的时空变化.资源科学,2005,27(3):20—25

97. 王万茂.基本农田保护:历史与反思.中国土地,2009(06):23—25

98. 王秀清,苏旭霞.农用地细碎化对农业生产的影响.农业技术经济,2002(2):2—7

99. 威廉·阿瑟·刘易斯著/施炜等译.二元经济论.北京:北京经济学院出版社,1989年

100. 吴次芳,徐保根.土地生态学.北京:中国大地出版社,2003年

101. 吴延龙.关于编制完成《天津市土地利用总体规划(2006—2020年)》的报告.天津市人民代表大会常务委员会公报,2009(6)

102. 西奥多·W.舒尔茨著/梁小民译.改造传统农业.北京:商务印书馆,1987年

103. 王东京主编.中国经济观察:第1辑.北京:中共中央党校出版社,2006年

104. 王华,陈烈.西方城乡发展理论研究进展.经济地理,2006,26(3):463—468

105. 王振坡,王丽艳.中国工业化、城市化进程中农地市场与产权关系探讨.财贸研究,2006(5):32—39

106. 夏耕.中国城乡二元经济结构转换研究:要素流动、制度变迁、市场机制与政府作用.北京:北京大学出版社,2005年

107. 熊君.统筹城乡发展的理论渊源.中国集体经济,2008(6):32—33

108. 杨小凯,张永生著.新兴古典经济学与超边际分析.北京:中国社会科学出版社,2003年

109. 叶剑平.城乡统筹发展与土地利用.现代城市研究,2009(2):

17—19

110. 伊里尔·沙里宁(Eliel Saarinen)著/顾启源译. 城市:它的发展、衰败和未来. 北京:中国建筑工业出版社,1986 年

111. 尹君,姚会武等. 土地生态规划与设计. 河北农业大学学报,2004(5):71—76

112. 约翰·冯·杜能 (Johann Heinrich Von Thünen)著/吴衡康译. 孤立国同农业和国民经济的关系. 北京:商务印书馆,1986 年

113. 俞孔坚,李迪华,刘海龙."反规划"途径. 北京:中国建筑工业出版社,2005 年

114. 俞孔坚,李迪华. 论反规划与城市生态基础设施建设. 杭州市园林文物局,杭州城市绿色论坛论文集,北京:中国美术学院出版社,2002 年

115. 俞孔坚,李迪华,韩西丽. 论"反规划". 城市规划,2005,29(9):64—69

116. 余颖,扈万泰. 紧凑城市——重庆都市区空间结构模式研究. 城市发展研究,2004,11(4):59—66

117. 张建明,许学强. 城乡边缘带的回顾与展望. 人文地理,1997,12(3):3—5

118. 张学玲,朱德海,蔡海生,曹俊林,夏丛生,余能培. 基于循环经济的土地可持续利用. 安徽农业科学,2007,35(23):7231—7232

119. 张忠国. 城市成长管理的空间策略. 南京:东南大学出版社,2006 年

120. 张慧芳. 土地征用问题研究:基于效率与公平框架下的解释与制度设计. 北京:经济科学出版社,2005 年

121. 郑伟元. 统筹城乡土地利用的初步研究. 中国土地科学,2008,22(6):4—10

122. 郑振源. 土地利用总体规划的改革. 中国土地科学,2004(4):13—18

123. 周其仁. 产权与制度变迁:中国改革的经验研究. 北京:北京大学出版社,2002 年

124. 周万东."反规划"理论下的土地利用规划探析. 中国高新技术企业,2009(23):99－100

125. 周振华主编. 中国经济分析:政府选择. 上海:上海人民出版社,2005 年